¡por favor,
háblame del amor!

La educación afectiva y sexual
de los niños de 3 a 12 años

PALABRA

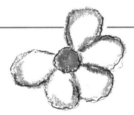

1ª edición, noviembre 2001
2ª edición, julio 2003

Título original:
S'il te plaît, parle-moi de l'amour!

Colección: Edu.com
Director de la colección: Ricardo Regidor

© Inès Pélissié du Rausas, 2001
© Ediciones Palabra, S.A., 2003
    Paseo de la Castellana, 210 - 28046 MADRID (España)
© Traducción: Mercedes Villar Ponz

Diseño de la cubierta: Marta Tapias
I.S.B.N. 84-8239-596-3
Depósito Legal: M. 34.158-2003
Impresión: Gráficas Anzos, S.L.
Printed in Spain - Impreso en España

¡por favor,
háblame del amor!

La educación afectiva y sexual
de los niños de 3 a 12 años

SEGUNDA EDICIÓN

edu.com

PALABRA

Inès Pélissié du Rausas

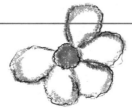

Índice

Inès Pélissié du Rausas

Índice

Inès Pélissié du Rausas

A los que me transmitieron el amor,

A Christophe y a los hijos que se nos han confiado,

A Matilde, Virginie, Bruno, Blandine, Frédérique, Solenne, Louis-Marie y Vianney,

A todos los niños que tienen sed de amor Y a sus padres

Van dedicadas estas páginas.

«El cuerpo del otro desvela todo
el misterio de su persona
y enseña la vía de comunión con su ser.
Por eso, el cuerpo –el propio y el del otro–
jamás puede ser un objeto.
Como signo de la persona debe ser recibido y amado
para el bien de la persona entera».

Aline LIZOTTE

(Cita de su obra *Le don dex époux*, signo de amor invisible,
ed. du Servitetur, 1992, p. 19)

Cada vez resulta más patente que la educación sexual, inseparable de la educación afectiva, debe comenzar antes de la adolescencia, antes de los trastornos de la pubertad, mucho antes de las situaciones de urgencia. Son escasos los autores que se atreven a formular –en este terreno– planteamientos educativos destinados a los niños, especialmente en el ámbito familiar. Afortunadamente, Inès Pélissié du Rausas nos ofrece esta hermosa obra en la que se aúnan consideraciones fundamentales con propuestas concretas. Nos aporta mucho más que recetas pedagógicas. En efecto, en el contexto de una educación integral, un auténtico estudio sobre lo que se designa generalmente con el término «sexualidad» –pero que sería más adecuado llamar «vida sexual»– debe tener en cuenta a la persona en todas sus dimensiones.

Con esta perspectiva comienza la obra, que funda su orientación en una verdadera antropología, es decir, en un estudio fundamental de la persona, del cuerpo, de las relaciones íntimas entre la una y el otro y, en primer lugar, de su unidad. A continuación nos demuestra que, para hablar acertadamente sobre sexualidad, conviene superar el lenguaje funcional o las nociones biológicas a los que se limitan actualmente la mayor parte de los estudios. Inès Pélissié du Rausas, con su sensibilidad y su cultura literaria, demuestra su conocimiento de las posibilidades del lenguaje y se presta a la expresión poética, analógica, simbólica. Incluso se atreve a ofrecernos ejemplos de conversaciones entre padres e hijos. El humor, el pudor y la delicadeza, tan opuestos a las habituales derivaciones hacia el chiste o la burla, se asocian a la audacia de unas palabras sinceras.

Uno de los aspectos más interesantes de la obra es la

Inès Pélissié du Rausas

constatación de que lo escrito viene precedido de lo oral. Este estudio ha sido contrastado por padres y por jóvenes relacionados con el tema. No rehúye las cuestiones difíciles, como la prevención de los ataques sexuales, el aumento de la masturbación o la sed de amar de las personas disminuidas. Fija su atención en puntos importantes, como el del respectivo papel del padre y de la madre, o el empleo de un lenguaje adecuado según las diferentes edades. Se atreve a rehabilitar palabras que han llegado a ser raras, como «castidad» o «pureza». Propone soluciones sin atenerse al enunciado de reglas abstractas; habla en términos de responsabilidad, de dominio, de diferencia, de sentidos.

En una época en la que dominan los estudios higienistas o funcionales, en un tiempo, también, en el que, a pesar de las supuestas «liberaciones», sigue siendo difícil hablar de estos temas en familia, damos la bienvenida a un libro orientado hacia una cultura de la vida. Porque la sexualidad no consiste solamente en la suma de fenómenos biológicos y de emociones psíquicas: consiste, fundamentalmente, en una apertura a la vida en todo el sentido del término: vida recibida, vida misteriosa, vida fecunda, vida entregada que encuentra su verdad en la donación.

XAVIER LACROIX*
*Decano de la Facultad de Teología
de la Universidad Católica de Lyon*

---

*Xavier Lacroix ha sido director del Institut des Sciences de la Familia desde 1986 a 1994 (Universidad Católica de Lyon). Autor de *Les mirages de l'amour* (Bayard, 1997), acaba de reeditar *Le corps de l'ésprit* (Cerf, 2000).

Prólogo

¿Cómo hablar de sexualidad a nuestros hijos? Una cuestión que nos hemos planteado, como muchos de vosotros, cuando han surgido las primeras preguntas –conmovedoras y... sorprendentes al mismo tiempo– de nuestra niña mayor con ocasión de mi tercer embarazo. ¿Habría que explicarle el acto sexual con ayuda de un esquema, a riesgo de emplear un vocabulario demasiado técnico, demasiado quizá para un niño de cinco años? O al contrario, ¿habría que darle una respuesta, tan poética como evasiva, mezclando coles, nidos y cigüeñas, a riesgo de eludir –a fuerza de retrasarlas– las auténticas respuestas? ¿Habría, también, que preservar la «inocencia» de nuestro hijo durante el mayor tiempo posible, disculpándonos con nuestra vergüenza o con la excusa de nuestras ocupaciones? Y con todo, ¿cómo hablarle de la vida y del amor? ¿Cómo relacionar la sexualidad, el amor y la vida?

■ La incomodidad de los padres

Hemos de confesarlo: no siempre sabemos cómo desenvolvernos y, por esta razón, a menudo no nos atrevemos a hablar con los hijos. ¡Confusos o simplemente perplejos frente al método a seguir, nos damos a la fuga de mil modos distintos! ¿Contar una *bonita* historia a nuestros hijos? Con mucho gusto. Pero ¿cómo contar una bonita historia *verdadera*? ¿Cómo hablar de lo que es la vida sexual, cuando el tema nos atañe íntimamente? ¿Cómo hablar a nuestros hijos de la masculinidad y de la feminidad, y de la complementariedad de los sexos? ¿Cómo hablar del cuerpo? ¿Dónde encontrar, hoy, las palabras verdaderas sobre el cuerpo humano, sobre la sexualidad humana?

Inès Pélissié du Rausas

En ocasiones empleamos el lenguaje biológico y los esquemas de la educación sexual planteada en la escuela y en la mayoría de las obras especializadas: la función sexual se presenta en ellas como necesaria e *intrascendente*, al mismo nivel que el hecho de respirar o de comer. Consciente o no, la intención es la de trivializar la sexualidad humana. ¡Reduciendo el acto sexual a la satisfacción de los instintos del cuerpo, no comprometemos a la persona!

Los métodos y el lenguaje de esta educación permiten hablar de sexualidad, pero muy poco de amor. Ahora bien, ¡nuestros hijos esperan que les hablemos de amor, y que demos un sentido a las cosas! Preguntan el «porqué».

Con demasiada frecuencia, el problema radica ahí. La educación sexual contemporánea ofrece respuestas a la pregunta del «cómo», pero permanece muda ante los «porqués» de nuestros hijos.

■ La sexualidad, ¿un enigma de hoy?

Por ejemplo, la educación sexual contemporánea guarda silencio sobre el cuerpo. Nos encontramos ante una paradoja sorprendente. ¿Por qué el conocimiento tan concreto que existe hoy día sobre el cuerpo humano no conduce a reconocer la complementariedad del hombre y de la mujer?

En el plano biológico son perfectamente conocidos los caracteres primarios y secundarios de la masculinidad y de la feminidad. Indican dicha complementariedad inscrita en el cuerpo *sexuado* –es decir, literalmente *separado*– del hombre y de la mujer.

Por tanto, hemos de constatar algo: el hecho de ser sexuado no tiene hoy sentido. Como cegados, ¡los ojos no

ven! No obstante, este hecho indica una diferencia importante, fundamental, de la que todos tenemos experiencia:
la diferencia entre un hombre y una mujer. Hoy, sin embargo, se ha hecho imposible explicar una diferencia que no
se ve; y ya no se comprende que la alteridad, el hecho de
ser otro, haga *posible* la complementariedad hasta en la
carne. ¿Se habrán convertido en enigmas el cuerpo y la
sexualidad?

▪ Proponer una educación sexual integral

Hemos llegado aquí a la raíz del problema. Si no se ve
bien el «porqué», y si no se ve bien el *sentido* del cuerpo,
¿cómo dar una respuesta satisfactoria al «cómo»? Comprendemos perfectamente que hemos de encontrar el sentido: el sentido del cuerpo humano, y también el sentido
de la persona humana: y así, plantear una educación
sexual *integral* que tenga en cuenta las aspiraciones de
toda la persona, y, sobre todo, de su aspiración a amar y
a ser amada *por sí misma*. Hoy son cada vez más numerosos los jóvenes que se sienten *engañados* y lo confiesan. Están superinformados sobre el sexo y esperan que
se les hable de amor.

▪ ¡Nosotros, padres, somos los más indicados!

Como vosotros, los que tenéis este libro entre las
manos, nosotros deseamos impartir personalmente a
nuestros hijos la educación sexual, convencidos de ser, si
no los mejores, simplemente los más indicados para for-
marlos en el amor y en la vida.

Porque, si el hijo nace de una historia de amor, esta historia de amor es la de sus padres. ¡En este sentido, *les*
pertenece! Pero también *le* pertenece, porque la historia

de amor de sus padres es la historia de su origen, del comienzo de su vida. Amor y vida están íntimamente ligados: a través del amor, los padres dan la vida.

Por este motivo, ningún material pedagógico –por lujoso que sea–, ningún especialista –incluso diplomado– pueden rivalizar con nosotros, padres, en el campo de la educación en el amor y en la vida. Atrevámonos, sin complejos, a reapropiarnos de esta misión educativa: está en juego la felicidad de nuestros hijos. ¿Quién les hablará del amor, si no lo hacemos nosotros? Solo nos falta... ¡atrevernos a hablar con nuestros hijos!

■ **¡Atrevámonos a hablar con nuestros hijos!**

¡No cometamos el error de pensar que no esperan nada de nosotros! Esperan mucho, aunque a veces nos lo hagan saber torpemente. Si los apreciamos y los queremos lo bastante como para empezar por escucharlos y comprenderlos, si tenemos con ellos la suficiente confianza como para revelarles los secretos del amor y de la vida, nuestra confianza suscitará a cambio en ellos la suya propia, su autoestima y su lealtad; y nosotros saborearemos entonces el gozo de una intimidad compartida.

Lo hemos comprobado en numerosas ocasiones: los padres crecen con sus hijos; les hacen avanzar sacándolos de sus encasillamientos. En esta obra deseamos compartir con vosotros no una «técnica educativa» más (por cierto, ¿existen?), sino el fruto de una experiencia personal y de unas reflexiones, contrastado con nuestra experiencia de la vida de familia, ¡una experiencia semejante a tantas otras!

Nuestra experiencia familiar, personal, sin duda limitada, está, afortunadamente, enriquecida con confidencias sin-

ceras, con testimonios sencillos y verdaderos, con valiosos comentarios de padres e hijos que deseamos agrade-
cer aquí. ¡Contamos con los vuestros, esperando que este
libro os ayude un poco a hacer crecer a vuestros hijos en
el amor!

Christophe e Inès
PÉLISSIÉ DU RAUSAS

Introducción

Esta obra va dirigida a los padres: pretende ayudarlos a proporcionar a sus hijos la educación sexual en el seno de la familia, captando el criterio con el que hoy puede plantearse una educación sexual integral.

Y, ¿cuál puede ser el *criterio* de esta educación? Un primer aspecto salta a la vista. Aun siendo un proyecto de hombre, el niño es un ser humano: pertenece a la especie humana. Hablar de educación es, pues, situarse de entrada en un mundo específico: el mundo de las personas (según una frase infantil de una lógica imparable, un mundo compuesto de personas grandes, pero también pequeñas). Esta sencilla constatación llena de sentido común es esencial para esta obra: nos da la clave. Pertenecer al mundo de las personas –y no al mundo de las cosas o de los animales– implica consecuencias para la educación, en general, y para la educación sexual, en particular; unas consecuencias para nuestro modo de vivir y nuestro modo de hablar.

¿Cómo vivir una vida de familia auténticamente *humana*?

¿Cómo hablar a nuestros hijos *del amor humano*?

■ No hemos aprendido a ser padres

Tendremos, pues, que plantearnos algunas preguntas, adquirir cierta perspectiva; en una palabra, buscar puntos de referencia. ¡Porque no hemos aprendido a ser padres! Nuestra propia experiencia familiar es limitada. La familia de hoy suele ser celular, alejada geográficamente de los que podrían transmitir una experiencia de la vida, abuelos, parientes, tíos y tías, primos, incluso hermanas y hermanos. ¡Cada vez es mayor el número de padres jóvenes que no han visto educar a sus hijos! Es una primera constatación.

Inès Pélissié du Rausas

¿Cómo actuar? Ante la dificultad nos remitimos, conscientemente o no, a nuestra propia experiencia infantil. En relación con nuestra niñez trataremos de imitar –o de no imitar en absoluto– lo que hemos vivido.

Pero hemos de añadir aquí una segunda constatación: nuestra herencia es especial. Los padres con 30 años en el 2000 tuvieron unos padres jóvenes en el 68 que, en su tiempo, estuvieron marcados por las ideas de mayo de aquel año. Había que «cambiar la vida». De hecho, los comportamientos han cambiado, tanto en el seno de la familia como en la sociedad.

Así lo constata Françoise Dolto en su obra titulada *La cause des enfants*:

«La generación que tenía 20 años en el 68 se ha esforzado por convencer a sus hijos de que el cuerpo no es una vergüenza, al contrario de sus ascendientes, que ocultaban ciertas partes del cuerpo: «no lo enseñes a todo el mundo». Pero, al mismo tiempo, esos padres daban ejemplo y no se mostraban desnudos. Ahora dan ejemplo haciéndolo... En este sentido están (...) desorientados (...). Entre el afán por no actuar como sus padres y demostrar al niño que la desnudez es lo natural, y el respeto a un cierto misterio, se encuentran perdidos.

Existe la misma confusión en lo que se refiere a la vida de la pareja. La desnudez, sí. ¿Y la ternura? Entre las parejas que se abstienen de besarse delante de los hijos –mientras que el niño necesita saber que sus padres se quieren– y los que se acarician en público sin recato, son pocos los que se comportan con naturalidad»[1].

1. *La cause des enfants*, Robert Laffont, París 1985, p. 247.

También nosotros estamos un poco desorientados. ¿Cómo actuar, hoy, para educar bien a nuestros hijos? ¿Ser padres severos o padres camaradas? ¿Encerrarnos con llave en el cuarto de baño o pasearnos completamen-

te desnudos? ¿Es bueno compartir con los hijos las preocupaciones, los baños o la cama para lograr una verdadera intimidad o, por el contrario, limitar las caricias para
mantener las distancias?

¿Abolir las distancias o volver a la ñoñería?

Si hemos sufrido una educación más bien ñoña (algo
que, afortunadamente, es cada vez más raro), sentiremos
la tentación de abolir las distancias al máximo y de *trivializar* lo que en nuestra infancia estaba considerado como
tabú. En este caso, el cuerpo se presenta como «natural»
–en el sentido de una realidad puramente material–, y la
relación sexual, como una simple función biológica de la
misma categoría que el acto de comer o de beber.

¿Y si, por el contrario, hemos estado afectados por la
falta de pudor de unos padres «sin prejuicios», por su falta
de distancia entre nosotros, por su *intromisión* en nuestra
intimidad mientras que nos imponían la suya?

*«Tía Sofía, por favor, ¿podrías decirle a papá que no venga más
a mi cama por las mañanas? ¡Ya tengo 13 años!».*

De algún modo, la adolescente que plantea esta cuestión se ve obligada a pedir –por difícil que le resulte– una
mayor distancia a un padre que, aun inconscientemente,
se pone en situación próxima de vivir el incesto. Y, ¿cuáles serán, a largo plazo, las consecuencias en el comportamiento de su hija?

A la vista de otro testimonio, podemos plantear legíti-
mamente la cuestión: «En mayo del 68, yo tenía 8 años y
mis padres, 28. Mi hermana y yo fuimos educadas en un
ambiente de anticonformismo y de falsa camaradería. Por
ejemplo, me decían cosas sobre sus relaciones amorosas
o sobre sus depresiones que yo no tenía ganas de oír. Es

Inès Pélissié du Rausas

muy duro ser el confidente de los padres. ¡Y lo que no soportaba de ningún modo era el verlos desnudos con tanta frecuencia! Con la excusa de que nos consideraban sus camaradas, en casa no había intimidad alguna... ¡Pues bien, en la psicoterapia he descubierto que el exhibicionismo de los padres, en nombre de no sé qué falsa igualdad, da lugar a hijos que no saben decir no!»[2].

Demasiada proximidad física parece dar lugar a una confusión de los papeles. No sabemos muy bien cómo comportarnos y nuestros hijos tampoco. Entonces, según Martine Fadier-Nisse[3], el riesgo radica en la «espiral del incesto»: *«Las familias incestuosas confunden los papeles, los lugares, las generaciones, e ignoran la intimidad.*

Se impone la desnudez con tal evidencia que el niño se avergüenza de pretender aislarse para lavarse o para orinar... Las costumbres familiares dan a entender que los adultos tienen todos los derechos: en esas condiciones, ¿serán capaces los niños de decir no?»[4].

Entonces, ¿todas las familias que han eliminado las distancias, especialmente en materia de desnudez, son, por lo tanto, incestuosas? Evidentemente, no. Sin embargo, la ausencia de intimidad favorece tales comportamientos. Incluso si no llega a ellos, pone a los hijos –en la edad en que se despierta el pudor– en una situación incómoda.

Ante el riesgo de una excesiva proximidad entre padres e hijos, algunos autores proponen hoy la vuelta al máximo pudor. Y, ¿qué opinan sobre el hecho de hablar de amor y sexualidad con el hijo, especialmente al acercarse la pubertad?:

«Lo menos posible o en términos muy generales, dicen, pues cuando la naturaleza se despierta, la discreción se impone»[5]. Por el clásico movimiento del péndulo, ¿tendremos que recu-

2. Cita de la revista *Profesión parents*, enero 1995.
3. Co-autora de *La violence impensable: inceste y maltraitance*, Nathan, 1991, p. 263
4. Cita de la revista *Bonheur*, n° 4, p. 4.
5. Cf. «Le droit au respect», artículo para la revista *Bonheur*, n° 4, noviembre 1995, p. 4.

perar la pudibundez de la que, por otra parte, tardamos un siglo en liberarnos? Como parece difícil aceptar este tipo de soluciones, hemos de reflexionar ahora sobre lo que podemos proponer a los padres, frecuentemente solos y sin puntos de referencia.

■ Para ver con mayor claridad

En primer lugar, una ligera consideración sobre... la persona humana. Si queremos saber de qué, o mejor, «de quién» hablamos, no podemos eludir una reflexión sobre el fondo del tema que nos ocupa: ¿Qué quiere decir ser una persona?

¿Qué significa para la persona tener un cuerpo? ¿Poseer un cuerpo, estar en un cuerpo o ser su cuerpo?

La respuesta a estas preguntas es importante para el contexto de la educación sexual: en primer lugar, para el clima de la vida en nuestra familia. ¿Cómo ha de vivir una familia humana para que cada uno de sus miembros pueda alcanzar –en la medida de lo posible– la plenitud del desarrollo personal al que está llamado, y no solo un equilibrio humano? ¿Cómo ha de vivir una familia humana para que el discurso educativo sea *coherente* con el modo de vivir de padres e hijos? Para responder a ello es útil saber quién es la persona humana y haber descubierto sus expectativas.

Otro tema: para saber cómo vivir con el propio cuerpo, es interesante saber qué es el cuerpo. Si no es más que una cosa material, como desligada de mi persona, es utilizable como una cosa. La desnudez o la vestimenta son bastante indiferentes. Pero ¿y si él es yo? ¿Y si forma parte de mi persona? ¡Eso lo cambia todo! Si el cuerpo es cuerpo de la persona humana, participa de su dignidad. Al tener la misma dignidad no es utilizable, sino *respetable*. La mirada sobre el cuerpo ya no es la misma; el comportamiento respecto al cuerpo, tampoco. El pudor adquiere sentido, pero, en realidad, ¿qué pudor?

Por último, saber quién es la persona humana, saber lo que es el cuerpo humano, es importante también para el contenido de la educación sexual: nos permitirá situar exactamente la relación sexual, cuyo sentido y cuya belleza pretendemos hacer descubrir al niño, en el mundo de las *personas*. Nos permitirá también vigilar la calidad del lenguaje que vamos a emplear. ¿Cómo hablar a un niño de 3, 7 u 11 años, de la vida, del amor y de la sexualidad? ¿Conocemos *la experiencia del cuerpo* de nuestros hijos?

¿«Quién» debe hablar? Otra cuestión importante: «Cariño, Pierre ha crecido, me parece que se plantea algunos temas. Creo que deberías hablar con él», sugiere el valeroso padre a su mujer.

¿Puede refugiarse el padre en la capacidad –real o supuesta– de su mujer, o tiene un papel activo que desempeñar? ¿Tiene un papel que representar en la educación del hijo cada uno de los progenitores del otro sexo? ¿Y si falta uno de ellos? ¿Podrá el que queda suplir ese vacío?

Otra idea interesante por sus implicaciones concretas es el concepto de responsabilidad sexual. Actualmente hablamos mucho a los adolescentes sobre responsabilidad sexual. Pero ¿de qué responsabilidad hablamos? La responsabilidad sexual, ¿se refiere al *sexo seguro* o al amor? ¿Queremos para nuestros hijos un sexo «sin riesgo» o el auténtico amor que compromete a dos personas mutuamente? Aquí surge el enfrentamiento entre *cultura de muerte y cultura de vida*. ¿En cuál de ellas vamos a educar a nuestros hijos?

Este enfrentamiento aparece también en el tema de la prevención de los ataques sexuales. ¿Cómo encontrar el tono adecuado para hablar a los niños pequeños de los posibles riesgos? Y, ¿cómo abordar hoy el tema de la educación afectiva y sexual del niño deficiente mental? ¿Tiene derecho a esta educación?

Por último, los que queremos hablar del amor y de la vida a nuestros hijos, ¿amamos la vida de un modo condicional o *incondicional*? ¿Qué testimonio les ofrecemos?

¡No existe una respuesta arbitraria para estos temas! Sin embargo, proponemos a quienes deseen seguirnos unas pistas dictadas, generalmente, por el simple sentido común, ¡el sentido mejor distribuido del mundo!

A nosotros, padres, corresponde encontrar las palabras, nuestras palabras, para hablar a nuestros hijos. Y serán las mejores, porque surgen del corazón y ¡porque conocemos y amamos a nuestros hijos más que nadie! Los que lo deseen podrán adaptarlas, apoyarse en las conversaciones planteadas en el interior de esta obra. Pero ¡somos nosotros los que hemos de atrevernos a hablar a nuestros hijos!

■ **Una última precisión**

Nuestro estudio se refiere a *todos* los padres, creyentes o no, porque las definiciones fundamentales que proponemos —sobre el cuerpo, sobre la persona, sobre el pudor— pueden unirse a la propia *experiencia humana*. Esas escasas definiciones muestran nuestro criterio sobre la educación sexual, tal y como lo exponemos en nuestra obra.

Sería lamentable privar a los creyentes de una *aportación suplementaria* que, lejos de aminorar el tema, lo completa y esclarece al mismo tiempo: la aportación absolutamente nueva de la «teología del cuerpo», esa explicación metódica de los textos de la Biblia relativos al sentido del cuerpo y del amor humano desarrollada por el Papa Juan Pablo II, así como la de otros textos y documentos de la Iglesia. Las escasas citas que proporcionen este esclarecimiento más espiritual irán simplemente separadas del texto por medio de una presentación distinta y sin ambigüedades.

Parte 1

El amor, relación entre dos personas

Capítulo 1

La persona humana.
Una profunda realidad

Del «yo solo» a «yo quiero»

«Podríamos pensar que el descubrimiento de sí mismo (oídle decir: "Papá es un señor, mamá es una señora y yo soy un niño mayor") le daría cierta sensatez. Y no es así. Todo lo contrario... En esta edad se presenta el clásico cuadro del niño rojo de cólera que se niega a dar un paso más y del padre horriblemente confuso que tira de su mano... "¿Quieres jugar?... ¿Salir?... ¿Bañarte?...". Y siempre: "¡No!"... El grito que sigue lo confirma todo. "¡Yo solo! ¡Yo solo!".

Dice que no porque querría decidir por sí mismo lo que va a hacer, para hacerlo sin ayuda... Ahora bien, todavía no puede hacerlo, necesita ayuda... Y ese es su drama»[1].

> El ser humano sabe que es una persona porque es reconocido por sí mismo y por los demás como alguien, como un sujeto y como un sujeto único: «yo».

Cuanto más se reconoce como *«yo»*, más se afirma en la vida de este pequeño de 2 años y medio o 3 el *«quiero»*, signo precoz de la persona, a través de su capacidad de rebeldía o de rechazo.

¿Qué es una persona humana o, mejor dicho, *«quién»* es? La misma experiencia nos proporciona el concepto de persona: nos enseña que una persona es *«alguien»* y no *«una cosa»*.

La experiencia de la persona

Para los niños, como para nosotros los adultos, son posibles dos experiencias. La experiencia de la persona es, al mismo tiempo, la experiencia de sí misma y la experiencia del otro.

La experiencia de uno mismo se ha hecho posible por la existencia en el hombre de una conciencia que permite *«sacar a la luz lo que hay en él»;* porque refleja lo que ha percibido, sentido, experimentado, conocido y hecho; lo que le sucede; lo que ocurre en su interior, así como aque-

Inès Pélissié du Rausas

llo de lo que es responsable. La conciencia le permite volver sobre sí mismo: permite al hombre saberse sujeto de sus actos y de sus experiencias. Le permite mirar en el interior de sí mismo y mirarse a sí mismo.

La conciencia, sin el conocimiento, no basta para constituir la experiencia propia de la persona. En nosotros habría solamente una serie de experiencias dispares, sin un lazo entre ellas. Es la inteligencia la que permite captar su sentido y su explicación a través de los detalles individuales; por medio de nuestra inteligencia llegamos a comprender el sentido y las relaciones entre nuestras diversas experiencias.

Tomemos el ejemplo del lenguaje. Gracias al lenguaje tengo la experiencia de ser *«alguien»:* soy ese ser que puede decir «yo», y alguien «a quien» se habla. El lenguaje me sitúa en el mundo de sujetos, de personas, de seres a la vez distintos de mí y semejantes a mí. El ser humano sabe que es una persona porque es reconocido por sí mismo y por los demás como alguien, como un sujeto, y como un sujeto único: «yo». Esta es una primera experiencia.

Creer que *«yo es otro»,* como Rimbaud bajo el dominio de la droga, significaría la pérdida del sentido de las realidades que aparece en las enfermedades mentales, especialmente en la esquizofrenia. Y es bien sabido que, en el niño pequeño, un retraso excesivo en expresar el *«yo»* –*«mi, yo»*– puede significar que no vive en un medio suficientemente estable y seguro, que no está bastante estimulado, o también que carece de afecto. Para descubrir que es alguien, para sentir que es *«reconocido»,* aun antes de ser capaz de formularlo, el niño necesita el lenguaje del amor, que une el gesto de ternura a la palabra.

La inteligencia permite también un segundo tipo de expe-

1. Laurence, Pernoud, *J'élève mon enfant,* Horay 1990, p. 397.

riencia: la experiencia del otro. ¿Qué padres no se maravillan ante los progresos de su hijo cuando comienza, por ejemplo, a reír por algo incongruente? Se maravillan porque captan y admiran el hecho de que su niño es *«alguien»*, en todo el sentido del término...

La experiencia del otro es, más ampliamente, la experiencia de todos los hombres que van a ser conocidos a través de encuentros, de lecturas, de aprendizajes, en la vida familiar, social y profesional. Como decía en su tiempo Terencio: *«Soy hombre y nada de lo humano me es ajeno»*[2]. Por último, es ella la que nos hace ver todos los puentes que unen la experiencia personal con la experiencia del otro y que, en ambos casos, nos permite hablar de experiencia del *«hombre»*.

Las relaciones padres-hijos se hacen conflictivas cuando el niño crece, pues enseguida al *«yo, mí»* sucede el *«yo solo»*.

■ **La experiencia del hombre lo revela como sujeto**

La experiencia nos revela que la persona, en la medida en que puede decir *«yo»*, puede decir «quiero»; el hombre que adquiere la experiencia de esos actos interiores que son la deliberación, la elección, la toma de decisiones, sabe que es capaz de autodeterminarse. Tiene la experiencia de su libertad. Lo mismo que la experiencia de los actos de la inteligencia, la experiencia de la libertad es el signo de una interioridad. En este sentido, remite a algo más que a la mera noción de *«individuo»*[3].

Manifiesta la capacidad de autoposesión de la persona. En efecto, para independizarse es necesario ser ese sujeto que se posee a sí mismo, no como simple propietario de una cosa, sino como el que es responsable de uno mismo ante sus propios ojos y ante los demás.

La capacidad de compromiso, la de la entrega a una causa, son signos de la autoposesión; la negativa y la rebeldía son otros... El filósofo E. Mounier lo constataba: *«La rebeldía ante la coacción, la resistencia a la opresión, la negativa al envilecimiento son el privilegio inalienable de la persona, el último recurso cuando el mundo se alza contra su reino»*[4]. Las tragedias que jalonan la historia lo acreditan dolorosamente. Y también lo comprobamos al observar los pequeños dramas que afectan a la vida de familia: las relaciones padres-hijos se hacen conflictivas cuando el niño crece, pues enseguida al *«yo, mí»* sucede el *«yo solo»*.

Así, la experiencia humana es rica en enseñanzas sobre el hombre como persona: nos indica que es un sujeto autónomo, *«alguien»* dueño de una interioridad. Al mismo tiempo, nos revela tres características fundamentales del hombre: su *«trascendencia»* y su permanencia en primer lugar; y, por último, que es sujeto de derechos.

■ **Tres características fundamentales de la persona**

En primer lugar, la persona trasciende a sus actos. Los actos de una persona la revelan, pero no la contienen. Los sobrepasa, está por encima, porque es sujeto de sus actos. Los *«trasciende»* por esa capacidad específica que tiene de autodeterminarse, de hacer sus elecciones, de ejercer su libertad realizando tal o cual acto.

La experiencia propia y la experiencia de otro nos lo revelan. Nos revelan, además, nuestra permanencia. La permanencia es el hecho de durar. El hombre adquiere la experiencia de su permanencia cuando se ve, siempre el mismo, viviendo los diferentes cambios que afectan al curso de su vida a través del tiempo que pasa: decisiones adoptadas, actos realizados, pasiones experimentadas,

Inés Pélissié du Rausas

2. Terencio, *Heautontimoroumenos,* en Tatro completo de los latinos Plauto, Terencio y Séneca, Dubochet 1844, acto 1, esc. 1, n. 77, p. 61.
3. Del latín individuum: literalmente, lo que es indivisible, ser perteneciente a una especie, ser humano, ser humano en relación con la sociedad.
4. Cf. Emmanuel Mounier, *Le personalisme,* PUF, 1992, p. 70.

enfermedades, carrera y orientación profesional, etc. Por la experiencia propia y la del prójimo, el hombre descubre que el *«yo»* es lo que existe en primer lugar, lo que no cambia en él cuando todo cambia.

Así, la persona se revela como sujeto inalienable. Al ser sujeto, la persona no puede, en ningún caso, ser tratada como una cosa o un objeto. Tampoco puede nunca quedar rebajada al nivel del animal, pues es sujeto de derechos inalienables, bien expresados especialmente en la Declaración Universal de los Derechos del Hombre de 1948.

¡La actitud debida a la persona es, pues, la de respeto! Respeto a su ser, a su integridad, a sus derechos y, en primer lugar, al derecho a la vida sin el que, evidentemente, no podría ser sujeto de ningún otro. Como reacción a los horrores del siglo xx, y más específicamente de la Segunda Guerra Mundial, el derecho a la vida de toda persona humana ha sido afirmado en primer lugar y con toda energía.

Los derechos van acompañados de deberes porque *la persona jamás debe ser tratada como un medio, sino siempre como un fin.*

Así, la afirmación de los derechos de la persona implica inmediatamente la obligación de cualquiera de respetar los derechos del otro: se debe a la persona un comportamiento que corresponda a su dignidad de sujeto inalienable. Los derechos van acompañados de deberes porque, según la frase de Emmanuel Kant: *«La persona jamás debe ser tratada como un medio, sino siempre como un fin».*

■ **La experiencia del hombre confirmada
por los estudios filosóficos**

«La persona se define como una sustancia individual de naturaleza racional» [5].

Inès Pélissié du Rausas

La clásica definición de persona completa e ilumina nuestra experiencia humana. La persona es una sustancia. La sustancia, del latín substare, «estar debajo», es el nombre que recibe el ser como sujeto estable y permanente; siempre el mismo bajo los cambios; el ser que está en la iniciativa de sus propios actos y que él mismo lleva a cabo. Decimos de la persona que es de «naturaleza racional», es decir, dotada de inteligencia y voluntad. Es «individual», es decir, absolutamente indivisible, una: no podemos dividirla sin destruirla. En resumen, si la persona es una, es también única. Santo Tomás de Aquino, comentando a Boecio en el siglo XIII, se refiere a lo que los modernos llaman la trascendencia y el valor de la persona, afirmando que la noción de persona comporta la idea de una «perfección en la distinción»[6].

Ambos enfoques de la persona se completan: los dos indican que el ser humano, que es «alguien», pertenece al mundo de las personas, un mundo radicalmente distinto del mundo de los animales y de las cosas. Ser persona es ser un «yo» consciente, libre y que actúa por sí mismo.

■ **La persona y la experiencia del cuerpo**

¡La experiencia humana de la persona no es la experiencia de una mera interioridad! Generalmente tenemos la experiencia de poseer un cuerpo, y el hecho de olvidarlo o negarlo nos conduciría al idealismo o al angelismo. El hombre tiene desde su infancia la experiencia de poseer un cuerpo y «sabe» que es el sujeto, activo o pasivo, de los actos de su cuerpo. Y sabe también que no podría existir sin su cuerpo.

La persona es sujeto pasivo de los hechos «que le suceden», es decir, de todos los hechos por los cuales funcio-

5. Boecio, *Patrología Latina*, Migne, vol. 64, Columna 1364.
6. Cf. *Summa Theologica*, I parte, q. 29, a. 3.

na el organismo humano: respirar, dormir, digerir, etc.
Nada como una mala noche, un buen dolor de muelas o
una operación que me retiene en la cama de un hospital,
para comprobar que mi cuerpo es mi cuerpo, que soy el
sujeto de mis actos, que esta enfermedad, que me aque-
ja y que altera todos mis proyectos, es a mí a quien afecta. ¡Cuando mi cuerpo está enfermo, yo estoy enfermo!

Sin embargo, la persona es también sujeto activo de los
actos por los cuales dispone de su cuerpo: por ejemplo, al
levantarse por la mañana... Decir que la persona se auto-
posee es también decir que posee su cuerpo, del que solamente ella puede disponer.

Esta experiencia del cuerpo es también la experiencia
de los otros. El hombre descubre que existe en
medio de otras personas y en relación con ellas.
¿No es la persona del otro el único ser del universo que el hombre ve como un sujeto, como él?
Solamente el hombre, entre los seres vivos,
del mundo que le rodea, puede ser llamado persona
y esa noción es posible gracias a la experiencia
del cuerpo.

*Nada como
una mala noche,
un buen dolor
de muelas
o una operación
de hospital, para
comprobar que mi
cuerpo es mi cuerpo,
que soy el sujeto
de mis actos.*

La iluminación bíblica

La teología del cuerpo, mucho más rica que los aspectos
expuestos en estas páginas, muestra cómo el primer hombre, Adán, supo que era persona por la experiencia de su
cuerpo. Más exactamente, muestra cómo Dios le hace
comprender que es una persona gracias a la experiencia de
su propio cuerpo. Y el hombre lo comprende a través de
tres descubrimientos fundamentales. El hombre, ser vivo,
se distingue, en principio, de todos los demás seres vivos,

Inés Pélissié du Rausas

«por el hecho de que solo él es capaz de "cultivar la tierra" y "dominarla" [7]. *Podemos decir que la consciencia de un "ser superior" inscrita en la definición de humanidad nace, desde el origen, sobre la base de una práctica o de un comportamiento típicamente humano. Esta consciencia lleva consigo una percepción absolutamente particular del significado del propio cuerpo, percepción que surge precisamente por ser el hombre el llamado a "cultivar la tierra" y a "dominarla". Todo esto sería imposible sin una intuición típicamente humana del significado del propio cuerpo»* [8].

Además, el hombre del Paraíso tiene la experiencia de su propio cuerpo de otra manera: es la experiencia de la reunión de todos los animales ante Adán:

«Y se dijo Yavé Dios: "no es bueno que el hombre esté solo, voy a hacerle una ayuda proporcionada a él". Y Yavé trajo ante el hombre cuantos animales del campo y cuantas aves del cielo formó de la tierra, para que viese cómo los llamaría, y fuese el nombre de todos los vivientes el que él les diera. Y dio el hombre nombre a todos los ganados, y a todas las aves del cielo, y a todas las bestias del campo; pero entre todos ellos no había para el hombre ayuda semejante a él» [9].

El conocimiento objetivo del mundo permite al hombre saberse solo:

«El hombre está solo porque es diferente del mundo visible, del mundo de los seres vivos. Analizando el texto del Libro del Génesis, somos en cierto modo testigos del modo en que el hombre "se distingue" delante de Yavé Dios de todo el mundo de los seres vivos (animalia) por un primer acto de «auto-conocimiento» y, como consecuencia, del modo en que se descubre a sí mismo y al mismo tiempo se afirma como "persona" en el mundo visible (...) con la subjetividad que le caracteriza» [10].

7. Cf. *Gn* 1, 28.

8. Juan Pablo II, *A imagen de Dios, hombre y mujer*. Cerf, 1980, p. 57.

9. *Gn* 2, 18-21.

10. Juan Pablo II, op. cit., p. 48.

Gracias a su cuerpo, Adán se descubre solo en medio del mundo visible:

«El cuerpo, gracias al que el hombre forma parte de este mundo creado visible, le hace consciente al mismo tiempo de estar "solo"... La conciencia de la soledad podría haberse roto precisamente a causa de ese mismo cuerpo: basándose en la experiencia de su propio cuerpo, Adán habría podido llegar a la conclusión de que era substancialmente semejante a los demás seres vivos (animalia). Y, como leemos, no llegó a esa conclusión: al contrario, se persuadió de que estaba "solo" [11] *(...). Podemos afirmar con certeza que el hombre así formado tiene al mismo tiempo el sentimiento y el conocimiento del sentido de su propio cuerpo»* [12].

Al descubrir su soledad original, el hombre se descubre como una persona radicalmente distinta de los animales. Pero ¿qué significa, pues, *«que no había ayuda para el hombre semejante a él»*?

Es el tercer descubrimiento de Adán sobre la base de la experiencia de su propio cuerpo. A través de la falta de *«ayuda»* de un *«ser semejante a él»*, el primer hombre descubre la sexualidad, su capacidad de amar y de darse. Descubre lo incompleto de su imagen, porque no puede amar. Esta *«ayuda»* de la que carece no es solamente la ayuda que le aliviaría en las tareas de la vida cotidiana.

> A través de la falta de *«ayuda»* de un *«ser semejante a él»*, el primer hombre descubre la sexualidad, su capacidad de amar y de darse.

«Esos dos términos, "solo" y "ayuda" (...) indican lo fundamentales y constitutivas que son para el hombre la relación y la comunión de personas» [13].

De ahí, el gozo del ser humano *«masculino»* tras la creación del ser humano *«femenino»*:

«Esto que sí que es ya huesos de mis huesos y carne de mi carne» (*Gn* 2, 23).

Inès Pélissié du Rausas

«El cuerpo, que expresa la feminidad "para" la masculinidad y, viceversa, la masculinidad "para" la feminidad, manifiesta la reciprocidad y la comunión de personas. Lo expresa en la donación como característica fundamental de la existencia persona»[14].

Así, la experiencia del cuerpo revela al primer hombre, como al hombre contemporáneo, que es una persona. Incluso si la iluminación bíblica aporta una luz mucho más viva –la de la Revelación–, podemos decir que la aportación de la razón y de la experiencia humana, por una parte, y la bíblica por otra, se reúnen para mostrarnos la superioridad y la incomparable dignidad de este hombre en relación con el resto del mundo viviente. Así comprendemos la exclamación del salmista:

¿Qué es el hombre para que de él te acuerdes,
y el hijo del hombre para que de él te cuides?
Le has hecho poco menor que Dios,
le has coronado de gloria y honor,
le diste el señorío sobre las obras de tus manos;
todo lo has puesto debajo de sus pies» (*Sal* 8).

En efecto, según la Revelación:

«El hombre y la mujer constituyen dos modos según los cuales la criatura humana lleva a cabo una determinada participación en el Ser divino: son creados a imagen y semejanza de Dios (Gn 1, 27) y viven su vocación no solo como personas individuales, sino también como pareja, como comunidad de amor. El hombre y la mujer casados, orientados hacia la unión y la fecundidad, participan en el amor creador de Dios, viviendo la comunión con Él a través del otro»[15].

11. Juan Pablo II, op. cit., p. 48.
12. Ídem, p. 53.
13. Op. cit., p. 116.
14. Ibídem, p. 118.
15. *Gaudium et spes*, n° 47-52.

De lo anterior se deducen dos consecuencias: la primera se refiere a la educación sexual propiamente dicha; la segunda, a la relación con el hijo al que se quiere educar.

La relación sexual, una relación interpersonal

Si toda relación humana es una relación interpersonal, la relación entre dos personas, la relación sexual entre el hombre y la mujer, es en sí misma una relación personal: una relación que expresa, manifiesta y realiza el amor entre las personas.

Nunca podemos presentarla al niño como una relación que cosifica al otro o al cuerpo del otro de un modo utilitario, tanto frente a la reproducción como al placer, porque la persona humana, que es sujeto de derechos, no es una cosa.

Tampoco debe asemejarse esta relación al apareamiento de los animales –por supuesto, en este caso no puede hablarse de «relación»–, porque la persona humana es radicalmente distinta del animal. Del mismo modo, presentar los órganos sexuales masculino y femenino a partir de los órganos de los animales mamíferos resulta torpe e insuficiente, aunque los mamíferos en cuestión sean los más evolucionados. En la educación sexual debemos afirmar con fuerza la primacía del valor de la persona; y los valores sexuales no pueden separarse de la persona.

Presentar los órganos sexuales masculino y femenino a partir de los órganos de los animales mamíferos resulta torpe e insuficiente.

Inès Pélissié du Rausas

El niño, sujeto de derehos

Si cada ser humano es un ser trascendente, un sujeto de derechos, también es verdad en el caso del niño. El niño tiene derecho al respeto hacia su persona. ¿Cómo se puede faltar al respeto a un niño?

Esto puede producirse de mil maneras, desde la más anodina a la más grave. Así sucede, por ejemplo, en esa familia en la que a los cinco hijos, todos vestidos igual, hay que cambiarlos inmediatamente ¡en cuanto se mancha el más pequeño! O en la otra, en la que los niños, obligados desde la infancia a alcanzar el éxito o a ocuparse en distintas actividades, no tienen tiempo de jugar...

Nos ocupamos mucho de nuestros hijos, sin preguntarnos por qué lo hacemos. Pero una cosa es segura: ¡nuestros hijos no son perritos de salón ni perritos amaestrados!

¿Una posible «utilización» del niño?

Según el pediatra Aldo Naouri, esta *«utilización»* de los hijos, a menudo inconsciente, se produce en las familias nacidas de uniones *«basadas sobre todo en compartir el placer»*.

«En ese nuevo "marco", el niño ya no es el instrumento a través del cual el individuo mejora su historia, es decir, progresa; frecuentemente está considerado como una baratija que aumenta el placer y embellece la imagen que una pareja pretende dar de sí misma»[16].

Se trata del niño gratificante, considerado como un derecho más que como una persona recibida y amada por ella misma; y en esas circunstancias sirve para halagar el ego de los padres o para valorizarlos.

16. Artículo aparecido en *Le Figaro* el 12 de junio de 1998.

También el hijo está utilizado hoy para tranquilizar a los padres, recibir sus confidencias y llevar el peso de sus preocupaciones e, incluso, de sus depresiones. Eso le ocurrió a María, la generosa hija mayor de una familia numerosa que, en la adolescencia, se convirtió en la confidente y en la valiosa ayuda de su madre, hasta el punto de que dejó pasar años... hasta atreverse a vivir su vida y dejar el hogar de sus padres para casarse.

Esta situación del hijo confidente se produce también en las familias monoparentales. Así, Matthieu, de 15 años, ha dormido siempre en la cama de su madre, Claire, que quiso educar sola a su hijo. Sale con ella frecuentemente al cine o a cenar y parece haber ocupado el lugar del padre ausente. ¿No existe hoy la tendencia del padre-camarada, que trata al hijo como al adulto que no es y, al hacerlo, lo está instrumentalizando por apoyarse excesivamente en él?

El niño gratificante es el considerado como un derecho más que como una persona recibida y amada por ella misma.

■ **¿Educación o reeducación?**

Antiguamente se solía confundir educación con... amaestramiento, teniendo a los niños a distancia sin concederles demasiada consideración. Marguerite, hoy una maravillosa abuela, recuerda todavía con un matiz de amargura el azote que recibía todas las tardes a las 6 ¡por las tonterías de la jornada!

Hoy día, la educación mezcla frecuentemente la situación de los miembros en la familia, la edad, el sexo, la condición de padre o de madre, de padre o de hijo, e incluso se conceden al perro... ¡unas prerrogativas que no merece! De este modo afirma así la igualdad entre padres e hijos, borrando las diferencias y suprimiendo las distancias.

¿Acaso la diferencia de situación, de edad, de sexo significa una desigualdad fundamental entre el hombre y la mujer, entre padres e hijos? ¿No son todos seres humanos, personas? ¿No es esa diferencia entre las personas la causa de la riqueza de la vida de la familia y también de sus dificultades, a través del entramado de relaciones que se desarrollan entre sus miembros?

Respecto al niño, ¿no tiene derecho a ser tratado como un niño, a ser respetado en su condición de niño? ¿Cómo, si no, conducirlo hacia la edad adulta, ayudarlo a crecer, que es lo propio de la educación? ¡Después de todo, la palabra viene de educere que significa *«conducir»*! ¡El niño necesita ser conducido hacia la edad adulta y tiene derecho a una educación, especialmente a una educación sexual adecuada.

Ante la carencia de educación corre el riesgo de necesitar reeducación. Así lo afirma Aldo Naouri:

«El psicoanálisis, dice, tratará de ayudar al niño a formarse con lo que tiene, proporcionándole un entorno y recursos. Pero no es capaz: bajo el pretexto de la igualdad de deberes y de derechos, no existe la menor jerarquía, fundamento de la sociedad. Entonces, cuando el niño no distingue al padre de la madre, encuentra dificultades para encontrar sus límites. Y si sus padres le consideran el "rey", no puede decirse: "Yo no tengo todos los derechos; por delante de mí hay una generación". Esta confusión de sexos y de generaciones alimenta la neurosis y prepara el camino a la dificultad de ser»[17].

17. Artículo citado.

Dificultad de ser de los niños en busca de límites, de boyas que no encuentran. Dificultad de ser de los padres que, no siempre reconocidos como lo que son, no se atreven a cumplir su misión educadora. Sin embargo, algunos simples recursos pueden aportar una mayor armonía a la relación padres-hijos.

■ Consecuencias finales sobre la educación sexual

Si el respeto es la actitud debida a la persona del otro, y en la educación sexual a la persona del niño, podemos deducir dos consecuencias.

La primera se refiere a la calidad del lenguaje que hemos de emplear. Desear decir la verdad al niño es respetar ya su derecho a la verdad. Pero ¿cómo hacerlo? ¿Partiendo de la sexualidad animal? No obstante, la sexualidad humana no es animal, pues es una relación de persona a persona. ¿Usando un lenguaje ultrabiológico, abrumando al niño con términos técnicos? Sin embargo, existe el riesgo de que el niño no entienda... ¿Escogeremos entonces unas expresiones tan poéticas como evasivas? En ese caso, el niño no sabrá la verdad.

¿Cómo decirle la verdad, cómo encontrar el término exacto, adecuando esta verdad a la capacidad del niño para entenderla según su edad y su madurez?

¿Cómo decirle la verdad, cómo encontrar el término exacto, adecuando esta verdad a la capacidad del niño para entenderla según su edad y su madurez? Este será el tema del tercer capítulo de este libro.

La segunda consecuencia del hecho de que el hombre es una persona se refiere a la noción de responsabilidad sexual.

Si el hombre es una persona, tiene derecho a una educación sexual integral que tenga en cuenta todo lo que él es. ¿Cómo proponer al niño que se acerca a la pubertad los medios para vivir una auténtica responsabilidad, basada en una cultura compatible con la dignidad y el valor de la persona? ¿Cultura de vida o cultura de muerte? Nuestras actitudes ante la vida y la muerte no son intrascendentes.

Por el momento, sabemos que la educación sexual debe tener en cuenta la realidad de que el hombre es una persona, porque nuestra experiencia humana, así como el razonamiento más filosófico, nos lo definen como tal.

Inès Pélissié du Rausas

La persona
y su cuerpo

En la familia de Antoine y Marie, un excesivo pudor, cercano a la gazmoñería, implica que el cuerpo está cubierto, y no vestido: los niños visten con descuido y la misma madre hace tiempo que ha renunciado a su feminidad. Está prohibido cualquier maquillaje que embellezca el rostro: «pintarse es una ordinariez».

En la familia de Hervé y Sylvie, la situación es diferente: según ellos, hay que ser sencillos y auténticos: el cuerpo existe, ¿por qué no enseñarlo? Es completamente «natural». Al compartir todo con sus hijos, pasan las vacaciones en campamentos nudistas. En su casa, el ambiente es distendido, no hay temas tabú... Las diferentes funciones del cuerpo son simplemente banales.

Aunque afortunadamente han crecido en una familia unida, los hijos de Antoine y de Marie jamás han oído hablar directamente a sus padres del amor o de la sexualidad. Quizá en algunas ocasiones: en la playa, para fustigar ruidosamente las actitudes indecentes o exhibicionistas de algunos bañistas y... atraer irremisiblemente la atención de los niños hacia ellos. ¿El resultado? La idea de que el cuerpo no está hecho para ser amado. Si el cuerpo es una realidad vergonzosa, si la sexualidad es un tema tabú, ¡los niños se guardarán mucho de hablar de ello! Por lo menos, en su casa. En esta familia, la atención está dirigida hacia el cuerpo, ¡pero de un modo negativo! Sin embargo, ¿y si el cuerpo fuera bueno?

En la familia de Hervé y Sylvie, los niños que crecen «¡están hartos de este rollo!». «¡Después de todo, mi cuerpo es mi cuerpo!», piensa Mélanie que, a los catorce años, ya no soporta los mimos en las rodillas de un padre al que

Si el cuerpo es una realidad vergonzosa, si la sexualidad es un tema tabú, ¡los niños se guardarán mucho de hablar de ello! Por lo menos, en su casa.

considera agobiante. A la edad del jardín secreto, del diario confidente y de la habitación «prohibida a los padres, a los indiscretos y a toda persona no invitada», sueña con el amor y la intimidad afectiva. ¿Y si el cuerpo no fuera banal?

Pero ¿qué es el cuerpo?

Para Platón, el cuerpo es la prisión del alma. En Extremo Oriente, el hinduismo considera al cuerpo como un envoltorio intercambiable y, por lo tanto, bastante indiferente, pues el alma emigra de una existencia a otra en sucesivas encarnaciones.

Según el concepto occidental contemporáneo, pragmático y materialista, el cuerpo es sobre todo una cosa, un objeto que se puede utilizar. También es un útil de trabajo en las teorías sobre la moral surgidas del puritanismo anglo-sajón y del jansenismo francés: un medio para la reproducción; así, se podrá «usar» del cuerpo todo lo posible, pero sin «disfrutar» de él. Después de la revolución sexual de mayo del 68, está considerado como un medio, «una cosa para gozar», según la frase de Marcuse[1]. Sin embargo, en su realidad concreta y material, ¿basta el cuerpo para ser yo? Unas veces mimado y adulado, otras maltratado y detestado, el cuerpo, sobre todo, «me pertenece y hago lo que quiero con él»[2].

Pero el cuerpo es cosa mía, ¿es mío o es yo? Esta distinción es esencial: de nuestro concepto del cuerpo dependerá la educación sexual que demos a nuestros hijos. Una reflexión –basada en la experiencia humana– sobre el cuerpo como cuerpo de la persona, y sobre el cuerpo como cuerpo sexuado, nos dará la respuesta.

1. Para convencerse, leer la obra de Marcuse titulada *Eros et civilisation*, Éditions de Minuit, 1963.
2. Para más detalles sobre este tema, consultar la obra de Pascal Ide, *Le corps à coeur*, Éditions SAINT PAUL, 2ª ed., p. 384.

■ **¿«Mi cuerpo es mío»?**

La persona es ese ser que se sitúa en un mundo de sujetos. Auto-poseyéndose, solo ella puede disponer de sí
misma, y percibe como una amenaza, como un ataque a
su integridad, toda apropiación o todo intento de apropiación por parte de otro. La persona es inalienable. Pero
¿eso concierne al cuerpo? ¿Está el cuerpo de la persona
«fuera de la persona», es decir, al margen del sujeto?

La persona sabe lo que significa «el hecho de ser cuerpo»; el cuerpo cae bajo su experiencia; sabe que es sujeto activo y pasivo de los actos de su cuerpo porque tiene
la experiencia de ello; sabe que no puede separarse de
su cuerpo sin morir.

La experiencia primera del cuerpo es ¡anterior a
todas nuestras teorías! Xavier Lacroix lo demuestra
en su obra *Le corps de l'esprit* [3]:

> **«La forma más tentadora del dualismo sería hoy la que
> opondría no el alma y la carne, sino el sujeto y su cuer-
> po, lo que se traduce especialmente por una instrumenta-
> lización de este, lo mismo ante el trabajo que ante el pla-
> cer. Pero siempre nos recuerdan su existencia las grandes
> verdades primeras, como que el cuerpo respira, que la palabra
> es también la voz, que el menor de nuestros gestos está cargado
> de sentido. Y la presencia del rostro, la profundidad de una mira-
> da, la emoción ligada a la cercanía de los cuerpos, vienen a indi-
> carnos que el mismo sujeto es el que habla y el que desea, el
> que baila y el que piensa».**

La experiencia
del pudor
revela, además,
hasta qué punto
la persona percibe
al cuerpo
como su cuerpo,
es decir,
como una parte
integrante
de ella misma.

■ **«Mi cuerpo soy yo»**

La experiencia del pudor revela, además, hasta qué
punto la persona percibe al cuerpo como su cuerpo, es
decir, como una parte integrante de ella misma. ¿Qué ocurre cuando una mujer se siente desnudada por una mira-

Inés Pélissié du Rausas

da y trata de librarse de esa mirada indiscreta? La percibe como una especie de amenaza, y su reacción pudorosa expresa su negativa a ser «tomada» o «poseída», aunque solamente sea con la mirada. Su pudor manifiesta la vulnerabilidad de la persona en relación con el otro, una vulnerabilidad ligada a la existencia misma de la persona como cuerpo.

Y es que nuestro cuerpo nos hace vulnerables. Por medio de él se nos puede atacar, obligar e, incluso, tratar de romper: el cuerpo puede ser deseado para el placer; torturado por el sadismo o con fines políticos; se le puede quitar la vida y lo que muere es la persona; se le puede esterilizar por la fuerza, como se practica en ciertos países, o, por el contrario, seleccionar buenos especímenes –arios, por ejemplo– y obligarlos a unirse para mejorar la raza. En todos esos casos, la persona sufre un ataque a su libertad a través de su cuerpo.

Decir que el cuerpo es cuerpo de la persona no es solo designar al cuerpo como una cosa perteneciente a la persona. Es reconocer que el cuerpo no puede ser utilizado ni «cosificado», porque «mi cuerpo soy yo». Mi comportamiento con respecto al cuerpo tendrá, pues, que tener siempre en cuenta la dignidad del cuerpo, que no es otra que la dignidad de la persona. Esta dignidad no se limita al número de centímetros, ni a la capacidad de manifestarse en las calles, a proyectar o a conseguir resultados, sino al solo hecho de ser cuerpo de un ser humano, cuerpo de la persona, «sustancia individuada de naturaleza racional» –dirían los filósofos– específicamente distinta del animal. Entonces, somos nuestro cuerpo en razón de la unidad en nosotros del alma y del cuerpo. El cuerpo participa de la dignidad de la persona humana.

3. Xavier Lacroix, *Le corps de l'esprit*, Cerf, 1999, p. 117.

¿Dios y mi cuerpo?

En la primera Carta a los Corintios, san Pablo afirma esta dignidad del cuerpo humano expresada en la Biblia desde el relato de la Creación del mundo:

«¿No sabéis que vuestros cuerpos son miembros de Cristo? ¿Y tomaré yo los miembros de Cristo para hacerlos miembros de una meretriz? ¡De ninguna manera! ¿No sabéis que quien se une a una meretriz se hace un cuerpo con ella? Pues está dicho: "Serán los dos una sola carne". En cambio, el que se une al Señor se hace un espíritu con él. Huid de la fornicación. Todo pecado que comete el hombre queda fuera del cuerpo; pero quien fornica, peca contra su propio cuerpo. ¿O no sabéis que vuestro cuerpo es templo del Espíritu Santo, que está en vosotros y habéis recibido de Dios, y que no os pertenecéis? ¡Habéis sido comprados a gran precio! Glorificad, por tanto, a Dios en vuestro cuerpo»[4].

Muy pronto, entre los 2 y los 5 años, el niño descubre la masculinidad-feminidad. La niña se siente atraída por la masculinidad de su padre, el niño, por la feminidad de su madre.

Así, nuestro cuerpo es templo del Espíritu Santo, es decir, morada de Su presencia. Creado por Dios Padre, salvado por Jesucristo, está destinado a la gloria de la resurrección (Creo en la resurrección de la carne forma parte del Credo).

Y san Pablo exhorta a los corintios a glorificar a Dios en su cuerpo, por su cuerpo, y no a pesar de él. En consecuencia, toda teoría o corriente de pensamiento que pretendiera destacar o integrar el a pesar de, se distingue o se aparta de la Revelación y de la enseñanza de la Iglesia.

El reconocimiento de la dignidad del cuerpo abre amplias perspectivas en cuanto a nuestras actitudes respecto a él y en cuanto a nuestro modo de tratarlo y de cuidarlo.

Inès Pèlissié du Rausas

La experiencia del cuerpo sexuado

Cuando adquirimos la experiencia del cuerpo, no adquirimos solo la experiencia de nuestra soledad, de nuestra individualidad y de nuestra vulnerabilidad. No nos descubrimos únicamente como cuerpo entre los cuerpos, sino también como cuerpo sexuado.

«Cuando no era más que una niña, escribe Madame de Noailles, deseaba atraer la ternura de los hombres, inquietarlos, ser salvada por ellos, morir en sus brazos»[5]...

■ El descubrimiento de la masculinidad-feminidad

Muy pronto, entre los 2 y los 5 años, el niño descubre la masculinidad-feminidad. La niña se siente atraída por la masculinidad de su padre, el niño, por la feminidad de su madre. Los niños experimentan una fuerte atracción afectiva –que no hay que confundir con el deseo sexual– por el progenitor del otro sexo. Ellos mismos adquieren la experiencia de la carencia del otro, pues –si tienen una sensibilidad desarrollada– pueden llegar a experimentar, fuertemente en ocasiones, la llamada hacia la persona del otro sexo. Este progenitor es la primera persona que hace posible esa atracción a causa de la proximidad y del clima de afecto que une a los miembros de la familia.

La atracción por la masculinidad del padre significa, sobre todo, que la niña percibe esta masculinidad como complementaria de su propia feminidad, y experimenta por ello una emoción sensible. Es una atracción muy afectiva y no directamente «genital». Esto demuestra hasta qué punto el hecho de ser sexuado supera la sola genitalidad, el hecho de tener órganos genitales.

4. *1 Co* 6, 15-20.
5. Citado por Simone de Beauvoir en *Le deuxiéme sexe*, Gallimard, 1976, T. II, p. 45.

El adolescente o el adulto capaces de experimentar el deseo sexual saben que no es un proceso que necesariamente desemboque en el acto sexual: en el deseo, como fruto de la experiencia de la carencia del otro, el cuerpo vive la experiencia de la llamada a la unidad de dos seres.

Tener la experiencia del cuerpo sexuado es, pues, descubrir los caracteres de la masculinidad o de la feminidad. Significa saberse solo, no únicamente en calidad de ser individual, sino también como separado de otro. Al descubrirse sexuado, el hombre comprende que no puede bastarse a sí mismo.

Así, la tendencia sexual caracteriza a la persona humana. El carácter sexual que impregna a la persona es una prueba concluyente de la profunda y substancial unidad del hombre, cuerpo y alma, materia y espíritu. Ese hecho físico, inscrito en el cuerpo desde el instante mismo de la concepción, es también un hecho genético que repercute en la afectividad e incluso también en la vida espiritual: la atracción por los valores sexuales de la persona del otro sexo, el atractivo de su masculinidad, el timbre de la voz, la fuerza y la seguridad que se desprenden del cuerpo y de la totalidad de la persona del hombre, «esa cosa alta, de voz grave que en las casas llamamos padre», según la frase de Supervielle, y que constituyen su encanto específico... o la atracción por la feminidad, la dulzura, la capacidad de acogida y de comprensión, la belleza del cuerpo, del cabello, del rostro de la mujer, es decir, todo lo que constituye su encanto personal.

Limitar la sexualidad a la sola genitalidad sería tener una visión reducida y empobrecida de esta sexualidad. Significaría no ver que en el cuerpo sexuado está inscrita la radical distinción de las personas que da lugar a la unión amorosa.

Al descubrirse sexuado, el hombre comprende que no puede bastarse a sí mismo. Es una prueba concluyente de la profunda unidad del hombre.

Inès Pélissié du Rausas

■ Del sexo al amor

El deseo de la unión amorosa y su cumplimiento se hace posible gracias al cuerpo sexuado. Gracias a su cuerpo, la persona puede ir plenamente hacia el otro sin reservas. El cuerpo permite la intimidad del encuentro amoroso, intimidad mayor que la de la amistad, porque la donación de la persona es más total.

Gracias a su cuerpo sexuado, el hombre y la mujer pueden emplear el lenguaje propio de los enamorados, que es el lenguaje de los cuerpos, cuando las palabras no bastan para demostrar el amor y para vivir la unión con la persona del otro.

De esa entrega tan grande, de la comunión entre las personas que rompe la soledad del hombre –ya no está «separado»–, nace la alegría del amor, cantada tan frecuentemente por los poetas.

«Yo soy él, tú eres ella, tú eres ella, yo soy él; yo soy el cielo, tú eres la tierra; yo soy el canto, tú eres la estrofa. Ven, unámonos y traigamos hijos al mundo. Amantes, complacientes, con el corazón alegre, ¡ojalá vivamos cien otoños!»[6].

■ Del amor a la vida

La llamada hacia el otro se duplica con una llamada a dar la vida a otra persona, con la que se establece una nueva relación. Así vemos que, gracias al cuerpo, pueden vivir las personas humanas.

Por ser cuerpo sexuado, la persona puede ir más lejos en la relación amorosa con el otro y, de un modo más general, puede comunicarse con él en cualquier relación humana. Ni malo ni intrascendente, el cuerpo aparece como un instrumento precioso de la donación de la persona. Como cuerpo sexuado, el cuerpo participa de la digni-

6. Fórmula ritual del matrimonio en la antigua India, citada por Jean Duché en *Le premier sexe,* París, Robert Laffont, 1972, p. 115.

dad de la persona. Esto nos proporciona unas útiles indicaciones en materia de educación sexual.

■ **Hacia una educación sexual integral**

Un mayor conocimiento de la persona humana, una mayor conciencia de su dignidad, nos ayudarán a dar una educación sexual integral a nuestros hijos. Para ello, evitaremos cuidadosamente reducir la sexualidad a la mera genitalidad, y su finalidad objetiva, la procreación (genitare significa literalmente *engendrar*), a la mera reproducción y perpetuación de la especie: ¡los actos de la vida sexual implican a la persona como tal!

Enseñaremos a nuestros hijos que el ejercicio de la sexualidad humana se sitúa en el mundo específico de las personas. Ciertamente, el amor es Eros, deseo, pero también Ágape, amor al otro por él mismo. Este amor llama al don de sí al ser amado. Es un amor capaz de una ternura desinteresada. Y vivir una auténtica entrega exige un concepto positivo del cuerpo.

Evitaremos cuidadosamente reducir la sexualidad a la mera genitalidad, y su finalidad objetiva, la procreación,a la mera reproducción y perpetuación de la especie.

Parte 2

Vivir el respeto hacia el otro en la familia

Un clima favorable
a la educación sexual

Hablaremos a nuestros hijos del valor de la vida, de su vida. ¿Comprenden, sin necesidad de palabras, que amamos la vida y que la aceptamos? Nuestras opciones, nuestros juicios, nuestro modo de vida, ¿son portadores de una cultura de vida o de una cultura de muerte?

Les hablaremos del amor y de la belleza del amor humano. ¿Perciben que papá y mamá se quieren? ¿Nos han visto reconciliarnos y perdonarnos después de unas palabras un poco fuertes o de una discusión a la que, desgraciadamente, han asistido? ¿O hay en la familia un cúmulo de silencios que enrarece el ambiente y pesa sobre el niño?

Vamos a demostrarles, con palabras adecuadas, que la relación amorosa se vive con gran respeto por la persona del otro. ¿Perciben ese respeto entre sus padres? ¿Saben los padres demostrar que respetan a sus hijos?

Les hablaremos del valor y de la belleza del cuerpo. ¿Advierten que, por el modo de alimentarlo, cuidarlo y valorarlo, le atribuimos un valor positivo? ¿Lo ocultamos como si fuera una realidad vergonzosa? ¿Lo tratamos de cualquier modo, como a algo intrascendente?

> ¿Perciben que papá y mamá se quieren? ¿Nos han visto reconciliarnos y perdonarnos después de unas palabras un poco fuertes que, desgraciadamente, han oído?

Sentir el amor de los padres

¡Sentir que los padres se entienden no es un detalle insignificante para el niño!

El doctor Ross Campbell, padre de familia y terapeuta especializado en relaciones conflictivas entre padres e hijos, describe la violenta reacción de una adolescente ante la larvada falta de entendimiento de sus padres, que capta perfectamente: «Cuando exploremos el mundo del niño hemos de recordar que la relación conyugal continúa siendo, sin duda, el lazo más importante en una familia (...). El ejemplo siguiente, fruto de mi experiencia, lo testifica: Jennifer, una joven de quince años, vino a mi consulta con sus padres a causa de una mala conducta sexual que desembocó en un embarazo. Jennifer era una guapa muchacha con una agradable personalidad. Estaba dotada de numerosos talentos. Mantenía con su padre una relación estrecha, cálida y sana, muy poco frecuente en estos tiempos. La relación con su madre también parecía buena. De entrada, me sorprendió que Jennifer se implicara sexualmente del modo que lo había hecho. Mostraba poco cariño y escaso interés por el padre de su hijo. Además, su temperamento no era de los que buscan la atención masculina. Siempre había sido una niña sumisa y respetuosa, fácil de dirigir. ¿Cómo es que se quedó embarazada de repente? Yo no podía entenderlo.

Vi a los padres juntos y después por separado. Como habréis adivinado, los padres de Jennifer tenían ciertos problemas conyugales que habían ocultado a los ojos de los demás. Sus discusiones databan de antiguo, pero se habían esforzado para que la familia funcionara de un modo bastante estable. Jennifer se había mantenido siempre estrechamente unida a su padre, una unión de la que la madre se sentía cada vez más celosa. Sin embargo, aparte de esos celos, la relación entre ambas era bastante positiva.

Jennifer llegó a la adolescencia. A medida que el cuerpo de la niña adquiría formas femeninas, aumentaban los celos de la madre. A través de distintas formas de silenciosas advertencias, la madre envió a su hija un mensaje claro y concreto: el mensaje decía que Jennifer era ahora una mujer que podía ocuparse de sus propias necesidades emotivas, especialmente la de buscar la atención de los muchachos. Como muchas jóvenes de su edad, Jennifer trató, pues, de sustituir el cariño de su padre por las atenciones de sus compañeros. Obraba de acuerdo con las instrucciones, tácitas e inconscientes, de su madre.

Esta, si bien era consciente de su desdichada relación conyugal –fruto de una pobre vida sexual con su marido– y de la intimidad que reinaba entre Jennifer y su padre, no lo era del papel que había desempeñado en la aventura sexual de su hija.

En la familia, el hijo aprende lo que es el amor... siendo amado, más exactamente, sintiendo que es amado. Y lo aprende también sintiendo que sus padres se aman.

En un caso así, es inútil e incluso peligroso enfrentar a la persona con sus fallos y sus errores. Aunque, aparentemente, el problema era la mala conducta de la niña, el problema fundamental era la relación conyugal. Con objeto de ayudar a esta familia del modo más sensato, más amable y más eficaz, el terapeuta debe insistir en la unión conyugal de los padres más que concentrarse en el análisis de sus errores. Debe poner ante sus ojos el perdón divino que libera de remordimientos. Una vez restablecido el lazo conyugal, el remordimiento está olvidado, y la relación madre/hija puede rectificarse. Este caso ilustra la influencia de la unión conyugal en la vida del hijo»[1].

Los padres de esta niña hicieron todo lo posible por educarla bien, pero ella no sintió que se amaban; al contrario, sintió la falta de entendimiento de sus padres, a pesar del deseo de estos de ocultarla. Si para creer en el amor, el hijo necesita saber que sus padres se aman, ¿cómo ha de vivirlo la familia?

¿Amarse delante de los hijos?

En la familia, el hijo aprende lo que es el amor... siendo amado, más exactamente, sintiendo que es amado. Y lo aprende también sintiendo que sus padres se aman, viéndolo lo bastante como para estar tranquilo y seguro del futuro de ese amor –que es también su propio futuro– del que «sabe» que es el fruto.

Pero ¿qué significa sentir y «ver» que los padres se aman? ¿Significa verlos en la intimidad de sus relaciones? Algunos padres muestran a sus hijos tales relaciones pensando que no tienen nada que ocultar o que eso les permitirá informarlos. Otros, por falta de espacio, dejan demasiado tiempo al niño en la habitación con ellos.

■ ¿Ser testigo de la intimidad de los padres?

Veamos el ejemplo de lo ocurrido a una joven que tuvo que someterse a una psicoterapia: a pesar del amor que la unía a su marido, las relaciones conyugales le suponían un dolor físico. Terminó por recordar que, por culpa de la falta de espacio, había dormido en la habitación de sus padres hasta la adolescencia. Estos, creyéndola dormida, no ocultaban su relación conyugal, pero ella lo oía todo. Para poder amar libremente a su marido tuvo que curarse de lo que había sido para ella una auténtica agresión.

Ser testigo de la intimidad de los padres, asistir a sus relaciones conyugales, puede ser perturbador para los hijos, incluso si no lo manifiestan.

■ El pudor de la intimidad

Los niños no han de ser testigos de las relaciones conyugales de sus padres, sencillamente porque no les incum-

Inés Pélissié du Rausas

1. Cita de *¿Comment vraiment aimer votre enfant?* Ross Campbell, Ed. Orion, 1998, p. 30.

ben: únicamente quienes experimentan el amor expresado y manifestado a través del «lenguaje de los cuerpos» pueden entender y asumir su sentido.

Por esta razón, y no porque la relación sea mala o vergonzosa, los padres han de tener el pudor de su intimidad. La relación filial, la relación entre padres e hijos no es la relación conyugal, relación entre marido y mujer. Esta, en sus manifestaciones específicas, no concierne más que a los protagonistas y excluye a cualquier otra persona ajena a ella.

El cariño se expresa a través de gestos del cuerpo. Regalar flores porque sí, decir una palabra tierna, sonreírse, tomarse de la mano, besarse...

A esta primera razón podemos añadir una segunda: ¿cómo podría el niño, teniendo en cuenta su experiencia, comprender el alcance de los gestos que realizan sus padres? Por el hecho de asistir a su relación conyugal o de sorprenderla, corre el riesgo de sentirse profundamente herido y agredido, incluso aunque no lo demuestre. ¿Cómo podría hacerlo? Reaccionará replegándose sobre sí mismo o refugiándose, por el contrario, en una actividad desenfrenada...

Ciertamente, los hijos necesitan saber que sus padres se aman, y es importante hacerles saber que ese amor es anterior, previo a su propia existencia, lo que no suele complacerles pues son naturalmente egocéntricos: un niño acostumbrará a interponerse entre sus padres cuando se abrazan, tratando de trepar sobre sus rodillas, incluso a veces desde que empieza a andar.

Por otra parte, los niños aprenderán así a aceptar que sus padres salgan juntos sin ellos, que necesiten hablar sin que estén presentes, y que, por las noches, cierren tras de sí la puerta de su cuarto. ¿Cómo hacer sentir entonces al niño el amor que une a sus padres?

¿Qué aspecto del amor que une a los padres mostraremos al hijo de un modo positivo? ¿Cómo hacerle sentir ese amor? Comprender que los padres tienen una intimidad, un ámbito reservado es bueno, pero no basta. ¡Es preciso que vean que sus padres se aman! Y lo verán observando los gestos de cariño que se profesan delante de ellos.

Las expresiones de cariño

El cariño, en efecto, se expresa a través de gestos del cuerpo. Regalar flores porque sí, decir una palabra tierna, sonreírse, tomarse de la mano, enlazarse afectuosamente, besarse, hablarse con dulzura, mirarse con afecto... Los gestos cariñosos no son exclusiva de los padres. Se dan entre amigos, hermanos y hermanas, padres e hijos, abuelos y nietos, etc.

Lo que hace que estos gestos resulten beneficiosos en el plano educativo es el amor que manifiestan cuando indican un cariño sincero, la dedicación, el afán por el bien del otro.

▪ El auténtico cariño

Las manifestaciones de cariño entre sus padres llenan de alegría a los hijos y contribuyen a hacerles sentirse seguros en el seno familiar. Les tranquilizan sobre el amor de sus padres. Porque, hoy más que nunca, el niño tiene que estar seguro de este amor. La siguiente historia es un ejemplo de ello: Camille, de 8 años, ve con disgusto que Laurence, su madre, se prepara ilusionadamente para salir con su marido, como dos enamorados, a celebrar en un restaurante el aniversario de su boda. ¡Hubiera preferido salir con ellos o celebrar el acontecimiento en familia! En lugar de discutir sobre las razones del disgusto de Camille, y para ayudarle a comprender, Laurence le pregunta:

«¿Qué crees tú que significa que papá y yo tengamos ganas de salir juntos?».

La respuesta es inmediata:

«¡Que no vais a divorciaros!».

Laurence ha insistido en el hecho de que no solo el marido y la mujer no van a divorciarse, sino en que ¡se aman mucho y se sienten felices de pasar juntos ese rato!

El niño que se interpone entre los padres que se abrazan no tiene por qué sentirse celoso obligatoriamente. No solo se siente tranquilo, aun inconscientemente, ¡sino feliz! Quiere recibir parte de la alegría que ellos experimentan en ese momento y participar en la fiesta.

El sentimentalismo es una ternura un poco «blanda», que no expresa la bondad del corazón, sino la insistente búsqueda del desbordamiento o del placer.

Esta alegría y ese sentimiento de seguridad del niño son el fruto del auténtico cariño que se manifiestan los padres. Porque el auténtico cariño afecta a la persona a la que se le demuestra por medio de los gestos del cuerpo. No se detiene en el cuerpo en actitud de posesión, sino que, gracias al cuerpo, expresa el amor por la persona. Y más concretamente expresa esta exigencia del amor: estar cerca del ser amado, compartir lo que vive, sus penas y sus alegrías. Comprenderle...

... Gracias al cuerpo

Los niños que tienen la suerte de ver manifestar a sus padres el cariño que los une descubren de un modo seguro que el amor es estar cerca de la persona, ser una ayuda para ella, pensar en ella antes que en uno mismo. ¡Y todo ello de un modo muy concreto! Porque ven que es el cuer-

Inès Pélissié du Rausas

po, con su fuerza o su dulzura, con la paleta coloreada de expresiones, lo que permite expresar el amor que nace del corazón, aportar alegría, hacer sentir al otro que no está solo, que es amado y comprendido.

En ese descubrimiento –sencillo y discreto– de la intimidad de sus padres, el niño percibe que el amor es el don de una persona a otra; una donación que se expresa por y gracias al cuerpo. Percibe que, en ese gesto, hay una gratuidad, que la alegría que surge en el corazón del que recibe el beso, la sonrisa, la mirada, el gesto tierno, esa alegría que se lee en el rostro, es algo más grande que el gesto mismo. Y aún más cuando, a lo largo de los años, los padres tratan de lograr un auténtico equilibrio sexual.

Así, viendo el amor con que se aman sus padres, el niño, imitador espontáneo, aprende a amar. Al descubrir que, a través de las muestras de cariño, el cuerpo permite entregar gratuitamente el amor y la alegría, descubre la realidad esencial y profunda del amor conyugal: por esta razón, los padres no han de tener un pudor morboso ni una reserva excesiva delante de los hijos. En este caso, el mensaje implícito sería que los gestos del cuerpo son sospechosos. En lugar de formar el corazón de sus hijos, lo deformarían gravemente...

■ ¡Evitar las falsas ternuras!

En ocasiones, la ternura se confunde con dos actitudes que son, en realidad, bastante diferentes: el sentimentalismo y el romanticismo.

El sentimentalismo es una ternura un poco «blanda», que no expresa la bondad del corazón, sino la insistente búsqueda del desbordamiento o del placer; o quizá también una especie de gratitud por el deleite recibido. Los gestos del cuerpo expresan entonces más el deseo de posesión del cuerpo del otro para disfrutar de él, que la atención otorgada a su persona o el deseo de hacerla feliz. Esos gestos revelan la avidez de la sensualidad –que desea al cuerpo para el placer y que se detiene en el cuerpo–, y no el amor desinteresado por el otro.

Estos gestos pueden crear confusión, pues son equívocos y ya no transparentan la intención de la entrega. Además, no quieren dar, sino tomar. Esa confusión no produce alegría, más bien produce malestar. Cuando lo percibe, el niño se siente desdichado y también incómodo. ¿No corre el riesgo de creer que amar es utilizar el cuerpo del otro para el propio placer o para colmar los deseos afectivos? A veces se ama a los niños de este modo, con una ternura un poco agobiante o posesiva, que terminan por rechazar con irritación cuando tienen carácter...

> A veces se ama a los niños con una ternura un poco agobiante o posesiva, que terminan por rechazar con irritación cuando tienen carácter...

Existe otra falsa ternura: el romanticismo. Es el romanticismo de las relaciones tempestuosas en las que los padres expresan sin medida sus menores estados de ánimo, pasando sin transición de las palabras dulces a las disputas, y en las que la calma –silencios pesados, aires indiferentes– precede a la tempestad, una calma peor que la misma tempestad.

¡No hay alegría en un ambiente de esta naturaleza, a menudo bastante impúdico, poco adecuado para tranquilizar a un niño, ideal –por el contrario– para mantenerlo en un estado de inquietud y de inseguridad, pues no sabe nunca lo que ocurrirá mañana o quizá ahora mismo! ¿Cómo extrañarnos de que el niño trate de huir, en cuanto puede, de semejante ambiente en el que nadie hace gran caso de él?

Únicamente la verdadera ternura atrae, pues demuestra que el amor nace del corazón, ¡el amor verdadero!

Inés Pélissié du Rausas

«La ternura debe estar rodeada de cierta vigilancia (...) con el fin de que sus diversas manifestaciones no se conviertan en medios de satisfacer la sensualidad y las apetencias sexuales. Tampoco puede carecer del verdadero dominio de uno mismo, que constituye el indicio de la sutileza y la delicadeza interior en la actitud respecto a la persona de diferente sexo. Mientras que la sensualidad inclina al placer, y que el hombre dominado por ella no ve que pueda tener otro sentido y otro estilo distinto en las relaciones entre el hombre y la mujer, la ternura, en cierto modo, revela ese sentido y ese estilo, velando, por lo tanto, para que no se pierdan (...). No hay que olvidar que el amor humano es también lucha, lucha por el hombre y por su bien»[2].

2. K. Wojtyla, *Amor y responsabilidad*, Stock, 1978, p. 189.

El pudor
de los padres

«*H*ija mía, ¡ni sueñes en comprarte esa falda! Es demasiado corta, te queda por encima de las rodillas. Cómprate esta gris a media pierna que te tapará más».

Sabine recuerda todavía, a sus 30 años, las escenas que le hacía su madre en los comercios cuando tenía 15. Continúa marcada y aún hoy parece muy tímida e incómoda consigo misma. Su hermana Hélène, la segunda de la familia, reaccionó de otro modo. Queriendo liberarse de esa educación, hace una cuestión de honor el hecho de vestirse a la última moda, ¡sobre todo si le permite resultar provocativa!

El pudor es una actitud espontánea, que manifiesta a través del cuerpo una confusión, un temor y un rechazo ante el hecho de mostrar parte de la propia intimidad.

Nuestro comportamiento habitual con respecto al cuerpo influye en nuestros hijos y, poco a poco, crea en ellos su propio concepto del cuerpo. Las muestras de cariño intercambiadas por los padres delante de los hijos les enseñan que el amor, que nace del corazón, puede manifestarse a través del cuerpo. En ese sentido, esas muestras contribuyen a crear en los niños un concepto muy positivo de él.

Sin embargo, hemos de considerar otros aspectos: el del pudor, por ejemplo. Pudor en el comportamiento, pudor en el lenguaje... ¿Cómo es nuestro comportamiento con respecto al cuerpo? ¿Lo ocultamos como una realidad vergonzosa? El pudor de la madre de Sabine es morboso y ha marcado a cada una de sus hijas. O, por el contrario, ¿tratamos a nuestro cuerpo con cierto impudor, como algo banal? ¿Cuidamos el pudor del lenguaje cuando queremos hablar a nuestros hijos de la vida y del amor?

El tema del pudor

¿Qué es el pudor? ¿Es positivo ser pudoroso? ¿Es el pudor una ayuda o un obstáculo para la educación sexual?

Si observamos sus efectos, el pudor aparece, en principio, como un movimiento del cuerpo, una actitud del cuerpo: rubor, palidez y, sobre todo, el deseo de ocultarse para escapar de las miradas de otros. Para escapar a esas miradas, el pudor trata de cubrir algo que no debe ser visto ni conocido. Puede ser un pudor del cuerpo o un pudor de los sentimientos. El pudor no es el respeto humano (el temor al juicio ajeno sobre las propias opiniones), ni la timidez (el temor del juicio ajeno sobre uno mismo).

El pudor es una actitud bastante espontánea, que manifiesta a través del cuerpo una confusión, un temor y un rechazo de la persona ante el hecho de ver aparecer, de mostrar, parte de la propia intimidad a la luz del día.

¿Qué relación existe entre pudor y educación sexual? Hay un pudor del comportamiento, pero también hay un pudor del lenguaje. Una manera de ser y una manera de hablar –o de no hablar– a los hijos.

El siguiente ejemplo lo confirma: Un día, Fabien pregunta inocentemente a su madre durante el almuerzo:

—Mamá, ¿cómo vino Pierre?

—Bueno... hablaremos luego –responde mamá–. Ha venido porque papá y mamá se quieren mucho...

—No, mamá, no me entiendes –suspira Fabien–. ¿Cómo ha venido hoy del colegio? ¿Con quién?

Con frecuencia, cuando surgen las primeras preguntas de los niños, los padres se sienten incómodos, no saben cómo reaccionar y piensan: «¡Vaya por Dios! ¡Ya estamos!». La pregunta les inquieta mucho más que la postura en la mesa, y esa inquietud manifiesta claramente su pudor.

¿Es positiva una actitud pudorosa?

Este pudor, ¿es algo totalmente negativo? La inquietud vuelve torpe a la madre y le inclina a remitir para más tarde una conversación que, como en el caso anterior, nadie le ha solicitado.

¿Tendremos que vencer nuestro pudor para educar sexualmente a nuestros hijos y decirles de una vez todo lo que no se atreven a preguntar? En ese caso, ¿hablaremos sin pudor? A ello nos invitan la mayor parte de los manuales especializados y «los vientos que soplan»: si el amor es «natural», el pudor es una actitud anticuada.

Cuando llegan las primeras preguntas, los padres suelen sentirse confusos y emocionados. Las primeras respuestas son fáciles porque son poéticas, metafóricas y se ajustan bien a la imaginación del niño.

Sin embargo, la falta de pudor es algo que hoy aparece como un defecto. Se dice de alguien que «carece de pudor» o que «podría mostrar un poco más de pudor», es decir, de dignidad, de discreción o de reserva. El pudor se comprende actualmente como el signo de un jardín secreto que hay que defender y como la consciencia de una intimidad del ser. Cuando se refiere a la dignidad de la persona, es una actitud positiva del ser humano. «El pudor, componente fundamental de la personalidad, puede ser considerado –en el plano ético– como la consciencia despierta que defiende la dignidad del hombre y el auténtico amor»[1].

El pudor de los padres

Aliénor, de 6 años, no tiene hermanos. Un día ve llegar a su casa a un primito de algunos meses confiado al cuidado de su madre durante ese día. Aprovechando la ocasión, esta llama la atención de la niña sobre el sexo del bebé y le dice:

Inès Pélissié du Rausas

—*Mira, Julien y tú sois diferentes. Julien no es como tú porque es un niño.*

Aliénor, para tranquilizar a su madre, responde:

—*¡No te preocupes, mamá; ya me saldrá!*

Cuando llegan las primeras preguntas, los padres suelen sentirse confusos y emocionados. Las primeras respuestas son fáciles porque son poéticas, metafóricas y se ajustan bien a la imaginación del niño. Pero. un día, este pregunta: ¿Cómo llegó la semillita de papá hasta el corazón de mamá? ¡Ahí empiezan las dificultades! Los padres, generalmente la madre –que es la que está–. vacilan un poco, y lo dejan para más tarde, sin cumplir lo prometido, y generalmente guardan silencio. El niño, que ha captado la incomodidad de sus padres, acaba por no preguntar.

También puede ocurrir que los padres hablen de más, empleando un vocabulario y unas explicaciones que no corresponden a la experiencia de la vida del niño, corriendo el riesgo de trivializar el amor. Sin llegar a ello, pueden sencillamente mostrarse torpes y adelantarse a sus preguntas, como en la anécdota anterior. ¡El resultado puede ser hasta divertido!

La pequeña Aliénor no planteaba visiblemente aquellas cuestiones, pero había advertido la inquietud de su madre. El hecho de callar, como de «hablar de más», traiciona la inquietud de los padres ante la educación sexual, una especie de sentimiento de inseguridad que el niño percibe, aunque no se lo explica. Esta inquietud, esta sensación de inseguridad, revelan el pudor y la incomodidad de los padres ante el tema, un pudor y una incomodidad que no aparecen en el momento de enseñar a los hijos a

1. *Orientations éducatives sur l'amour humain*, 1 de noviembre, 1983, n° 90, D.C.

alimentarse bien o a comportarse correctamente en la mesa. ¿De dónde procede ese pudor?

■ Conocer mejor la propia forma de pudor

Si hemos advertido en nosotros la existencia de cierto pudor... ¡alegrémonos! Esta toma de conciencia es algo positivo; y podemos ir más lejos: el hecho de experimentar el pudor como una especie de vergüenza es un hecho positivo.

¿Por qué? El pudor, antes de llegar a ser en algunos casos un pudor enfermizo favorecido por una educación severa, es una actitud espontánea del ser. Es, al mismo tiempo, una prueba de rechazo y de deseo. La reacción de pudor por la que deseamos ocultar nuestro cuerpo a las miradas ajenas, o el hecho de preservar nuestros sentimientos o pensamientos íntimos, es la prueba de que deseamos mantener una intimidad... la intimidad del cuerpo o el jardín secreto de los sentimientos y de la vida interior. Por pudor, nos negamos a mostrar nuestro cuerpo y a la violación de nuestra intimidad. De este modo, el pudor indica ya la consciencia de la intimidad. Y, por lo tanto, la conciencia del «yo». Pero aún lo hace de otra manera.

El hecho de experimentar el pudor como una especie de vergüenza es un hecho positivo. El pudor es una actitud espontánea del ser.

En efecto, en el pudor puede surgir un elemento de vergüenza, vergüenza delante del otro o vergüenza «ante nuestros propios ojos», cuando no queremos ver aparecer algo que nos parece reprensible ante el temor a ser censurado por otros o por nosotros mismos.

Este aspecto del pudor como vergüenza ante nuestros propios ojos indica que pretendemos ocultar un conflicto interior, como si no quisiéramos ser cogidos en falta. ¡Todos tenemos la experiencia de este conflicto! Es la experiencia de no hacer, o no haber hecho, lo que habríamos querido hacer. Es la experiencia de nuestra debilidad humana.

■ Conocernos mejor a nosotros mismos

Puede resultarnos beneficioso el hecho de interrogarnos sobre nuestra forma de pudor y sobre nuestra actitud en este terreno. La dificultad de tener que hablar a nuestros hijos es, sin duda, un síntoma de nuestras propias dificultades, de nuestras heridas. Podemos estudiar nuestra historia personal.

¿Cuál es, por ejemplo, mi temperamento? ¿Soy más bien primario e impulsivo/a, o secundario y un poco sentimental en el sentido que la caracteriología atribuye a la palabra? ¿Qué educación he recibido? ¿Me han amado mis padres por mí mismo/a o he carecido de afecto, lo que quizá explica la avidez de mi carácter? ¿Soy posesivo/a? ¿Cuál es mi historia conyugal? ¿Existen en ella circunstancias de sombra, situaciones que me hacen sufrir o en las que, quizá ignorándolo, hago sufrir al otro? Etc.

No se trata de hacer aquí una introspección por el placer de hacerla, sino se trata de conocernos mejor con el fin de comprender nuestras reacciones ante las preguntas de nuestros hijos en el terreno concreto de su educación en el amor, un terreno que por fuerza nos afecta íntimamente.

Los padres cristianos pueden vivir este asunto de un modo pacificador si lo hacen bajo la mirada de Dios, con ayuda de un director espiritual que los conozca. Poco a poco, este director animará a cada uno a depositar todas las heridas y sufrimientos del pasado al pie de la Cruz, es decir, remitiéndolos a Cristo. La gracia de Dios, recibida a través de los sacramentos de la Reconciliación y la Eucaristía, curará al herido y le permitirá seguir adelante. ¿Dónde está el peligro, pues? En agrandar la herida hundiendo sin cesar el cuchillo en ella. Con la ayuda de la imaginación, la herida corre el riesgo de aumentar y, con ella, su cortejo de rencores, estados interiores de cólera, de tristeza y de confusión, de «malestar» con uno mismo.

Sin embargo, aunque es importante llegar a conocerse mejor, no basta para encontrar el comportamiento más adaptado a la dignidad de la persona y de su cuerpo. Los padres, sintiendo su pudor, piensan que el remedio es el impudor. Entendido: ¡hay que hablar! Y buscarán refugio en la actitud contraria al pudor: el impudor.

El impudor no se identifica con desnudez: es una actitud voluntaria que no debe confundirse con una simple reacción de la sensualidad.

■ ¿Correr el riesgo del impudor?

La actitud impúdica consiste en utilizar con el niño un lenguaje que pretende ser técnico y que tiende a devaluar la sexualidad, a suprimir el misterio para suprimir la vergüenza y el pudor. Esto puede ir acompañado de una exhibición del cuerpo de los padres en casa o durante las vacaciones. Ya que la actitud precedente consistía en rodear de misterio lo referente al cuerpo en medio de un clima de pudor que llegaba a la mojigatería, hagamos lo contrario. ¿Cómo? Reduciendo el hecho sexual a un acto biológico y exhibiendo el cuerpo, es decir, reivindicando el derecho a desvelarlo, en su desnudez, como algo banal, como la «carne». Entonces se corre el riesgo del impudor.

Pero ¿qué es el impudor? El impudor no se identifica con desnudez: es una actitud voluntaria que no debe confundirse con una simple reacción de la sensualidad. El impudor no consiste en un estado del cuerpo, en el hecho de

Inès Pélissié du Rausas

estar desvestido, lo mismo que el pudor no consiste en el vestido, en el hecho de estar vestido. El significado de la palabra indica, además, que el impudor no es una simple «ausencia de pudor».

Es el «no pudor», es decir, la falta de pudor donde se esperaría una actitud de pudor. Mientras que el pudoroso desea ocultar su cuerpo de las miradas y manifiesta una especie de vergüenza de él, un temor de descubrirlo y de descubrir su intimidad, en la actitud del impúdico, el cuerpo se entrega a las miradas. Se entrega como carne, en su exclusiva materialidad.

Entonces, ¿cualquier actitud, cualquier lenguaje en los que el cuerpo se expone, se entrega voluntariamente como carne, son actitudes y lenguajes impúdicos? ¿Por qué? Porque, en realidad, el cuerpo no es solamente carne. Es cuerpo de carne, pero también cuerpo de la persona, «mi» cuerpo. No es, pues, la simple desnudez del cuerpo lo que puede sorprender o herir a un niño.

La madre que amamanta a su bebé delante de un hermano o una hermana mayores no es impúdica. Al contrario: en su sencillez, esta actitud manifiesta la unidad real de la persona, cuerpo y alma. Por el hecho de amamantar a su hijo, la madre expresa con el cuerpo su donación interior a ese hijo. Si pensamos en las innumerables Vírgenes representadas en la pintura occidental dando el pecho al Niño, pensamos en unos cuadros impregnados de un ambiente de delicadeza y ternura, de una gran castidad. En ellos se muestra el cuerpo en su desnudez como cuerpo de la persona y ¡había que ser un mojigato para sentirse incómodo!

Una actitud exhibicionista de los padres puede agredir y herir a un niño –incluso si los padres no son conscientes de ello–, porque da, o mejor dicho impone, el cuerpo de los padres como carne, lo muestra como un cuerpo banal en sus funciones, a veces las menos nobles: higiene, cuidados del cuerpo, funciones de eliminación, etc.

Hace perder de vista también la finalidad del cuerpo, el sentido del cuerpo de la persona: el cuerpo se muestra entonces como simple cosa[2]. En este caso, la palabra impudor carece de sentido.

El pudor de los padres y el respeto del cuerpo

Lo mismo que la relación conyugal es una relación «aparte», el dormitorio conyugal debe ser una habitación «aparte»: Es el lugar de la intimidad conyugal.

¿Cómo transmitir a nuestros hijos un concepto positivo del cuerpo? Si trivializarlo es de alguna manera «maltratarlo», mostrar un pudor excesivo –con el pretexto de respetarlo– es tener una actitud negativa en relación con él.

¿Qué es el respeto del cuerpo? La palabra procede del latín respectus, relación, consideración, y significa la acción de tomar en consideración. Respetar el cuerpo es, pues, tratarlo con el respeto debido. Es reconocer concretamente, en los hechos de la vida cotidiana, la dignidad que le pertenece –es decir, su dignidad de cuerpo de la persona–, y al mismo tiempo dar a conocer esa dignidad a nuestros hijos.

Por nuestro modo de vivir el pudor del cuerpo y del acto sexual podemos hacer descubrir ya la dignidad de la persona a nuestros hijos, la belleza y el valor del cuerpo de la persona, y la unidad alma-cuerpo, incluso antes de cualquier conversación. Un primer dato, muy sencillo, puede demostrarlo: el lugar que en nuestra casa atribuimos al dormitorio conyugal.

Inès Pélissié du Rausas

El cuarto de los padres, un lugar «especial»

Es un lugar siempre atractivo para los niños, que muestran una tendencia bastante natural a anexionárselo, a hacer un campo de juegos de lo que a sus ojos es la estancia más atrayente de la casa, una especie de cueva de Alí-Babá que contiene, confusamente mezclados, toda clase de objetos raros y reciclables: papel de cartas, sobres, estilográficas y pegamento, libros, zapatos, alhajas de mamá, expedientes de papá –cuando no es su mesa de trabajo y su ordenador–, sin olvidar lo esencial: la cama, encima de la que se puede saltar porque hay espacio y en la que gustaría deslizarse durante la noche para ocupar descaradamente el lugar de papá o de mamá.

Sin embargo, lo mismo que la relación conyugal es una relación «aparte», el dormitorio conyugal debe ser una habitación «aparte». Es el lugar de la intimidad conyugal (y no solo el de la tranquilidad). Si la habitación de los padres es un lugar aparte, es que los padres lo viven como tal, que quieren proteger su intimidad de otras miradas. En este sentido, no es indiferente que sea bonita y esté ordenada. Es un lugar importante para los padres y, por subrayar esta importancia, participa de un clima de cierto pudor muy significativo para los niños.

No se entra en ella como Pedro por su casa, pero puede haber ocasiones especiales y privilegiadas de hacerlo, como la de instalar a un niño enfermo, aun corriendo el riesgo de que no quiera curarse. O «estar de juerga» cuando los niños invaden el cuarto de los padres un domingo por la mañana para saltar sobre la cama y recibir mimos colectivos.

¿Y cuando falta una habitación en el piso y los padres tienen que dormir en un ángulo del salón? Con algunos

2. Esto no quiere decir, por supuesto, que esas diferentes funciones sean *despreciables*: son necesarias para la vida del cuerpo, para el cuidado que necesita recibir, y, por lo tanto, para la salud y la dignidad de la persona.

detalles bien estudiados es siempre posible hacer del lugar donde duermen los padres un rincón visiblemente reservado a su intimidad en ciertos momentos –la noche, la hora de la siesta– y de favorecer así la posibilidad de que el niño capte la existencia de esa intimidad que poco a poco aprenderá a respetar y que le proporciona seguridad: es una prueba del amor de los padres. La reserva de los padres indica al hijo la importancia de la relación conyugal.

Nuestro pudor no ha de consistir en ocultar nuestro cuerpo como si fuera una realidad vergonzosa, porque no lo es. Sin embargo, una actitud exhibicionista de los padres, ¡también puede ser inhibidora!

¿Ver desnudos a los padres?

Hace un año que Estelle, 25 años, casada desde hace dos, ha empezado un trabajo sobre sí misma para tratar de resolver cierta angustia en su relación conyugal.

Me sentía incómoda, dice, viendo la desnudez de mis padres; de niña, me daba vergüenza y en la adolescencia fue espantoso. Últimamente, mi marido aludió a este tema delante de ellos afirmando que nosotros obraríamos de distinto modo con nuestros hijos. En lugar de aceptar nuestro planteamiento, mi padre razonó: «Durante la adolescencia es normal; siempre se está en contra de los padres». Para él, estar desnudo en esas condiciones es indiferente, no se percibe el sexo. Para mí, ¡eso no es cierto! (...). Mostrar todo, explicar todo, anticipar todo, es inoportuno y contraproducente. Ahora, yo vivo mi sexualidad con mi marido sin necesidad de hablar de ella»[3].

¿Cómo comportarnos delante de nuestros hijos? ¡No está tan claro! Ciertamente, nuestro pudor corporal no ha de consistir en ocultar nuestro cuerpo como si fuera una realidad vergonzosa, porque no lo es. El resultado sería, probablemente, la inhibición del niño.

Sin embargo, una actitud exhibicionista de los padres ¡también puede ser inhibidora! Estelle sufrió a causa de la exhibición del cuerpo de sus padres y quedó marcada. ¿Por qué? Porque, aunque los padres no se den cuenta, esta actitud muestra, o más bien impone, el cuerpo de los padres como carne, como cuerpo banal, en sus funciones menos nobles.

Observar al padre o a la madre cumpliendo esas funciones como si el cuerpo fuera algo intrascendente no puede enseñar al niño que el cuerpo es el instrumento digno y valioso de la entrega de uno mismo.

Por lo tanto, el cuerpo de los padres jamás puede ser banal para un niño. ¡Sus padres son sus modelos! Y el niño no distingue sus cuerpos de sus personas.

Por otra parte, aunque rechace interiormente una imagen muy trivializada del cuerpo de sus padres, no siempre sabe formular ese rechazo. Entonces, ¿cómo detectarlo? A través de sus reflejos de pudor, de su deseo de intimidad insistente, casi excesivo. La incomodidad y el pudor del niño no desaparecen, sino que están ahogados por el impudor del lenguaje o por los comportamientos que percibe.

Podemos añadir una segunda comprobación. Lo mismo que el niño, por ser persona, es sensible a las situaciones de injusticia y aspira a la justicia, es igualmente sensible a las situaciones de impudor y aspira al pudor. En la familia y fuera de ella, las situaciones impúdicas revelan una falta de respeto de uno mismo y del otro.

Así lo atestigua la reacción de una niña que se tapa vivamente los ojos al paso de una de las carrozas más provocadoras del Orgullo Gay, mientras su madre la contempla con la boca abierta. O también, la de Adrien, de 8

Inês Pélissié du Rausas

3. Tony Anatrella, *A qui profite léducation sexuelle*, domingo 14 - lunes 15 de julio de 1991, disponible en la Banca de datos de Chantiers-éducation: 28, place Saint-Georges - 75009 París.

años, obligando a su madre a colocarse la parte superior del traje de baño en la playa...

Jean y Sophie, naturistas, han comprendido con medias palabras, y con tacto, que debían obedecer a la silenciosa petición de su hija. «Cuando la pequeña Camille no se quitó el traje de baño pensaron que deberían hacer otro tanto».

Stephan, que no es un hombre pudoroso, se pone el traje de baño cuando está con su hijo de tres años: «Tengo la impresión, dice, que el tamaño del sexo de un hombre podría impresionarle»[4].

Lo que esos padres sintieron lo formula así Françoise Dolto:

«¿Qué hacéis delante de vuestros invitados? Pues bien, comportaos con vuestros hijos como con los invitados a los que respetáis: y no tengáis otro criterio».

«Con excesiva frecuencia ignoramos que en cada niño nace y se desarrolla el proyecto intuitivo de ser considerado (como) una persona mayor. También espera que con respecto a él tengamos el mismo comportamiento y respeto que ante un adulto. Y tiene razón. En todo lo que se refiere al pudor no hay que perder de vista esta exigencia. Veamos las situaciones más cotidianas. Cuando los padres que se pasean en traje de Adán y Eva me preguntan: "¿Está bien o está mal que nos vean los niños?", yo les digo: "Cuando recibís en casa a unos amigos, unos amigos a los que apreciáis, ¿hacéis nudismo?". —¡Oh, no!. "Entonces, no lo hagáis delante de vuestros hijos". Si os paseáis así, significa que hacéis nudismo con vuestro cónyuge (...). Pero vuestro hijo no es vuestro cónyuge» (...).

Los padres que hacen nudismo a domicilio se extrañan al ver que sus hijos, entre 6 y 8 años, muestran un pudor enfermizo (...). He recibido cartas de padres que gruñen e, incluso, se enfadan cuando el niño se encierra en el cuarto de baño. El pudor nace muy pronto, pero el niño lo manifiesta cuando no tiene más remedio[5].

Inès Pélissié du Rausas

Y añade: «¿Qué hacéis delante de vuestros invitados? Pues bien, comportaos con vuestros hijos como con los invitados a los que respetáis: y no tengáis otro criterio»[6]. Este criterio de sentido común permite vivir con naturalidad las situaciones más corrientes. ¿El niño quiere seguirte cuando entras en el cuarto de baño? Pues bien, ¡sencillamente dices no! «Espera a mamá». Y acabará por entender que es el lugar donde el rey entra solo...

¿Puede uno ir desnudo desde el cuarto de baño al dormitorio, o ser visto en la ducha? Delante de un niño muy pequeño, eso no presenta dificultad alguna, siempre que la actitud sea sencilla, carente de exhibicionismo.

Pero llega la edad en que cambia la mirada del niño. A partir de los 3 años, a veces antes, el niño descubre la diferencia de sexos. Y ya no confunde a un niño con una niña. Más tarde, en un momento determinado, su mirada separa una parte del cuerpo de la totalidad. Su mirada se ha hecho curiosa.

Cuando los padres lo perciben, ha llegado el momento de mostrar más reserva, en atención a la sensibilidad y a la imaginación de su hijo. Y sobre todo, porque su mirada y sus razonamientos están falseados por los comentarios, las palabras y los comportamientos que recoge en el colegio cada vez más pronto. Y así lo educarán en el respeto del cuerpo.

¡Nosotros, padres, aprendamos a respetar a nuestro hijo, que no tiene otra experiencia que la de su cuerpo de niño!

■ **La intimidad entre padres e hijos**

¿No creará un distanciamiento demasiado grande ese pudor del cuerpo de los padres, cuando la intimidad y la

4. Testimonios recogidos en la revista *Bonheur*, n° 4, p. 7.
5. Cita de su obra *La cause des enfants*, R. Laffont, 1985, p. 426.
6. Ibíd.

confianza son necesarias para unas buenas relaciones familiares?

Sin embargo es una distancia importante para que cada uno descubra su lugar en la familia. Lo mismo que el cuarto de los padres no es el cuarto de los hijos, el cuerpo de los padres no es el cuerpo de los hijos. Más radicalmente, los padres no son los hijos.

Lo mismo que la relación conyugal,
el dormitorio conyugal debe estar «aparte».

Si en la familia todos son iguales en dignidad, cada uno tendrá, sin embargo, que ocupar su puesto: un niño seguirá siendo niño porque tiene derecho a su infancia. No es el marido, ni el camarada, ni el confidente de su madre o de su padre. Los padres, por su parte, están llamados a guiar a su hijo hacia la edad adulta. La desnudez compartida entre padres e hijos no parece dar lugar a una mayor intimidad. Más bien puede crear una confusión de los papeles y un malestar en el niño, puesto en la situación de pedir una mayor distancia, sin saber cómo conseguirla.

Dándole el poder al niño, decía acertadamente Jacques Attali, se le priva de la infancia, ese momento único en el que es libre de ser irresponsable, porque alguien le da la ternura al mismo tiempo que le enseña una moral y los límites de la libertad [7].

Podemos añadir que esta necesaria distancia, vivida en familia sencillamente, proporciona referencias a los niños, y es también una indicación de la intimidad del cuerpo que puede existir entre los padres, pues entre ellos el tema es diferente. En resumen, pasearse desnudo no significa que se quiera más a los hijos ni que se les sepa manifestar mejor el cariño. El hecho de mostrarse cool (distendido), ¿no será una prueba de falta de interés por el hijo? El amor y la ternura nacen, sobre todo, del corazón y de la afectividad, de la interioridad de la persona, y un look –apariencia– muy cool no garantiza necesariamente el altruismo ni el sentido del otro...

Inès Pélissié du Rausas

7. Jacques Attali, en *L'Éxpress*, abril, 1999.

El significado del vestido

A propósito del look, parece oportuno interrogarnos sobre el significado del vestido. ¿Por qué y cómo vestirse?

Parece evidente que el vestido sirve para protegernos de la intemperie, tanto del frío como del calor, pero también para proteger nuestra intimidad de miradas indiscretas. La desnudez nunca es anodina, y el hombre de todas las latitudes tiene la costumbre de cubrir su cuerpo, aunque lo haga de un modo distinto según las épocas y según las culturas. Las diferencias constituyen otros tantos motivos de asombro y de interés ante la diversidad y la riqueza de las vestimentas que el hombre ha inventado en el transcurso del tiempo. ¡Y ahí está la moda para confirmarlo!

Este hecho nos demuestra también hasta qué punto el vestido no solo sirve para «cubrir» el cuerpo. En efecto, desde siempre ha participado en el realce del cuerpo y de su belleza. Pero ¿con qué objeto? Las plumas que adornan la cabeza del jefe indio están ahí para indicar que esa cabeza (caput, capitis en latín) es la del jefe. En este caso, la función y la posición social vienen indicadas por el adorno de la cabeza, la parte más noble del cuerpo, el centro de decisión de la persona. La mujer cretense de la época arcaica, cuidadosamente maquillada y cubierta de joyas, se realza para estar más hermosa y para gustar.

Los hombres de todas las latitudes tienen la costumbre de cubrir su cuerpo, aunque lo hagan de un modo distinto según las épocas y según las culturas.

Si el sentido común aconseja vestir en función de lo que se es (sexo, edad, condición social) no siempre es fácil llevarlo a cabo.

Parecen existir dos razones: una proviene de la cultura en la que se vive y de la mirada del hombre sobre la mujer en esta cultura; la otra, en el modo en que la mujer recibe y orienta esa mirada. «Vistiéndose», maquillándose, adornándose con alhajas, ¿pretende resultar provocativa para suscitar el deseo masculino? ¿Ser femenina significa ser seductora?

O, por el contrario, considerándose feliz y realizada como madre, presionada por el tiempo, ¿ha renunciado a su feminidad en provecho del modo de vestir práctico, «de andar por casa»? Encontrar la actitud exacta, es decir, realzar la feminidad de la mujer a sus propios ojos como a los del hombre y a los de sus hijos es importante para educar la mirada de estos, niños o niñas, sobre la mujer. ¿Cuál es nuestra cultura? ¿Cuáles son sus valores?

■ El papel del vestido y la cultura

En la vida en sociedad se dan diferentes factores que, sin ser unas leyes que nos exijan, nos obligan o más bien nos condicionan: son las costumbres, los modos de actuar que «miden» nuestra libertad. El ejercicio de esta libertad no puede ser el mismo en todas las sociedades: basta pensar en las reglas de la educación en la mesa para convencernos de ello. Lo que llamamos cultura es el conjunto de costumbres, reglas de vida, modos de hacer que implican unos valores dominantes.

Gran parte de los valores de la cultura se derivan de la mirada que el hombre dirige hacia la mujer y del modo en que la mujer recibe, o no, dicha mirada y la asume. Aline Lizotte lo explica así: «La mujer, aun siendo para el hombre una persona igual a él, es también, desde su punto de vista, un símbolo. Representa la felicidad. Lo comprobamos en el modo en que el hombre se comporta con respecto a la mujer, el modo en que una cultura se comporta con respecto a la felicidad. A los ojos del hombre, la mujer representa al mismo tiempo un deseo de gozar que él quiere dominar para su placer y una diosa a la que «adora». En su papel de «diosa», ella representa los grandes valores sin los que el hombre no puede vivir ni ser feliz: el pan o la seguridad del alimento; la casa o la seguridad afectiva; la fecundidad o una especie de «inmortalidad»; el amigo o la seguridad de la ternura, del perdón, de la comprensión.

Por eso, la mujer es al mismo tiempo un objeto (la desea por sus valores sexuales) y un sujeto (la desea por los valores de su persona). El modo en que una cultura resuelve esta contradicción entre la mujer-objeto y la mujer-sujeto proporciona cierto equilibrio ante el modo de concebir la felicidad. Una cultura que rebaje a la mujer a la categoría de objeto de placer en la relación sexual, y que reduzca su papel a la procreación y a la primera educación, suele ser una cultura marcada por el autoritarismo masculino. Es dura, en ocasiones cruel, agresiva y batalladora. Una cultura que hace de la mujer una diosa da lugar, generalmente, a unas costumbres en las que el hombre masculino permanece incompleto y carece de audacia y de iniciativa en sus responsabilidades. Es una cultura de tipo matriarcal. Una cultura que pretendiera resolver el problema haciendo a la mujer idéntica al hombre destruiría lo que en la mujer hay de donación: la estabilidad de una vida feliz, y sobre todo el testimonio de que las exigencias del amor son más importantes que las relaciones de fuerza. Por último, una cultura que hace de la mujer lo que debe ser, esposa del hombre, testimonio de amor en el seno de la familia, dinamismo fecundo de la vida, está muy cerca de disponer de un modo humano a hombres y mujeres a la felicidad»[8].

> El modo en que una cultura resuelve esta contradicción entre la mujer-objeto y la mujer-sujeto proporciona cierto equilibrio ante el modo de concebir la felicidad.

Feminidad que da testimonio de las «exigencias del amor» frente a las «relaciones de fuerza» en un mundo de omnipresente competitividad o simple poder de seduc-

Inès Pélissié du Rausas

ción... ¿Cómo integramos los elementos de nuestra cultura o, más bien, cómo nos situamos en relación a ellos? ¿Estamos condicionados? ¿Qué imagen de la mujer vamos a transmitir a nuestros hijos?

■ La elección del vestido

Esta imagen pasa por la elección de la ropa, siempre significativa. ¿Vestir el cuerpo como un saco porque no se le ama o porque solamente se usan prendas prácticas, o presentarlo como un simple objeto de placer? La primera actitud indicará al niño que el cuerpo es malo, una realidad vergonzosa; la segunda, que solo es una cosa.

Sin embargo, el vestido tiene la misión de dar a conocer que «mi cuerpo soy yo». Dar a conocer no solo la función, la condición o incluso la circunstancia de la persona, sino por su elegancia, la armonía que procede de la interioridad. Permitirá así valorar la feminidad de un modo positivo, y no solo la maternidad. ¡Una mujer es mujer antes que madre, y lo sigue siendo!

Por su aspecto y por su vestido, una mujer feliz de ser mujer dará a su hija, igual que a su hijo, el sentido de la dignidad y de la belleza del cuerpo. Atractiva, más que seductora, educará paulatinamente la mirada del niño para que aprecie la auténtica belleza del cuerpo a la que es naturalmente sensible. ¡Cuántas niñas disfrutan describiendo el aspecto de su profesora o admiran a su madre cuando se dispone a salir!

Más que criticar lo que no nos gusta, ¿por qué no hacer ver al niño que una mujer es bella, y lo agradable que es tener una madre refrescante y cuidada? ¡La elección de la ropa de los padres, especialmente la de la madre, no es un tema insignificante!

8. Notas de la conferencia de Aline Lizotte: l'efficacité sociale et la passivité des conditionnements, Montreal, p. 53.

Porque, del mismo modo que el verdadero pudor radica en el realce ponderado del cuerpo, un vestido bien elegido realza su belleza. Permite así manifestar la verdad del cuerpo humano, cuerpo de la persona, mi cuerpo.

Ahora bien, ¿cuál es el objeto de una educación sexual integral, sino el de revelar al niño la verdad sobre el cuerpo, cuerpo de la persona, gracias al cual se hace posible la donación de uno mismo? Esta educación será como la prolongación natural de un ambiente familiar en el que el niño sentirá el respeto que rodea al cuerpo y, a través de él, a cada persona. ¡El pudor del cuerpo y su intimidad preparan el camino para las conversaciones que, llegado el momento, mantengan padres e hijos!

¿Cuál es el objeto de una educación sexual integral, sino el de revelar al niño la verdad sobre el cuerpo, cuerpo de la persona, gracias al cual se hace posible la donación de uno mismo?

Capítulo 3

El pudor
de los niños

¿Sienten pudor los niños?

«Podríamos pensar que, al estar educados en la libertad, los alumnos de Summerhill se pasearían desnudos en verano. Pues bien, no es así. Hasta los 9 años, las niñas se desnudan cuando hace mucho calor, pero los chicos no suelen hacerlo. Es sorprendente, considerando que Freud decía que los chicos están orgullosos por tener pene y las niñas avergonzadas por carecer de él. Los más pequeños no muestran deseos de exhibirse y los mayores raramente se quedan desnudos. Durante el verano, los chicos llevan shorts y el torso descubierto. Las niñas van en traje de baño»[1].

Evidentemente, el pudor del niño es un cierto reflejo de su educación (especialmente, la educación en la higiene), una educación que puede ser muy rígida o, por el contrario, muy liberal, provocando entonces una enérgica reacción en contra.

Es el pudor casi enfermizo del joven Luis XIII educado en la corte de Enrique IV, el Vert-Galant. Es el pudor de Claire, cuyos padres, jóvenes en el 68, se paseaban desnudos por la casa y habían abolido cualquier distancia entre sus hijos. Ahora, a sus 30 años, Claire se duele de tan exagerada proximidad y de las prolongadas caricias de un padre posesivo; guarda un confuso recuerdo y rechaza sistemáticamente la desnudez en el seno de su propia familia.

No obstante, el pudor del niño no es solamente un pudor «adquirido» por la vida y la educación en un medio familiar determinado. No es exclusivamente el resultado del aprendizaje de la vida en sociedad y de la reacción que puede provocar ese aprendizaje. Parece ser que existe un pudor del niño, con evidentes diferencias entre uno y otro según el carácter y el temperamento, pero también según el

Parece ser que existe un pudor del niño, con evidentes diferencias entre uno y otro según el carácter y el temperamento, pero también según el sexo.

Inès Pélissié du Rausas

sexo. Es lo que ha comprobado, con gran asombro por su parte, A. S. Nelly, el famoso fundador de la escuela de Summerhill[2], la escuela inglesa en la que los niños estaban educados en la libertad, con una mínima intervención de los adultos.

Lo paradójico era que los profesores de la escuela de Summerhill se paseaban desnudos, ¡mientras que los niños preferían el short o el traje de baño! ¿No será la desnudez total en la vida una actitud adquirida, pensada y deseada, más que una actitud espontánea?

Instintivamente, el hombre parece buscar siempre cierto velo de pudor. Es el caso del «buen salvaje» que, según los etnólogos, y al contrario de nuestros fantasmas occidentales, jamás está desnudo a sus propios ojos. Su código de pudor es simplemente distinto al nuestro y suele atenerse a veces a pocas cosas; y esas pocas cosas son importantes a sus ojos.

▪ El pudor del muchacho, el pudor de la niña

Como hizo Nelly en su tiempo, los padres pueden observar que el pudor es distinto en los chicos que en las niñas. Y encontramos dos razones para ello.

En el niño, los órganos sexuales son visibles, mientras que en la niña están ocultos en el interior de su cuerpo. Es una posible primera razón. Y hay una segunda: los muchachos tienen pequeñas erecciones espontáneas. Sienten demasiado pronto que ese fenómeno se escapa a su control y advierten confusamente una falta de dominio sobre sus personas. Y como les ocurre sin poder evitarlo, pueden experimentar cierta incomodidad que hace nacer en ellos el pudor.

Es un sentimiento, una impresión anterior a toda consi-

1. A-S. Nelly, *Libres enfants de Summerhill*, Ed. de la Découverte, 1984, p. 213.
2. Para situarla brevemente, podemos decir que la filosofía de A.-S. Nelly se inspira en Rousseau, autor del *Émile*, y de W. Reich, autor de *La Révolution sexuelle*.

deración de orden moral y que puede producir una viva vergüenza en ciertos niños, aunque no se la expliquen. Esa vergüenza no es la demostración de una culpabilidad, excepto si le han inducido a pensar que la erección espontánea es reprensible. Es, más bien, la demostración de que, en el terreno íntimo de su cuerpo, algo escapa a su control. ¡El pudor aparece muy pronto en el niño como signo de la persona!

La sensación de falta de dominio de sí mismo, de que ocurre algo a pesar suyo, puede explicar el vivo pudor de algunos niños.

Igualmente, la ausencia de sensaciones de orden genital puede explicar la falta de pudor o lo que podríamos llamar el tranquilo impudor de algunas niñas y adolescentes, un impudor inconsciente que no hay que confundir con la perversión. Es sencillamente una indicación de que será necesario despertar la conciencia del cuerpo en las niñas; explicarles, en el momento oportuno, el funcionamiento del cuerpo masculino y, en consecuencia, educarlas en lo que podríamos llamar un pudor sano.

Hay que observar también la sensibilidad interna del hijo y la mayor o menor incidencia en su interior de los acontecimientos de la vida sobre su sensibilidad.

■ Conocer a fondo la sensibilidad del hijo

Es importante percibir esos matices para educar a los hijos en consecuencia. Para afinar en esa observación habremos de interrogarnos sobre el tipo de sensibilidad externa, pero también interna, del hijo.

En primer lugar, la sensibilidad externa. ¿Tiene mi hijo una sensibilidad desarrollada? Por ejemplo, ¿es glotón? ¿Tiene un excesivo sentido del tacto? ¿Le gusta tocar y encuentra cierto placer en ello? El desarrollo del sentido

Inès Pélissié du Rausas

del tacto varía de un niño a otro. Del mismo modo, los receptores sensoriales de los órganos genitales pueden estar más desarrollados en un niño que en otro, en una niña que en otra: algunos niños son naturalmente más sensuales que otros, simplemente porque los receptores sensoriales de su piel están más desarrollados y porque esa piel es más fina.

Pero hay que observar también la sensibilidad interna del hijo y la mayor o menor incidencia en su interior de los acontecimientos de la vida sobre su sensibilidad. La caracteriología –el estudio de los caracteres y de los temperamentos– puede ayudar mucho a los padres[3]. No será necesariamente más púdico el niño más sensual, sino aquel cuya sensibilidad interna, imaginación y memoria, estén más desarrolladas.

En este sentido, un niño más «sensible» y «secundario» –según los criterios de la caracteriología– interioriza más lo que ve que otro que, a pesar de ser sensual, puede ser más impulsivo o despreocupado; y su carácter, por vivir más en el momento presente, puede considerarse como «primario». ¡Como vemos, en ningún caso ser primario es sinónimo de ser imbécil!

■ Dos ejemplos

Comparemos ahora dos caracteres diferentes a través de sus reacciones opuestas ante el mismo tipo de situación: los de Agnès y los de Pierre.

Agnès, de 8 años, asiste un día a una reunión en casa de sus primos. Durante la merienda, alguien sugiere a los niños la proyección de un vídeo. No es un film adecuado para niños, como lo comprueba la madre de Agnès, que

3. Sobre este tema se puede consultar un libro práctico y abundante en enseñanzas: *Communiquer en famille*, Marie-Madeleine Martinie, Ed. Le Sarment, 1992.

llega en el momento en que el protagonista y su mujer, acostados, comienzan a besarse. Entonces, ve que su hija vuelve la espalda a la pantalla y, ruborizada, acude espontáneamente junto a su madre como bajo el efecto de una fuerte impresión.

Esta reacción de vivo pudor de la niña no se debe a una educación jansenista, que le hubiera hecho desaprobar de un modo oficial una escena que, en el fondo, estaría contenta de ver. Es una reacción de pudor ante de una intimidad desvelada que no debería serlo ante sus ojos. Al haber asumido que la intimidad de una relación amorosa está llamada a permanecer confidencial, no comprende que pueda quedar expuesta de ese modo. Agnès está dotada de una gran sensibilidad, externa e interna; es secundaria.

El silencio del niño puede significar que no se plantea preguntas, o todavía no. Sin embargo, un silencio demasiado prolongado puede ocultar con frecuencia un problema.

Pierre, su primo de 7 años, no se preocupa tanto cuando, durante una visita a la peluquería de su barrio, aguarda turno hojeando un Playboy. Su madre se lo encuentra todo excitado, y en absoluto molesto por la lectura. Pierre tiene una sensibilidad externa desarrollada, pero es más bien un primario. No ha interiorizado, no ha asumido lo que sus padres le han podido decir sobre el tema... Sencillamente ¡ha aprovechado la ocasión! Su hermano mayor, aunque de dos años más, pero también de un temperamento más delicado, hubiera quedado impresionado por una sola imagen, pues se le habría quedado grabada en la imaginación y en la memoria. En él habría tenido mayor repercusión.

Por tanto, cuanto más delicada es la sensibilidad del niño, más repercute en él lo que vive y lo que le ocurre. Al advertir la falta de dominio de su cuerpo, corre el riesgo de replegarse en sí mismo hasta parecer ajeno a la dificultad que padece. Cuando crezca, puede llegar a manifestar un rechazo hacia las chicas y mostrarse tímido e incómodo ante ellas.

Y si las que le rodean compiten por ser provocativas y seductoras, además de superarle en el terreno escolar, podemos imaginar que, como resultado, el muchacho se sentirá dominado intelectualmente y sin duda agredido o desestabilizado sexualmente.

Los niños no asumen del mismo modo lo que viven ni lo que les llega a través de la educación. Un niño sensible, secundario, podrá experimentar una sensación de vergüenza y de culpabilidad más viva en el caso de desequilibrio entre lo que vive y su contexto educativo y ambiental.

¿Un muro de silencio?

El silencio del niño puede significar que no se plantea preguntas, o todavía no. Sin embargo, un silencio demasiado pudoroso, demasiado prolongado, puede ocultar con frecuencia un problema. Eso nos exige a los padres estar atentos a los silencios de los hijos.

Si no es así, nuestro propio pudor de padres coincide con el de nuestros hijos para guardar silencio sobre las cuestiones sexuales. Por una especie de acuerdo tácito, todo el mundo calla: los padres remiten para más tarde –o para nunca– una educación sexual que el niño no solicita porque siente que no hay que hacerlo, porque advierte la diferencia entre las conversaciones de casa y las del colegio. Semejante ambiente de silencio y de incomodidad impide que los niños reciban de sus padres las luces a las que, por otra parte, tienen derecho.

¡Si esperamos a la adolescencia, llegamos tarde! Los niños corren el riesgo de ser las víctimas de unas informaciones inadecuadas. Y a esta edad, ¿van a dirigirse a unos padres con los que nunca han hablado de sexualidad y de amor? Y, ¿qué pueden hacer los padres cuando advierten tardíamente esta carencia? Simplemente, ¡tomar la decisión de empezar, pues nunca es demasiado tarde!

El tema es importante: está en juego el equilibrio afectivo de los hijos, su capacidad de amar y de llegar a ser unos adultos auténticamente responsables de ellos mismos y de los otros, en una palabra, de su felicidad.

Nuestra tentación de guardar silencio, ¿no será una herencia oculta jansenista o puritana, una cierta convicción de que el acto sexual es «malo» o «vergonzoso»? O en un sentido más profundo, ¿no serán nuestras propias dificultades íntimas, nuestra debilidad humana, el origen de esa mirada cargada de suspicacia sobre el cuerpo?

¿Habría, pues, que mantener al niño el mayor tiempo posible al margen de ciertas realidades? En realidad, confundimos la inocencia del niño con la ignorancia de un supuesto mal, lo que acaba por ser el mejor medio para suscitar unas inquietas curiosidades y la búsqueda de una dudosa información.

Al contrario, situar al niño ante la luz de la verdad sobre el cuerpo y sobre el amor es informarle, calmarle si se siente inquieto y ayudarle a maravillarse ante la belleza de

> ¡Nunca es demasiado tarde! El tema es importante: está en juego el equilibrio afectivo de los hijos, su capacidad de amar y de llegar a ser unos adultos auténticamente responsables.

la vida y del amor. Haciéndolo desde el momento en que empieza a plantearse el tema, anticipándonos a la edad de la pubertad, preparamos su equilibrio actual y futuro, ¡cuando todavía es fácil!

Inès Pélissié du Rausas

Capítulo 4

Del pudor a la libertad. *Cuestiones prácticas*

«*Desde los dos años, Thierry tiene la costumbre de dormir en la cama de sus padres. ¡Y a los diez, sigue lo mismo! Imposible desalojarlo. Su madre, después de creer que podría calmar la angustia del niño a causa de la separación, comprende que esa angustia se debe a que está demasiado aferrado a ella. Al no poder cambiar los hábitos de su hijo, decide buscar la ayuda de una psicóloga, que, poco a poco, ayuda a Thierry a despegarse de su madre*».

Pudor de los padres, pudor de los hijos, pudor de los hijos entre ellos. Muchos aspectos de la vida cotidiana del niño están relacionados con el pudor, desde la educación en la higiene, pasando por el momento del baño o de la elección de la ropa. ¡Sin olvidar el tema del «enamorado»! Y, ¿qué decir al niño que «se toca»? ¿Puede dormir un niño con sus padres? Y otras tantas preguntas prácticas que nos planteamos un día u otro...

¿Cómo ayudar a nuestros hijos a crecer, a lo largo de los días, en el respeto propio y del prójimo?

> La educación en la higiene es una etapa importante de la educación respecto al cuerpo.

Educación del niño en la higiene

La educación en la higiene es una etapa importante de la educación respecto al cuerpo. En efecto, según sean sus actitudes y sus comentarios, los padres empezarán a dar al hijo una percepción positiva o negativa de su cuerpo.

Si insisten excesivamente en la suciedad o en el mal olor, el niño corre el riesgo de adquirir un concepto negativo de su cuerpo. Si los padres expresan abiertamente su repugnancia, terminará por pensar que esa parte, la zona anal, es sucia. De ahí a pensar que la sexualidad es sucia no hay más que un paso que se franquea rápidamente, como ocurrió en el pasado. La realidad es que es sucio cuando no se hace en el orinal. En el caso contrario, ¿por qué no felicitar al niño?

Más tarde, cuando crezca, le haremos descubrir que, para concebir a los bebés, la naturaleza ha previsto un pasaje específico y reservado en el cuerpo del hombre y en el de la mujer, y que es un pasaje distinto del de la orina y los excrementos. ¡No confundamos lo que la naturaleza ha diferenciado cuidadosamente!

Añadiremos un comentario sobre el modo de actuar: el que los padres estemos deseando terminar con los pañales no es una razón para proceder no importa cómo. Se trata de enseñar al niño a satisfacer sus necesidades naturales de un modo limpio y humano y no al modo de un animal: no importa dónde, delante de cualquiera, cuando tiene gana.

¿Por qué no empezar ya a darle el sentido del pudor y de la dignidad del cuerpo poniendo el orinal en un lugar apartado y no en medio del salón? Es lo que recomendaba Françoise Dolto en la *Maison verte*. Incluso el lugar de cambiar a los bebés debía estar aparte para crear un clima de respeto en torno a sus personitas. Desgraciadamente, esto no se vive en algunos colegios, donde padres e hijos han de atravesar los baños para acceder a las clases, pero es fácil de conseguir en nuestras casas.

Asimismo, durante la etapa del aprendizaje de la higiene, ¿por qué no mantener vestidos a nuestros niños en lugar de dejarles desnudos por comodidad? Todas esas actitudes, unidas, por supuesto, a las manifestaciones de cariño y de ternura que pasan por los gestos corporales, contribuirán a proporcionar al niño una buena imagen de su cuerpo durante esta etapa de su educación.

¿Dormir en la cama con los padres?

Martine ha optado por tener un hijo para educarlo sola. No se trata de un caso de abandono. Sin embargo, su relato atestigua, a pesar suyo, la ausencia del padre.

«Yo, dice, no tengo problemas de intimidad con mi hijo (de 14 años en el momento que ella habla). Duerme conmigo, se baña conmigo y salimos juntos una vez a la semana. ¡De este modo hablamos de todo, decidimos juntos y estamos muy unidos!».

¡El niño es siempre un niño! El hijo no está ahí para suplir las eventuales carencias afectivas de sus progenitores.

Cada vez es mayor el número de familias que sufren la ausencia de uno de los padres. El progenitor aislado afectivamente o herido por el abandono corre el riesgo de buscar en este hijo una compensación a su desdicha, sobre todo si no tiene otra familia y el hijo es único.

Sin embargo, nadie puede ocupar el puesto del ausente, cualquiera que sea el motivo o la duración de la ausencia. Aunque falte uno de los padres, ¡el niño es siempre un niño! Incluso si la habitación ya no es «conyugal», sigue siendo la habitación del padre que «educa» al hijo. El hijo no está ahí para suplir las eventuales carencias afectivas de sus progenitores.

Como indica acertadamente Christine Olivier-Gaillard, psicoterapeuta:

«El movimiento pendular iniciado en los años 70 va a contrapié (del pasado) insistiendo en los beneficios de los mimos y las caricias. Ahora hemos caído en el exceso inverso manteniendo hasta demasiado tarde el aspecto corporal en la relación

Inès Pélissié du Rausas

padres/hijos (...). El logro de la autonomía física –indispensable para el equilibrio psicológico– debería proceder de los padres. Pues bien, hoy son los hijos quienes se encuentran en la situación de pedirla con una palabra, un gesto, una mirada explícita. Sin embargo, para ellos, añade, es al mismo tiempo difícil e inquietante, pues algunos padres lo toman mal, se sienten apartados, menos queridos»[1].

Esto es aún más cierto cuando la única relación afectiva del padre es la relación con el hijo. Un auténtico amor paternal y su fortaleza interior le permitirán ayudar al niño a crecer y a lograr su autonomía. Y desde un punto de vista práctico, como es más fácil no adquirir un hábito que perderlo, lo mejor es no dejar dormir al hijo en la cama propia aunque lo pida, acompañando esta negativa con muchas manifestaciones de cariño.

El vestido y el pudor del niño

¿Qué papel puede representar el vestido para el niño? Seguir a toda costa la moda infantil, incluso comprar marcas –a lo que se nos estimula hoy día–, es bueno para los creadores de moda o para la cifra de resultados de las fábricas. Permite al niño sentirse como los demás. Pero ¿es educativo?

No lo será en lo que afecta a la educación de su carácter, si cedemos continuamente a sus caprichos.

¿Y en lo que se refiere a la imagen del cuerpo y al pudor? Podemos estar tan condicionados o influidos en el campo de la moda infantil como en el de la moda femenina.

Veamos un ejemplo. ¿Cómo vestir hoy a una niña de 8 años? La moda tiende a vestirlas de mujercitas antes de

1. Cita de la revista *Bonheur*, nº 4.

tiempo hasta hacerlas parecer atractivas, mini mujeres objeto. El exceso opuesto consiste en cubrir el cuerpo de la adolescente para ocultarlo, adoptando un estilo parecido al de los cuáqueros.

Ambos estilos son igualmente inadecuados: si el cuerpo de una niña no es el de una mujer, tampoco es un objeto ni hay en él nada «vergonzoso».

Lo mismo que en el caso de la madre, la elección de la ropa permitirá manifestar la unidad alma/cuerpo, fuente de la dignidad del cuerpo del niño como de sus padres. Y respetará su condición de niña. La elección del vestido ayudará también a desarrollar en ella el auténtico sentido de la feminidad para que no sea ni un chico frustrado ni una cuáquera ni una Lolita, sino que crezca feliz de ser quien es.

«En materia de moda, haz del momento de la compra de ropa para tu hijo un momento de complicidad, de convivencia; es un buen modo de conocer, de una manera no tan anodina, la idea que la hija se hace de su propia imagen y del vestido»[2].

«En materia de moda, haz del momento de la compra de ropa para tu hijo un momento de complicidad, de convivencia; es un buen modo de conocerla».

Así lo preconiza la MAD, oficina de asesoramiento en la materia, cuando responde a la pregunta de numerosas madres de familia. Para los responsables de MAD: «La quizá inevitable diferencia de gustos entre dos generaciones no significa necesariamente una ruptura, sino que forma parte de un proceso normal. Hay que mostrar una mente abierta, cediendo en lo accesorio (colores, forma, tendencias de la moda) y respetando lo esencial, lo que nos parece más valioso: su dignidad, a menudo maltratada por los modistas. En consecuencia, es preciso que la niña y la mujer tomen conciencia de que el vestido solo las compromete a ellas, pues entran entonces en una relación

Inès Pélissié du Rausas

con el mundo exterior que, a través de su aspecto, se hará una idea –a todos los niveles– de lo que son. De ahí la importancia de saber lo que somos, lo que valemos, ¡simplemente de plantearnos la cuestión!».

Y, ¿por qué no incitar a las niñas a crear un ambiente a su alrededor, a dar el tono, mejor que a sufrir o seguir las modas impuestas? Así lo ha hecho Isabelle con sus dos hijas desde la escuela primaria; y ahora, a los 12 años, no tienen complejos. Su truco ante el problema de las marcas: dar a entender muy pronto a las niñas el valor de las cosas haciéndolas sensibles a las necesidades ajenas. Mostrarles también que el dinero es un buen servidor pero un mal amo y que «las riquezas de amor son mejores que las riquezas de dinero», según la frase de un niño de 6 años.

El baño en común

Otra cuestión planteada por los padres: el baño en común. Este tema no se presenta en las familias en las que los hijos son del mismo sexo, sino entre hermanos y hermanas, con los amigos eventuales o los primos con los que coinciden en vacaciones.

Valérie se planteó el problema tras escuchar un día los alaridos procedentes del cuarto de baño. Su hijo mayor, entonces de 4 años, acababa de hacer daño a su hermana, de 2, por llevar demasiado lejos su curiosidad. Desde entonces, decidió separarlos en el momento del baño.

En este tema, como en muchos otros, priman el sentido común y la naturalidad. Parece que todo depende de la edad de los niños y de los niños mismos. Es bueno que

2. MAD: Asociación «Pour une mode au service de la persone», 57 rue du Faubourg Montmartre, 75009, París.

sepan cómo están hechos los niños del otro sexo. ¿Por qué no responder a su curiosidad, completamente legítima? Esto es factible si coinciden desnudos por el pasillo.

No obstante, a partir de cierta edad, y cuando esta curiosidad parece inoportuna por ir acompañada de comentarios o juegos dudosos, mejor es evitar el baño en común... y hablar con el niño cuya curiosidad hemos observado. De ese modo, aprenderá poco a poco a respetar la intimidad, sea de niños o de niñas.

Siempre ha existido la atracción precoz entre niños, pero hoy se expresa de un modo nuevo, nada infantil, debido a la influencia de la cultura ambiente, especialmente la televisiva.

La desnudez en la playa

Con frecuencia, los chiquitines de 3 años andan desnudos por la playa... con un gorro en la cabeza. Por comodidad, porque están graciosos, para que se bronceen... Pero, si toda «exhibición» devalúa el cuerpo, también devalúa el de los niños. La desnudez por principio, ¿no será una proyección del adulto?

Cambiar a un niño en la playa para ponerle el bañador puede hacerse de una forma sencilla y natural, sin exhibicionismo. ¡Y los niños están encantados por tener un traje de baño como papá y mamá!

¿Y cuando surge el «es mi novia»...?

¿Qué hacer cuando tu niña de 6 años recibe unas inflamadas cartas de amor de un niño de su clase? ¿Qué decir al niño, actualmente en párvulos, del que se ha enamorado una rubita bastante precoz y que está empeñada en darle besos de amor durante el recreo? ¿Reír y estimular

Inés Pélissié du Rausas

la «relación», porque secretamente estás tan halagada como ella, o fijar los límites enérgicamente, porque quizá te sientes un poco celosa o visiblemente molesta?

Siempre ha existido la atracción precoz entre niños, pero hoy se expresa de un modo nuevo, nada infantil, debido a la influencia de la cultura ambiente –especialmente televisiva–, que tiende a hacer de toda amistad de elección una relación amorosa (sexual e incluso homosexual).

Sin embargo, ¡una relación amistosa no es forzosamente amorosa! ¿Por qué no enseñar a los niños lo que es la amistad, distinguiéndola de la relación amorosa en sí? En ese sentido, ¿por qué temer a lo prohibido, si es liberador? En realidad, es como la boya en el mar o el letrero de señalización en la carretera: una referencia indispensable.

Así, no dudemos en prohibir los besos de amor en la escuela, explicando que son para los papás y las mamás. Pero sobre todo, dando siempre el sentido del bien, el sentido del cuerpo y del amor. Dicho de otra forma, de un modo positivo y no negativo. Sin dramatizar, daremos simplemente su auténtico significado a las palabras.

Así lo indica Pascal Ide:

«Si se emplean palabras inadecuadas, el niño está perdido. Hay que ser muy claro con él: estar enamorado es algo muy grande. No se está enamorado antes de la adolescencia, porque ese sentimiento implica la sexualidad. En la escuela primaria no se trata de sentimientos amorosos, sino de amistad. Por otra parte, la palabra «novio» es una palabra importante que significa compromiso. El noviazgo es un compromiso firme de boda cuando se es adulto: eso significa que entonces se abandona el hogar»[3].

De este modo, dando de nuevo a las palabras su verdadero sentido, y esforzándose por encontrar el término adecuado, los padres ayudarán a los hijos a vivir el pudor del

3. Entrevista aparecida en *Familia Chrétienne*, nº 1072, p. 61.

cuerpo en sus relaciones con otros niños en el ámbito familiar o en el colegio.

¿Qué decir a los niños que se tocan?

Algunos padres no le dan importancia, mientras que otros se preocupan y riñen severamente a su hijo con el riesgo de hacerle sentirse culpable... y de crearle un problema del que, por otra parte, pretenden liberarle. El punto de vista de Pascal Ide, que aúna su experiencia de sacerdote con la de médico, es instructiva y permite desdramatizar la situación.

¡No vale la pena crear culpabilidad allí donde no tiene por qué existir! A menudo, los comentarios demasiado duros por parte de los padres traducen su malestar.

¿Por qué hace eso el niño (pues esto concierne sobre todo a los varones)? Porque le resulta agradable. Es un placer del órgano que nada tiene que ver con la masturbación: a esa edad, el niño no experimenta placer sensual alguno.

Además, añade, siente curiosidad por esa parte de su cuerpo, la única que es diferente del cuerpo de la niña; y ese es un descubrimiento natural.

Pero ¿qué hacer si se repite con demasiada frecuencia? Por supuesto, no decirle que es sucio o pecaminoso. ¡No vale la pena crear culpabilidad allí donde no tiene por qué existir! A menudo, los comentarios demasiado duros por parte de los padres traducen su malestar. Tampoco es cuestión de castigar, por supuesto. Los padres deben decir al niño que pare, tan sencillamente como si le dijeran que no se meta el dedo en la nariz. Se puede dar un aviso sin exagerar, sin cólera ni tensión. Y, sobre todo, hablemos cuando nos sintamos cómodos; si no es así, el niño lo percibirá»[4].

La meta para los padres consiste en enseñar al niño a respetar su propio cuerpo, a no tratarlo como a un objeto.

Hélène, madre de cuatro hijos, explica también que, muy pronto, infunde en sus niños unos hábitos buenos, anticipándose a la adolescencia. Y además, ¿por qué no comprobar, con sentido común, que el niño no padece alguna irritación que le molesta?

Hemos de crear paulatinamente en el niño la conciencia de la dignidad de su propio cuerpo. Poco a poco, esta enseñanza del pudor del cuerpo le hace asumir de un modo positivo el hecho de que «mi cuerpo soy yo». Descubre también que su cuerpo no le pertenece como una cosa ajena a él, de la que dispone para hacer no importa qué. Y, en consecuencia, aprende a respetar no solo el cuerpo de los demás, sino también el suyo.

Así lo había entendido aquella niña de 6 años que un día dijo con tono convencido a su hermana:

«¿Sabes? Hay que lavarse muy bien y cuidar el cuerpo, sobre todo el caminito del bebé, porque es frágil».

Paso a paso, con motivo de los gestos de la vida cotidiana, el niño estará dispuesto a sentir que hay en él, si no un misterio[5], por lo menos un secreto del cuerpo, el secreto del cuerpo hecho para amar y para dar la vida; un secreto grande y hermoso que los padres quieren compartir con él, revelárselo.

4. Entrevista, *op. cit.*

5. Prestemos atención a la palabra *misterio* con el niño: «¡Misterio! ¡Misterio y bola de goma!» dice a veces para confesar su ignorancia o manifestar que algo es imposible de conocer. Para el niño, el misterio es algo *cerrado*, opaco, inalcanzable. Todavía ignora que, según G. Thibon, «el misterio no es un muro con el que choca la inteligencia, sino un océano en el que se pierde».

Presencia, proximidad, intimidad:
¡Los padres irreemplazables!

Los padres darán al hijo el sentido de la verdad del cuerpo sin tabús ni falsas apariencias a través del clima que instauren en su familia, así como con el ejemplo de su unión y de su amor. Esto se consigue por medio de los gestos, actitudes y comportamientos cotidianos que constituyen lo que se puede llamar la educación silenciosa respecto al cuerpo.

Sin embargo, llegará el momento de hablar con el hijo. Ahora bien, para compartir un secreto con alguien, es preferible vivir con él una relación de intimidad y de confianza recíproca, como de amigos. Si los padres no son los camaradas de sus hijos, ¿pueden ser sus amigos? ¿Cómo establecer un clima de confianza y de intimidad con los hijos?

Por la calidad de su presencia, por la proximidad con sus hijos, los padres crearán una relación de intimidad y confianza con cada uno de ellos.

Desarrollar la confianza

Por la calidad de su presencia, por la proximidad con sus hijos, los padres crearán una relación de intimidad y confianza con cada uno de ellos. Aprovechando ciertos momentos privilegiados, ayudarán a sus hijos a crecer en un ambiente de confianza. ¡Y no siempre es fácil! Hay que escuchar a los hijos. Estar ahí, aceptar que un hijo nos moleste, prestar atención a lo que dicen y a lo que callan, preguntar por lo que no cuentan... Eso exige tiempo y disponibilidad hacia los hijos.

El niño, explica Leo Tresse, debería sentir que siempre puede contar con el cariño de sus padres, tanto si su conducta es buena como si no lo es. No le quieren por lo bueno que hay en él: le quieren POR ÉL MISMO y continuarán queriéndole hasta en los peores momentos. Si un niño no tiene esa sensación, no se sentirá seguro y no lo estará cuando llegue a ser adulto[1].

Inès Pélissié du Rausas

Aquí se plantea una cuestión aparentemente estúpida: ¿Cómo demostrar nuestro cariño a los hijos?

¿Siendo padres camaradas? Eso sería tener una idea falsa de la igualdad, y, sobre todo, un concepto erróneo de nuestra función de padres. En ciertos casos sería, también, una forma de dimisión...

¿Siendo severos? Eso sería gobernar por el temor, y tratar de hacernos obedecer de un modo externo sin que el niño llegue a captar lo que realmente es para su bien. Sería no hacer una llamada a su libertad interior, a su capacidad de elegir, y correr el riesgo de provocar en él una actitud de desconfianza, de engaño y de manipulación.

Ahora bien, para «crecer», es decir, para llegar poco a poco a ser autónomo y responsable, el niño necesita el amor de sus padres, que es seguridad porque le tranquiliza, y al mismo tiempo una poderosa palanca para la acción: el padre es el que cree en el hijo.

■ Demostrar un cariño INCONDICIONAL

Aunque amemos sinceramente a nuestros hijos, no siempre sabemos demostrárselo. ¿Es preciso decirlo, expresarles con palabras nuestro cariño? ¿Hay que hacerle regalos continuamente (juguetes, caramelos, diversiones), hacer cosas para él y mimarle, lo que supone un cierto riesgo, pues la palabra tiene doble sentido?

Como siempre, los padres debemos adaptarnos sin cesar a la capacidad del hijo para recibir lo que queremos darle. Si no, no lo recibirá. ¿Qué le falta al niño mimado que, sin embargo, nos resulta gruñón y caprichoso, porque exige continuamente algo que no tiene?

Como dice acertadamente Leo Tresse, el niño no tiene

1. Leo Tresse, *Aimez vous vraiment vos enfants?* Ed. du Laurier, n° 67, p. 17.

necesidad de saber de un modo racional que es querido, sino de sentirlo. Más exactamente, para saberlo tiene necesidad de sentirlo. Para que se sienta seguro, tendremos, pues, que encontrar el tiempo y los medios de hacerle saber que lo queremos. Es necesario hablar y también hacer regalos, siempre que el regalo no sea un modo de sustituir el cariño o de comprar la buena conducta del hijo. Pero ¿cómo hacerle sentir nuestro cariño? Ross Campbell lo explica así:

> «Con toda su conducta, nos dice, el niño hace a sus padres una pregunta: "¿Me queréis?". Un niño pequeño plantea esa pregunta, sobre todo, a través de su actitud, muy raramente verbal. La respuesta a este interrogante es, de un modo absoluto, lo más trascendental de su vida... Si queremos a un niño incondicionalmente, sentirá que nuestra respuesta es sí. Si lo queremos condicionalmente, no estará seguro de nuestros sentimientos y mostrará ansiedad... Nuestro sentimiento de amor hacia el hijo puede ser fuerte, pero no basta. El niño sabe si le amamos a través de nuestro comportamiento. Transmitimos el cariño a nuestros hijos por medio de nuestra actitud con respecto a él, por lo que DECIMOS, por lo que HACEMOS. Sin embargo, el mayor peso lo tiene lo que hacemos. Un niño se siente mucho más afectado por nuestros gestos que por nuestras palabras»[2].

> Así, a través de nuestra conducta, por nuestro modo de estar con él, haremos sentir al hijo que le queremos con un cariño incondicional, es decir, que le queremos por él mismo y no por su belleza, sus resultados escolares, sus proezas en el judo o en el piano.

> En efecto, si nuestro amor es condicional, si solo damos cariño a nuestros hijos cuando responden a nuestras expectativas, cuando nos sentimos orgullosos de ellos, siempre se considera-

El niño no tiene necesidad de saber de un modo racional que es querido, sino de sentirlo. Más exactamente, para saberlo tiene necesidad de sentirlo.

rán por debajo de nuestras esperanzas. Serán desdichados a causa de la inseguridad, de su baja autoestima. Y ellos mismos acabarán por amar con un amor condicional, practicando el toma y daca. Como dice Ross Campbell, los niños «reflexionan el amor»[3].

Inès Pélissié du Rausas

■ Colmar el «espacio emocional» de nuestros hijos

Para demostrar nuestro cariño a los hijos, debemos, sobre todo, llenar su «espacio emocional».

«Este espacio se entiende en sentido figurado, pero no por ello es menos real. Cada niño tiene ciertas necesidades emotivas que, según se cubran o no (por medio del amor, de la comprensión, de la disciplina), influyen sobre el resto. En primer lugar, ¿cómo se siente el niño? ¿Está contento, enfadado, deprimido, alegre? Después, su comportamiento: ¿es obediente, desobediente, llorón, vivaz, alegre, distante? Evidentemente, cuanto más lleno esté su espacio, más positivos serán sus sentimientos y mejor su conducta.

Podemos transmitir nuestro cariño a los hijos por medio del contacto visual, del contacto físico, por una atención concentrada y por la disciplina... Los contactos visuales y los físicos raramente exigen auténticos sacrificios por parte de los padres. Sin embargo, la atención concentrada exige tiempo y, a veces, mucho tiempo. Eso puede suponer que los padres dejen a un lado algo que hubieran querido hacer. Los padres amantes discernirán los momentos en que el hijo tiene una desesperada necesidad de atención concentrada, incluso en los momentos en que tengan menos ganas de dársela. ¿Qué significa atención concentrada? Significa proporcionar al hijo una aten-

2. Ross Campbell, *Comment vraiment aimer votre enfant?*, op. cit., p. 36.
3. *Ibídem*.

ción total y no compartida, de modo que sienta, sin duda alguna, que es completamente amado, que goza de suficiente valor por sí mismo como para justificar un interés sin distracciones y una consideración sin compromisos por parte de sus padres»[4].

Contemplar al hijo con amor, buscar el contacto con él, y sobre todo entregarle nuestro tiempo, supone que él forma parte de nuestras prioridades y que no dejamos que lo urgente prime sobre lo importante.

▪ Lo urgente y lo importante

Y, ¿por qué no pensar que también tenemos cosas que aprender de nuestros hijos? Esta escucha activa nos permitirá descubrir los tesoros que ocultan en el corazón.

Si llenamos el espacio afectivo de nuestro hijo con el amor incondicional de padre y madre –porque tiene necesidad de ambos– utilizando los mil procedimientos que este amor, que es imaginativo, nos hará encontrar, le ayudamos a avanzar hacia un mejor dominio de sí y a adquirir mayor madurez.

Creamos, además, una intimidad, forjada con todos los intercambios personales y únicos que hemos tenido con él (códigos, secretos susurrados al oído, notitas debajo de la almohada, juegos, sesiones de cosquillas, preparación de un bizcocho entre los dos... conversaciones a solas, caricias al momento de ir a dormir), y que siempre recordará.

Entonces aceptará más fácilmente el hecho de compartir sus emociones y sus pensamientos con sus padres en los cuales sabe que puede encontrar una escucha activa, una comprensión y un amor desinteresados, más que un juicio severo. Y eso, incluso cuando hay que cuidar las condiciones de la conversación con un niño que se hace mayor, porque su pudor es más vivo y es más difícil hacer caer sus defensas.

Inès Pélissié du Rausas

Y, ¿por qué no pensar que también tenemos cosas que aprender de nuestros hijos? Esta escucha activa nos permitirá descubrir los tesoros que ocultan en el corazón. En el caso contrario, ¿cuál es el riesgo? Que, en la adolescencia, el joven se encuentre en medio de la soledad, como tantos de los que habla una encuesta reciente: «El punto común de los jóvenes, privilegiados o suburbianos, es el preocupante desconocimiento de sus cuerpos. Muchos, cualquiera que sea su ambiente, no tienen más fuente de información que la que encuentran en Internet, en las revistas o en las emisoras de radio. Los padres de medio burgués, pudorosos hasta el extremo, mantienen una enorme distancia con sus hijos. Al faltarles una verdadera comunicación con los mayores, los adolescentes carecen de confidente y nadan en medio de un profundo oscurantismo... Nunca como hoy han estado tan solos los jóvenes delante de sus pantallas y de sus Game boys».

En los suburbios, «los padres dan prueba del mismo exceso de pudor. Los jóvenes que tienen unas relaciones breves y violentas en las cuevas, en un acto iniciador del que queda excluido todo sentimiento, reflejan la miseria sexual y afectiva de sus progenitores. Nunca los han visto comunicarse más que para insultarse...

(...) A falta de cualquier modelo familiar se ven reducidos «a documentarse viendo las cassettes porno obtenidas bajo cuerda durante las clases»[5].

4. *Ibídem*, p. 42 y p. 65.

5. Comentarios recogidos por Véziane de Venzis en *Le Figaro* del martes 4 de enero del 2000, p. 8. *Une méconnaissance de leur corps.*

▪ Hacernos amigos...

Más que dándoles cosas, nuestro cariño por los hijos nos llevará a llenar el tiempo que pasamos junto a ellos con la calidad de nuestra presencia, con nuestra intensa atención. Comprendiéndoles y haciéndoles sentir que son comprendidos. A estar allí para ellos, a estar con ellos, más que a mantener una actitud parsimoniosa entre otras actividades más estimulantes, más agradables o sencillamente más útiles (teléfono, correo, mensajes, televisión, internet, cenas, deporte, reuniones u obras benéficas). Así estableceremos con cada uno de ellos una relación de intimidad y de confianza. Y así, poco a poco llegaremos a ser amigos de nuestros hijos. Y como hacen los amigos, ¡compartiremos nuestros secretos!

Por esta razón, por el bien de los hijos, no podemos delegar la responsabilidad de la educación. Los padres –la palabra procede del latín parens, el que engendra– no son solo los que engendran a los hijos, sino también los primeros y principales responsables de su educación hasta que alcancen la edad adulta.

Son los padres quienes, estimulando de un modo siempre amable, progresivo y proporcionado la libertad interior de sus hijos, pueden ayudarles a superar poco a poco el «primero yo» –en otras palabras, el egocentrismo que tiende a dominar al otro– por medio del espíritu de servicio y de la responsabilidad.

El niño es absolutamente capaz de aceptar una exigencia firme, basada y manifestada con cariño por sus padres. ¡A lo que se niega es a la orden arbitraria, que le parece injusta!

Porque el niño es absolutamente capaz de aceptar una exigencia firme, basada y manifestada con cariño por sus padres. ¡A lo que se niega es a la orden arbitraria, que le parece injusta!

De este modo, los padres son los más indicados para conducir a sus hijos hacia la edad adulta, es decir, hacia la adquisición de la auténtica capacidad de autonomía. A esta se llega gracias a la madurez psicológica, afectiva y espiritual del niño, la madurez interior, que no es la desenvoltura externa ni la aparente descortesía ni la actitud de igual a igual que algunos niños muestran ante los adultos, incluso si se les ha incitado a comportarse así. Los padres son los más indicados para ser testigos del amor junto a esos hijos nacidos del amor.

El hecho de mantener una distancia conveniente no impide ser amigo de los hijos ni establecer una auténtica relación de intimidad con ellos. Cada miembro de la familia ocupa un lugar en ella y desempeña su propio papel. Los padres pueden educar a sus hijos haciéndolo lo mejor posible, y los hijos pueden ser educados.

... para educar a nuestros hijos

¿Cuáles serán los frutos de esta relación de intimidad y confianza entre los miembros de la familia? Que los niños no mientan para evitar el castigo. Al suprimir el temor, la confianza permitirá al niño ser leal, en primer lugar, consigo mismo, ¡quizá lo más importante! Será el modo más seguro de formar su conciencia. ¿No es más doloroso el hecho de traicionar la confianza concedida, traicionar el cariño en cierto modo, que la porra del guardia?

Ello permitirá acrecentar la sinceridad del niño si se lo manifestamos claramente, si nosotros mismos tratamos de ser sinceros, sabrá que es inútil mentir. Descubrirá que siempre es más grave mentir que la tontería o la debilidad que pretendemos ocultar. La mentira destruye la confianza. Esta perspectiva es insoportable para el niño. Y no se trata de una especie de chantaje, que sería odioso, sino de anunciar las previsibles consecuencias del hecho.

Por último, la relación de amistad no ha de suprimir la distancia apropiada entre padres e hijos. ¿Qué permite esta distancia? La formación de las cualidades del corazón. Por ejemplo, la discreción, que ayuda concretamente a vivir el respeto hacia la intimidad ajena, intimidad personal, intimidad de una relación, intimidad familiar. Algunos niños, dotados de una curiosidad malsana, tienen que aprender el respeto hacia los bienes materiales (no se hurga en los armarios de otro) y hacia los bienes espirituales (no se leen las cartas ajenas, no se escuchan las conversaciones telefónicas). ¿Y nosotros? ¿Llamamos a la puerta antes de entrar en el cuarto de nuestro hijo? ¿Respetamos su intimidad del modo adecuado a sus edades? Esta distancia apropiada permitirá también la formación de la delicadeza de corazón: saber ocupar el lugar de los otros, manifestarles la estima, el afecto o simplemente el interés por ellos, porque se siente así.

¡Esta delicadeza es mucho más que la simple cortesía!

Nuestros hijos esperan que les hablemos. ¿Cuándo? ¿Cuál es el mejor momento? A veces, las preguntas de nuestros hijos llegan demasiado pronto y nos desconciertan.

«La delicadeza es un respeto profundo, casi una veneración manifestada en cada instante: es el interés, la cortesía sin servilismo; es una atención diligente a las relaciones mutuas; es una armonía de espíritu, es sensibilidad, confianza, sencillez; un espíritu de servicio sincero; un pudor y una modestia sin hipocresía... en resumen, la delicadeza en las relaciones supone la finura en las obras y en las palabras»[6].

En el interior del rico contexto educativo de la vida de familia ocupa su lugar la educación sexual, inseparable de la educación más profunda del corazón en la amistad y en el amor.

Si en la relación entre padres e hijos reina la mayor confianza posible, estos plantearán a los padres sus preguntas sobre la vida, el amor y sobre el origen y el sentido de su propia existencia.

Es esencial manifestar el amor delante de los hijos...

Inès Pélissié du Rausas

pero ¡no basta! Nuestros hijos esperan que les hablemos. ¿Cuándo? ¿Cuál es el mejor momento? A veces, las preguntas de nuestros hijos llegan demasiado pronto y nos desconciertan. ¿Y si tardan en venir? ¿Es un buen momento el de la pubertad o, simbólicamente, el de la entrada en el colegio? Quizá sea ya tarde. Y todo el mundo sabe que ¡«hombre prevenido vale por dos»...!

¿Cómo responder a las preguntas de nuestros hijos? ¿Cómo hablarles si no preguntan? ¿Cómo compartir nuestros secretos con ellos? ¿Qué lenguaje hemos de emplear para hablar del amor y de la sexualidad?

6. Xavier Abad, Eugéne Fenoy, *L'amour des époux*, Ed. du Laurier, n° 143, p. 26.

Parte 3

La educación afectiva y sexual del hijo

Capítulo 1

El niño de 3 a 5 años

A propósito del bebé que esperan Marc y Cécile, Flore, de 3 años y medio, pregunta:

—*«Mamá, ¿dónde está el bebé antes de llegar?*

—*En el vientre de su mamá, cerca del corazón. Es como un nido calentito para el bebé.*

—*¿Hay un pájaro?*

—*No; solamente el bebé.*

—*¡Ah! ¿Y cómo llegará el bebé?*

—*Por una puertecita especial para bebés.*

—*¡Ah! ¿También hay una ventana?*

—*No; solamente una puerta.*

—*«¡Ah!»*

Un día llega la primera pregunta sobre el origen de los bebés. Generalmente, el niño es muy observador. Es posible que, a la salida del colegio, haya visto a una mamá embarazada.

Diez minutos más tarde:

—*«Pero, ¿cómo ha entrado el bebé?*

—*Por la misma puerta.*

—*¡Ah! ¿Sabes una cosa, mamá? Yo también estoy esperando un bebé.*

— *No, cariño, no es posible; todavía eres muy pequeña. Para ser una mamá hay que crecer. Y para tener un bebé, hace falta también un papá.*

— *¿Sabes una cosa, mamá? Me voy a casar con papá y tendré un bebé como Cécile».*

La curiosidad y los porqués de los niños

El niño entra en la edad de los porqués que ponen a prueba la paciencia de sus padres. Y un día llega la primera pregunta sobre el origen de los bebés. Generalmente, el niño es muy observador. Es posible que, a la salida del colegio, haya visto a una mamá que está esperando un bebé, o ha visto redondearse el vientre de la suya. Sus preguntas se centrarán en lo que ve, en las visibles transformaciones del vientre de su mamá.

■ ¿Por qué tiene mamá la tripa gorda?

Esta observación sume al niño en una profunda perpleji-
dad:

*«Desde hace tres meses, mamá había cambiado de aspecto y
caminaba con el cuerpo hacia atrás como el cartero de Navidad.
Con aire de inquietud, Paul me preguntó una tarde: "¿Qué es lo
que lleva nuestra Augustine debajo del delantal?". Yo no supe
qué contestarle...»*[1].

■ ¿Cómo va a salir el niño?

Generalmente, a la primera pregunta sigue una segunda
perfectamente lógica: «Había nacido una hermanita justamente cuando estábamos los dos en casa de tía Rose,
donde llevábamos un par de días para comer las crêpes de
la Candelaria. Esta inoportuna invitación me impidió verifi-
car plenamente la audaz hipótesis de mi vecino de clase,
Mangiapan, que pretendía que los niños nacían por el
ombligo de su madre.

En principio, esta idea me parecía absurda; pero una
noche, tras un concienzudo examen de mi ombligo, com-
probé que realmente tenía el aspecto de un ojal; y llegué
a la conclusión de que era posible desabrocharlo y que
Mangiapan tenía razón.

Por otra parte, pensé inmediatamente que los hombres
no tienen hijos: solo tienen niños y niñas que les llaman
papá y mamá, pero que los hijos seguramente venían de
la madre, como los perros y los gatos. Así que mi ombligo
no probaba nada. Al contrario, su existencia en los varones disminuía considerablemente la autoridad de Mangiapan. ¿Qué creer? ¿Qué pensar?»[2].

Los niños se imaginan toda clase de cosas. Piensan en
el ombligo, en el pliegue del pecho... «Se saca el tornillo

Inès Pélissié du Rausas

1. Marcel Pagnol,
*La glorie de mon
pére*, Ed. Four,
1981, p. 64.
2. *La glorie de
mon pére*, op.
cit.

con un destornillador y así sale el bebé», pensaba Louis, un manitas precoz de 3 años. ¡No había leído a Pagnol! Por último, si el niño es precoz o simplemente lógico, unos días más tarde preguntará: «¿Cómo entró el bebé en la tripa de la mamá?».

Pero ¿de dónde procede esa curiosidad del niño? ¿Procede de su experiencia del cuerpo?

Conocer la experiencia del cuerpo del niño

Cuando un niño hace esa pregunta, nos conviene no salir de su contexto. ¿Cuál es el contexto de las preguntas de nuestros hijos?

El de la experiencia subjetiva de su propio cuerpo. Por lo tanto, conocer esta experiencia será esencial para los padres. Les permitirá responder adecuadamente a las cuestiones planteadas sin ser demasiado abstractos ni, finalmente, «salirnos del tema», pero también sabiendo lo que podemos decir de acuerdo con las edades de los niños. E incluso adivinar los interrogantes que pueden surgir en el corazón del niño que no pregunta.

El niño de 3 a 5 años carece de la experiencia de lo que será su cuerpo de adolescente o de adulto. No puede adivinar el desarrollo de su cuerpo, ni de sus genitales.

El niño tiene ya la experiencia de la función de nutrición y eso es muy importante para su pequeño universo. Así, por ejemplo, cuando come, su cuerpo recibe el alimento y su vientre se llena. También toma conciencia de su cuerpo a través del juego o de la gimnasia, y adquiere la experiencia de moverse; después, le rinde el cansancio y necesita dormir. Tiene pupas más o menos dolorosas o espectaculares, y a veces le sale sangre de alguna herida. Además, es consciente de que el cuerpo se mancha y que hay que cuidarlo lavándolo, algo que no siempre le resulta divertido.

■ ¿Una experiencia de la sexualidad?

Aunque el niño tenga muy pronto la experiencia de la función eréctil del órgano masculino, no quiere decir que tenga también la experiencia del placer sexual genital: aún no están suficientemente desarrolladas su mente y su imaginación como para que la fantasía sensual le conduzca a buscar el placer. Lo mismo ocurre con la niña que se toca quizá a causa de la curiosidad por su cuerpo, pero que, en realidad, puede estar retrasando el momento de orinar porque prefiere jugar. Y, hablando con propiedad, aunque lo encuentre agradable, no se trata de una experiencia de placer sexual.

El niño de 3 a 5 años carece de la experiencia de lo que será su cuerpo de adolescente o de adulto. No puede adivinar ni experimentar que el desarrollo de su cuerpo, y más concretamente de sus órganos genitales, le capacitará para dar la vida y entregarse en una relación amorosa. Los padres, pues, no podrán apoyarse en esta experiencia pues no existe todavía.

Lo mismo que el niño, la niña tiene conciencia de esta parte de su cuerpo, sobre todo, por su función de eliminación. Aún desconoce que en su cuerpo existe una vía específica para los bebés, y esta inexperiencia podría hacerle asociar el nacimiento con algo sucio. Llegar a conocer la experiencia subjetiva de nuestros hijos es importante para la educación en la higiene y en el sentido del cuerpo.

Por último, el niño que vive rodeado de unos padres amantes y atentos goza también de la experiencia de los gestos de ternura. Miradas, besos, caricias, canciones y mimos le enseñan muy pronto –imprimiéndolo en cierto modo en su sensibilidad– que el cuerpo recibe y da amor, y que eso hace feliz.

El gesto de ternura de los padres, si es sincero, enseña al niño que su cuerpo es bueno. También es una experiencia importante hacer descubrir al niño el valor de la alegría sensible, no como un desbordamiento autorizado o tolerado, sino como la prueba legítima y gratificante de la bondad de los actos que la acompañan.

En esta edad de frescura, el niño está dispuesto a maravillarse y a disfrutar de la belleza de la vida y de la naturaleza; recibe con alegría y sencillez lo que le dicen sus padres.

■ **Una experiencia objetiva de lo que ve**

El niño también adquiere la experiencia de lo que ve. Al despertar su inteligencia y su imaginación, descubre el mundo que le rodea. ¡Y de ahí, las preguntas que plantea! ¿Por qué te engorda la tripa? ¿De dónde viene el bebé? Intuye que el bebé es otro, y ese otro le intriga: él mismo es todavía pequeño y se siente cercano al bebé. Y a ese bebé, aparentemente frágil, hay que cuidarlo.

■ **Y la capacidad de maravillarse**

En esta edad de inocencia y de frescura, el niño está dispuesto a maravillarse y a disfrutar de la belleza de la vida y de la naturaleza. Recibe con alegría y sencillez lo que le dicen sus padres y no dejará de añadir espontáneamente la pizca de sal de sus comentarios divertidos o poéticos. Es la edad de la profundidad casi mística de los niños, cuando su corazón sencillo y puro puede abrirse a las más elevadas realidades con una simplicidad y una naturalidad que sorprenden a los padres. «Vosotros, hombres, dice Dios, tratad únicamente de decir una frase de niño...»[3].

De 3 a 5 años, la cercanía de la madre

Es en esta edad cuando se plantean las preguntas a la madre, pues es la que tiene mayor proximidad con el niño. Está con él en el momento de las comidas, a la hora del baño, en todas las circunstancias de la vida cotidiana, que son otras tantas ocasiones de estar con el niño, de escucharle y de hablarle.

Por vivir la ilusión y el trato con el niño, la madre representa para él la seguridad y el calor del amor, y está, naturalmente, mejor situada que nadie para hablar con él. ¿Esto significa que el padre debe evitar el tema cuidadosamente? Por supuesto que no, siempre que el niño se dirija a él espontáneamente. Pero si no es el caso, ¡más vale que guarde sus fuerzas para más tarde!

Las palabras oportunas

Ahora surge el tema del cómo.

■ **¿Cómo hablar a nuestros hijos?**

Evidentemente, las palabras adecuadas no surgen de repente. Para explicar el cómo, podemos recurrir a modos muy distintos. ¿Contaremos cuentos o una hermosa historia como cuando hablamos de papá Noel para «quedarnos en lo maravilloso»? O para ser realistas, ¿recurriremos a la naturaleza y emplearemos un lenguaje poético hablando de flores, mariposas y, luego, de animales más evolucionados? ¿Qué palabras elegiremos?

Inès Pélissié du Rausas

3. Charles Péguy, *Le porche du mystére de la deuxiéme vertu en Oeuvres poétiques complétes,* Gallimard, La Pléiade, p. 550.

■ **¿Contar fábulas?**

Ante nuestra sorpresa, todavía hay quienes utilizan este procedimiento para disimular su pudor o porque no saben hacerlo de otro modo. Quizá también porque, tratando torpemente de preservar la inocencia de sus hijos, desean transmitirles la idea de que el amor es algo maravilloso.

Entonces les cuentan que son las cigüeñas las que traen a los bebés que encuentran en las coles, como en Dumbo, o también que «quienes llevan los bebés a las mamás son el Niño Jesús o los ángeles».

¡El problema radica en que contar ese tipo de historias es mentir! Cuando se enfrente con la realidad o durante las conversaciones del recreo, el niño se sentirá, por lo menos, extrañado. Corre el riesgo de perder la confianza en sus padres o de relativizar todo lo que le dicen.

Al considerar que no se habla de esas cosas con los niños se intenta de este modo preservar su inocencia manteniéndolos en un mundo imaginario, el de los cuentos y las historias a las que son tan sensibles en la infancia.

Pero ¿son tan feas las realidades del amor como para que no podamos hablar de ellas a los niños? Por naturaleza tienen tendencia a maravillarse. El hecho de decirles la verdad no atentará contra su conciencia, sino que los tranquilizará sobre su propia existencia: no hará más que aumentar su alegría de vivir.

Entonces, ¿contaremos una hermosa historia? Sí; ¡sobre todo si es verdadera!

Ante nuestra sorpresa, todavía hay quienes utilizan las fábulas para disimular su pudor o porque no saben hacerlo de otro modo. ¡El problema radica en que contar ese tipo de historias es mentir!

Inés Pélissié du Rausas

■ ¿Partir de la naturaleza?

Desde los primeros años en la escuela, los niños están invitados a conocer la naturaleza, a admirarla, a respetarla. Además, bajo la influencia de los movimientos ecologistas, hoy se insiste extraordinariamente en ese respeto a la naturaleza.

El descubrimiento de la naturaleza y de sus mecanismos apasiona a los niños, que aprenden a conocer el mundo viviente, desde las plantas, los peces, los pájaros y toda clase de animales –además de los inevitables dinosaurios–, hasta los animales que pueden observar en su entorno inmediato o en los parques zoológicos.

Los que despiertan a la fe descubren que las maravillas de la naturaleza son las de la Creación, y con san Francisco de Asís aprenden a alabar al Creador por nuestra

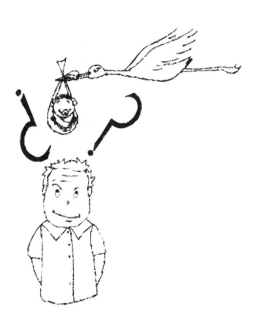

hermana Luna, nuestro hermano Sol y por todos los seres creados.

Este descubrimiento de la naturaleza y de las leyes que la rigen parece muy positivo y constituye incluso una especie de preparación remota de la educación sexual. Remota pero necesaria, porque el niño aprende así a admirar, y a admirar la vida. Le sitúa naturalmente en una cultura de la vida, haciéndole descubrir que la vida es bella y buena.

Atención, de todos modos, a la manera de presentar la reproducción animal. Si está bien situada en el mundo animal, ¿por qué no? Pero, si por ese camino se pretende aportar una información sobre el hombre a modo de comparación, surge un problema: lo que nosotros hemos de transmitir a nuestros hijos es una cosa muy distinta. El misterio del amor entre personas.

¿Cómo hacer penetrar al niño en el misterio y comunicarle su sentido? Lo permiten dos modos de hablar: el lenguaje analógico y la poesía.

■ **Revelar el misterio del amor y de la vida**

¿Cómo revelar a nuestros hijos, en toda su verdad, el misterio del amor que une a dos personas hasta el punto de que se dan una a otra para siempre? ¿Cómo hacerle saber que de esa donación nace el hijo?

Aquí coinciden dos realidades muy hermosas, ligadas la una a la otra, que deseamos dar a conocer a nuestros hijos: el misterio de la persona, ese ser absolutamente único e inalienable, y el misterio del amor que es comunión de las personas.

No se trata de decir al niño que el amor es misterioso, con objeto de que sepa que existe ese misterio. Sin embargo, siendo preferible evitar la palabra, deseamos descubrirle que es un misterio grande porque el amor nos supera. En ese sentido, proporcionar a un hijo la educa-

Inês Pélissié du Rausas

ción sexual es iniciarle poco a poco en un misterio que le supera. Es compartir con él, en un clima de confianza, un hermoso secreto, algo muy íntimo. ¿No es eso lo que hace emocionantes las conversaciones que podamos tener con nuestros hijos? Compartimos con ellos algo que es más grande que nosotros y que, al mismo tiempo, llega a lo más profundo de nuestro corazón.

Estaremos atentos al auténtico sentido de las palabras iniciación y secreto. Empezar a revelar a nuestros hijos la belleza del amor es muy diferente a compartir con ellos el conocimiento de unas realidades meramente materiales y corporales, ¡con una especie de actitud cómplice!

Dos lenguajes posibles

¿Cómo hacer penetrar al niño en el misterio y comunicarle su sentido? Lo permiten dos modos de hablar: el lenguaje analógico y la poesía.

El lenguaje analógico

Según la etimología de la palabra, el lenguaje analógico es proporcional. En el Evangelio, por ejemplo, Cristo emplea a menudo la analogía en sus parábolas. Así, cuando dice:

«El reino de los Cielos es como una semilla» [4].

Nosotros también utilizamos con bastante espontaneidad ese lenguaje con los niños cuando queremos explicarles una realidad aún desconocida para ellos –o conocida solo confusamente– comparándola con otra que conocen.

Algo así hacemos cuando decimos al niño: «Eres como papá»; y a la niña: «Eres como mamá». Esta comparación,

4. *Mt* 13, 31.

tranquilizándoles sobre su propia identidad, les valoriza pues les propone un modelo con el que identificarse en la familia. Les permite proyectarse en el futuro e imaginar ya lo que serán y harán como papá y mamá.

La analogía se caracteriza por conservar el sentido propio de las palabras conduciendo a la inteligencia hacia una realidad más elevada.

Podemos emplearla en la educación sexual del niño para descubrirle que el cuerpo está hecho para expresar y vivir la entrega de la persona –su realidad más elevada– aprovechando la experiencia que posee del mundo que le rodea, de la naturaleza, de la Creación o de su propio cuerpo.

Le podemos decir que en el vientre de su madre hay como una cunita de un tamaño apropiado al del bebé. Es una explicación tan real como lógica, pues la cuna es el lugar previsto para ellos.

PRIMER EJEMPLO: Pierre, 4 años, pregunta a su mamá cómo está «instalado» en su vientre el bebé que espera. ¡No puede adivinarlo, aunque se imagina muchas cosas!

¿Cómo decirle la verdad? El término biológico uterus es inadecuado porque no explica al niño nada de la realidad. La etimología del término uterus, la matriz, interesante para un adulto, no aporta nada al niño.

Lo que deseamos transmitirle es que el bebé esta cómodo, seguro, en un lugar maravillosamente preparado en el que todo está previsto para él. ¿Cuáles han de ser las palabras más adecuadas y más educativas extraídas de la experiencia del niño, para explicárselo?

Algunos padres dicen: «El bebé está como en un cuartito para él solo, bien caliente». Entonces, el niño responde: «¡Ah! ¡Tiene juguetes! ¿Tiene también una mesa y sillas como yo?».

Inès Pélissié du Rausas

Como indica la respuesta, la palabra «cuarto» es insuficiente. Además, en un cuarto pueden ocurrir muchas cosas. Uno puede caerse de la cama, hacerse daño. ¡Allí no está perfectamente seguro!

Otra respuesta habitual: «El bebé está como en un nido». En este caso el niño comprende mejor la analogía que existe entre el vientre de su madre y ese nido en el que los pajarillos viven al calor. La frase es mejor, incluso si el pájaro se cae del nido o las niñas preguntan: «¿Hay también un pájaro grande en el nido?».

Es importante el término como en la explicación. Es como un nido pero no es un nido. Al mismo tiempo, la palabra nido introduce en la mente del niño el término anidación.

Por último, le podemos decir que en el vientre de su madre hay como una cunita de un tamaño apropiado al del bebé. Es una explicación tan real como lógica, pues la cuna es el lugar previsto para los bebés. Las palabras nido y cuna son las más educativas para hacer descubrir al niño hasta qué punto están bien instalados en el vientre de la madre.

SEGUNDO EJEMPLO: ¿Cómo contestar la verdad sobre el papel del padre y de la madre ante la pregunta «de dónde viene el bebé». ¿Hablando de los espermatozoides y del óvulo?

¿Cuál es la experiencia del niño? Desde los primeros años en la escuela, y aunque viva en la ciudad, le llama la atención el modo en que se despierta la vida en la naturaleza e incluso ha plantado semillas con la profesora. Sabe ya que una semilla puede germinar y dar una flor o una espiga de trigo si se planta en terreno adecuado, propicio a su desarrollo.

Entonces podrá comprender la analogía que existe entre cualquier semilla y la semilla de vida del papá y de la mamá que, tras unirse, se convertirán en un bebé capaz de desarrollarse en ese terreno ideal que es el vientre de la madre. Esas palabras serán más educativas que las de espermatozoide y óvulo.

■ El lenguaje simbólico

Para introducir al niño en el misterio existe un medio más: la poesía. A través del lenguaje simbólico, los poetas nos conducen a la contemplación del misterio, misterio de la persona, misterio del amor. Nos lo hacen sentir, al tiempo que ver con el corazón y contemplar.

Gracias a la analogía y a la poesía, nuestras palabras no son falaces. Al contrario de los cuentos de otro tiempo, permiten guiar la inteligencia y el corazón de los niños hacia la verdad del amor.

UN EJEMPLO: De este modo, Péguy describe la persona del niño como la virtud de la Esperanza, la que siempre comienza.

«Todo lo que comienza tiene una virtud que nunca se vuelve a encontrar.

Una fuerza, una novedad, una frescura como la aurora.

Una juventud, un ardor.

Un impulso.

Una ingenuidad.

Un nacimiento que no se repite jamás.

El primer día es el día más hermoso.

(...)

En lo que empieza hay un origen, una raza que no vuelve.

Una partida, una infancia que no se vuelve a encontrar, que no se recupera jamás.

Sin embargo, la esperanza

Es la que comienza siempre.

Este nacimiento

Perpetuo.

Inès Pélissié du Rausas

Esta infancia
Perpetua. ¿Qué haríamos, qué seríamos, Dios mío,
Sin los niños. ¿En qué nos convertiríamos?
(...)
Felices hijos; feliz padre.
Feliz esperanza.
Feliz infancia. Todo su cuerpecito, toda su personita, todos sus
gestos, todo está lleno, rebosa, devuelve la esperanza.
Resplandece, desborda de inocencia.
Que es la inocencia misma de la esperanza» [5].

Ante un gran misterio, ante una realidad que nos supera, nuestras palabras resultan pobres, como impotentes. En el momento de hablar a nuestros hijos del amor procuremos no matar el misterio. Tratemos, sobre todo, de hacerles contemplar, gracias a la analogía y a la poesía, que nuestras palabras no son falaces. Al contrario de los cuentos de otro tiempo, permiten guiar la inteligencia y el corazón de los niños hacia la verdad del amor.

5. *Le porche du*
mystére de la
deuxiéme vertu,
op. cit., p. 550.

¡Dime, mamá!

ALGUNOS PUNTOS CONCRETOS
DE REFERENCIA PARA LOS PADRES

1. Aproximadamente a los cinco años, a veces antes, el niño empieza a preguntar: «¿Por qué?». Su inteligencia despierta y se pregunta sobre la vida que le rodea. Es el momento de la primera iniciación del niño.

2. ¿Y si no plantea formalmente la pregunta? ¡Puede ocurrir! Cuando el hijo no pregunta concretamente de dónde vienen lo niños, los padres han de estar atentos al despertar de la curiosidad en su mente. En el momento adecuado, podrán aprovechar la ocasión de provocar sus preguntas. Según su mayor o menor precocidad, según su entorno también, la primera iniciación podrá hacerse entre los 3 y los 5 años. Con algunos niños, las preguntas llegan a surgir a los 2 años y medio. Con otros, entre los 4 y los 6...

¡A nosotros, padres, nos corresponde adaptarnos a nuestros hijos!

3. ¿Cómo hablar al niño? Con naturalidad, alegremente y con sencillez. El hecho de haber reflexionado sobre lo que vamos a decir nos permite evitar la timidez, la confusión que harían sentirse incómodo al niño o suponer que es un tema delicado, ¡es decir, tabú... con los padres! Hablar con naturalidad, alegremente y con sencillez es encontrar el tono justo para despertar al niño en la belleza del amor del que nace la vida. Se trata de decir la verdad al niño, velando por la calidad del lenguaje que empleamos, diciéndole esta verdad de un modo proporcionado a su capacidad real de comprensión y permaneciendo muy atentos a sus preguntas.

¿Cómo va

4. Es posible que surjan algunas preguntas dudosas a causa de las experiencias que el niño tenga a espaldas de sus padres (conversaciones, películas, libros hojeados, el comportamiento malsano de alguna persona de su entorno...). En lugar de inquietarnos, ¡aprovechemos la ocasión de devolver a nuestros hijos la paz y la verdad!

5. ¿Y si el niño desea tocar el vientre de su madre para decir *«Buenos días»* o *«Buenas noches»* al bebé? Este gesto permite que la admiración y la ternura del corazón del niño se desarrollen de un modo muy concreto. ¿Por qué no provocar la caricia si el niño no expresa ese deseo espontáneamente?

6. En el caso de que los padres deseen dar una educación más específicamente cristiana en el amor, podrán asociar el papel de los padres al acto creador de Dios. Enseñar a los hijos que, si los bebés nacen del amor de los padres, también reciben la vida del amor de Dios: Dios es el autor de la vida. En efecto, según las palabras del Génesis, Dios lo creó todo, creó al primer hombre, el primer papá, y a la primera mujer, la primera mamá; y lo que hizo *«era bueno»* (*Gn* 1, 31).

7. ¿Es mi novia? Hemos abordado este tema detalladamente en el capítulo dedicado al pudor de los niños.

A continuación describimos una posible conversación que podrá orientar a los padres en el momento de hablar a los hijos CON SUS PROPIAS PALABRAS... Podrá ayudar también a los abuelos que tienen a su cargo a los nietos mientras los padres trabajan, o simplemente durante los privilegiados momentos de las vacaciones.

Esta conversación puede mantenerla la madre lo mismo con la niña que con el niño; ampliaremos algunos aspectos más específicamente cuando se trate de niños. Y para mayor claridad, los presentaremos de modo distinto.

a nacer el bebé

UNA HERMOSA HISTORIA VERDADERA

- **¿Tienes un bebé en la tripa, mamá? ¿Está cómodo?**

Cariño, me encanta que me lo preguntes. Voy a hablarte de los bebés. Mira, Clémence, cuando un bebé acaba de nacer se le pone en una preciosa cunita de su tamaño que le han preparado su papá y su mamá.

La mamá prepara el cestito: le pone sábanas limpias, añade una mantita para que el bebé esté caliente y también un protector para que no se golpee. En esa cunita, el bebé está caliente y seguro.
Pues bien, en la tripa de la mamá, es parecido.
Antes de nacer, el bebé está calentito, seguro. Está junto al corazón de su mamá, en una especie de cunita. También ahí, la naturaleza –y Dios que lo ha creado todo– tiene todo preparado para recibirlo.
No solo el bebé está, caliente y seguro, sino también bien alimentado. ¿Por qué? ¡Porque tiene que crecer!
Al principio es minúsculo y, naturalmente, aunque esté ahí, todavía no se le ve. Pero después crece, y como cada vez ocupa más espacio, la tripa de mamá también se redondea cada vez más.
¿Qué come el bebé dentro de tu tripa, mamá?
¡Aún no toma biberones! Pero tiene todo lo que le hace falta, porque su cuerpo está ligado, unido al cuerpo de su mamá por un cordón, el cordón umbilical, que es como un tubo pequeño. El alimen-

La historia de la vida y de

to que necesita pasa del cuerpo de su mamá a su cuerpo a través del cordón.

Además, mira, observa tu vientre. ¿Ves el ombligo?

Cuando nace el bebé se corta el cordón, que ya no sirve para nada porque el bebé va a empezar a mamar. Y esa pequeña cicatriz es el ombligo.

• Mamá, ¿cómo va a salir el bebé de tu tripa?

Cuando, al cabo de 9 meses, el bebé ha crecido ya, tiene que salir de la tripa de su mamá. Además, le esperan su papá y su mamá. ¡Están desando verlo!

Un día, el bebé avisa a su mamá de que quiere salir de su tripa.

¿Cómo va a salir y por dónde? Ya has comprendido que la naturaleza lo ha previsto todo para el bebé en el vientre de su mamá.

Y también ha previsto un camino especial en el cuerpo de la mamá, un camino reservado al bebé por el que saldrá del vientre de la mamá.

Ese camino acaba en una pequeña abertura situada debajo del vientre de la mamá. Está como oculta entre sus piernas. Esta pequeña abertura está reservada para que pase el bebé.

• Entonces, ¿es el mismo camino que para el pis?

Desde luego que no. No tienen nada que ver. Todas las mamás y todas las niñas tienen en su vientre una cunita preparada para, un día, acoger a un bebé.

Todas tienen ese camino especial reservado al bebé, que va desde la cunita del bebé a la abertura de la que te he hablado. Además, ese camino tiene un nombre concreto: es la vagina. No es el mismo camino que el del pis y ¡sobre todo, no los confundas!

En el cuerpo de una niña o de una jovencita, ese camino especial, que es al mismo tiempo frágil e importante, está muy protegido, como cerrado.

- ### ¿Yo también tengo que protegerlo?

¡Tienes razón, Clémence! Tu cuerpo de niña es hermoso y frágil al mismo tiempo. Un día, cuando seas mayor, podrás casarte y ser una mamá, y esperar a un bebé cerca de tu corazón.

Hoy eres demasiado pequeña para estar enamorada... ¡Ni siquiera eres una joven! Pero ya eres la guardiana de tu cuerpo. Guardarlo significa cuidarlo, protegerlo y respetarlo.

Y tienes derecho a esperar de los otros el mismo respeto para tu cuerpo, para ti.

Eso te enseña una cosa más: también tú debes respetar el cuerpo de los otros. El cuerpo de las niñas que llegarán a ser mamás, y el cuerpo de los niños que llegarán a ser papás.

Un día, un niño de tu edad dijo: «Las mamás sirven para proteger a los bebés y los papás sirven para proteger a las mamás».

Ahora comprenderás mejor que debes respetar mucho e incluso proteger a las niñas: un día serán mamás.

Su cuerpo ha sido creado para acoger, al calorcito, al bebé que esperarán cuando estén casadas, y para permitir que ese bebé salga y nazca por el camino que tiene reservado.

Por eso, si algún día oyes a los chicos de tu clase, por ejemplo, burlarse de una niña, decirle cosas feas por lo bajo o hacerse los graciosos, y faltarle al respeto, tú la defenderás, ¡porque esos chicos no han entendido nada!

- ### Mamá, ¡explícanos cómo va a nacer el bebé!

La mamá nota que el bebé está llegando.

Deja todo preparado en la casa para sus niños y el papá la lleva a la clínica, que también se llama la maternidad. Es el lugar donde nacen los bebés; allí tienen todo lo que hace falta para ayudar a la mamá y para ocuparse bien del bebé.

Cuando está dispuesto para salir, el bebé está cabeza abajo en el vientre de la mamá. En el momento en que comienza a empujar por el camino por donde va a salir, significa que está a punto de nacer.

La historia de la vida y de

Este camino es muy flexible, y se agranda, se abre para dejar pasar al niño.

El bebé empuja con la cabeza y la mamá le ayuda con todas sus fuerzas, porque está impaciente por ver, por fin, a su bebé. Lo mismo que el papá, solo espera una cosa: conocer por fin a su hijito.

- **¿Hay que ocuparse del niño después del nacimiento?**
  Desde luego, ¡hay que ocuparse mucho! En cuanto nace hay que taparlo para que no se enfríe.

  ... Y lo dejan en brazos de su mamá.

  Por fin, sus padres pueden conocerle. Pueden llamarle por su nombre, el nombre que han elegido para él.

  ¡Se sienten felices al ver a su niño o a su niña!

  Dan gracias a Dios con todo su corazón por haberles confiado a ese niño. Enseguida vendrán sus hermanos y sus hermanas mayores para darle un beso, y luego, un poco más tarde, toda la familia.

  Muy pronto, el bebé que acaba de nacer tendrá ganas de mamar. La mamá nota que empieza a tener leche para el bebé en el pecho. Cuando tiene suficiente, es la mejor leche para el bebé, que vive momentos felices mientras mama arrimado a su mamá.

  Ya lo ves, he contestado a tus preguntas. Y ahora, prepara bien tu corazón, para esperar a tu hermanito o a tu hermanita con papá y mamá.

  ¿Cómo vas a esperarlo tú?

  Podrás ayudar a mamá, lo mismo que papá, haciéndole favores cuando la veas cansada. También puedes hacer alguna caricia al bebé hablándole y acariciando el vientre de mamá.

  ¡Quizá, algún día le notes moverse!

  Y si quieres, cuando reces por la noche con papá y mamá, puedes decirle a Dios:

  > ¡GRACIAS, Dios mío,
  > por el bebé
  > que espera mamá!

A un niño entre 3 y 5 años

¡Protégele,
y protege también
a todos los bebés
y a sus padres!

Gracias, Dios mío,
por tu amor,
Tú eres quien nos hace vivir.
Protégenos
y ayúdanos a vivir
como hijos tuyos.

El niño de 5 a 8 años

■ **Una imagen detenida**

Un miércoles como otros muchos, Arthur y Ludovic, dos encantadores primos de 8 años, tan inseparables como revoltosos, están invitados a merendar en casa de su tía. Las ventajas son el jardín, las patatas fritas y la tarta de manzana. Los inconvenientes son de cnvergadura. ¡La tía no tiene más que niñas y «las niñas no valen la pena», por supuesto! Esperan poder escabullirse después de la tarta de manzana y utilizar el material de supervivencia que no han olvidado traer: arco y flechas (nunca se sabe), ¡y, sobre todo, las navajas! Su propósito es construir una cabaña en lo alto de un pino para vigilar, desde ese fuerte inexpugnable, la pandilla de primos y primas más pequeños que circulan al ras de las margaritas...

A los 5 años, el niño ha salido ya de la crisis de personalidad de los 3 años. Ahora se abre un período de mayor estabilidad que durará hasta la pubertad.

Pero, ante su sorpresa, la merienda se prolonga y no resulta tan aburrida. Los chicos gastan bromas, cuentan chistes y llaman la atención. De un modo perfectamente inconsciente pero eficaz, dan vueltas como el pavo real delante de estas primas que, después de todo, no están tan mal. Excitadas y admiradas, emiten unas curiosas risitas poco habituales. Las madres de esta alegre pandilla, sorprendidas al principio, sonríen disimuladamente. ¿Qué está pasando?

El jueves por la noche, a la hora del baño, una preciosa rubita de 6 años, pide a su madre suspirando: «Oye, mamá, ¿no podrías buscarme un marido?».

El sábado después de comer, antes de una merienda de cumpleaños, Charlotte y Noémie, de 7 años, se preparan y se peinan. ¡Una sesión interminable! Noémie es la primera en arreglarse, aunque comunica a todo el que quiera oírle que no se piensa casar. Una criatura curiosa que recientemente ha pedido a su madre que «hablen de los bebés».

Su hermano Pierre, un año mayor, no plantea preguntas sobre esos temas. Se mantiene a distancia. Pero sus hermanas encuentran que exagera cuando, haciendo el delfín en la piscina, tira del traje de baño de las niñas. Pero ¿por qué lo hace?

Retrato psicológico

A los 5 años, el niño ha salido ya de la crisis de personalidad de los 3 años en los que trataba de afirmar su yo a través del «yo solo», los «no» y las rabietas. Ahora se abre un período de mayor estabilidad que durará hasta la pubertad o hasta la pre-pubertad. Es lo que se llama la gran infancia.

Durante este período, el niño crece de manera regular, tanto en musculatura como en fortaleza física. Desarrolla su inteligencia y es capaz de mayor concentración. De 5 a 6 años vive todavía en un mundo imaginario, a punto de confundir el sueño con la realidad, ¡de fantasear! Eso se le pasa, siempre que se le devuelva a la realidad sin acusarle de mentir. Pero durante todo este período seguirá siendo imaginativo, como lo atestigua su pasión por los juegos y la lectura.

Y como es muy observador, el niño imita, y eso, desde la primera infancia. ¿A quién va a imitar? A los que, a sus ojos, son los modelos por excelencia: sus padres, su hermano mayor, su hermana mayor... ¿Por qué y cómo los imita?

Porque da tanto valor a su cariño, escribe Leo Tresse, que el niño está dispuesto a imitar a sus padres en todas sus acciones.

En realidad, lo que hace es más que copiarlos, pues esta imitación es mucho más profunda que la mímica exterior del mono. Podemos decir que se impregna realmente de la imagen de sus padres, no solo de sus gestos, sino progresivamente de sus actitudes y de su código moral. Los psicólogos lo llaman el proceso de identificación.

Eso nos indica la responsabilidad de los modelos, que educarán al niño tanto con el ejemplo como con la palabra. Indica también nuestra responsabilidad de padres en la elección de los modelos que proponemos, o que dejamos proponer, a nuestros hijos. Como el niño es imaginativo, como observa e imita, sueña a través de las películas y de los libros. El niño sueña con héroes y la niña con heroínas... ¡cualquiera que sea el nivel en que los colocan! Cuando los héroes son malos, sin que ningún detalle de humor permita reír de su maldad –y así reconocerla como lo que es–, la identificación puede plantear problemas a la larga. Esta cuestión ha surgido por culpa de numerosos títulos de la literatura infantil actual (ambiente morboso, triste, desesperación, violencia, perversiones, maldad sin un recurso al mundo adulto, cinismo en los niños) que dan lugar a una cultura de muerte por medio de la imaginación.

Poco a poco, el niño madura y alcanza la edad de la razón. Continúa preguntando, pero, aunque conserva el sentido de lo maravilloso, espera respuestas más lógicas y satisfactorias para su inteligencia. Gracias a esta, llega a ser capaz de juzgar con perspectiva lo que imagina y de comprenderse mejor a sí mismo.

En el plano afectivo, es un período más bien estable. El niño acepta espontáneamente las exigencias de sus

Poco a poco, el niño madura y alcanza la edad de la razón. Sigue preguntando, pero, aunque conserva el sentido de lo maravilloso, espera respuestas más satisfactorias para su inteligencia.

Inês Pélissié du Rausas

padres y confía fácilmente en ellos, sobre todo si son justos y cariñosos. Según la psicología, es un período de latencia caracterizado por un tiempo en el que se detiene la evolución de la sexualidad, lo que explica su aparente estabilidad.

Una tendencia natural del niño: el egocentrismo. El niño pequeño todo lo refiere a él y no es espontáneamente altruista. Si tiene sentido de la justicia, ¡lo manifiesta sobre todo cuando le parecen lesionados sus propios derechos!

Si no ponemos atención, esta tendencia puede desarrollarse y reforzarse a través de numerosas actitudes que dificultarán su vida con los demás y la de los demás con él. Servirse el primero, interrumpir para hacerse oír, elegir el mejor lugar y el mejor trozo, arreglarse para organizar su comodidad, desaparecer en el momento de recoger la mesa, jugar o entretenerse solo, a propósito, para estar tranquilo (game boy, libros, películas, consolas...). Afortunadamente, ese mismo niño es también capaz de una gran generosidad y de gestos de buen corazón. Si ve a su alrededor al que sufre, al que es víctima de una injusticia, suele saber dar con larguez, sin cálculo. Insistir en esta cualidad y desarrollarla permitirá combatir el egocentrismo de modo positivo...

Entonces, ¿es este período un mar tan tranquilo como para que nada perturbe la vida del niño?

Conocer la experiencia del cuerpo del niño entre 5 y 8 años

En esta edad, el niño, que observa, toma conciencia de su cuerpo sexuado. La niña comienza a observar el comportamiento de su madre con respecto a su marido, a los hijos, a todos los que están en contacto con la familia. El niño observa el comportamiento de su padre con respecto a su mujer, a sus hijos y a sus amigos. Además, observa también el comportamiento de los progenitores del otro sexo, así como el de los directores del colegio, profesores y profesoras, padres de amigos, etc. ¡No se le escapa ni un detalle!

Por otra parte, aun en el caso de que los padres cambien sus papeles habituales, no cambian las identidades, las psicologías ni los modos de hacer. El modo de hacer de papá es muy distinto del de mamá. Poco a poco, el niño interioriza al mismo tiempo la diferencia entre los sexos, su complementariedad, remitiendo del uno al otro.

Todo niño necesita puntos de referencia para aprender a situarse en la vida de acuerdo con la realidad de su sexo: según lo que es. En su propia familia suele encontrar el modelo al que imitar, pues ya hemos visto que el niño no se limita a observar. La niña, que se percibe como niña, se identificará con su madre. El niño, que se percibe como varón, se identificará con su padre.

En su propia familia suele encontrar el modelo al que imitar. La niña, que se percibe como niña, se identificará con su madre. El niño, que se percibe como varón, se identificará con su padre.

«*A la identidad se llega por un modo de una interiorización de los modelos. La base de la salud psicológica consiste en poder interiorizar unos modelos complementarios, pues es cierto que el niño o la niña interiorizan modelos masculinos y femeninos. Esta interiorización les permite integrar la diferencia entre los sexos y situarse en su realidad de muchacho o de chica*»[1].

Es el importante período de la identificación de su sexo, como lo confirman las escenas descritas más arriba. Esta identificación permite al niño aceptar la pertenencia a su sexo.

■ **¿Una experiencia de la sexualidad?**

El comportamiento del niño hace pensar en cierta experiencia de la sexualidad.

Es habitual que, en esta edad, la niña se ponga «nerviosa» en presencia del chico, que sienta cierta atracción por algún niño que conoce, en el que piensa o con el que sueña. El niño, por su parte, que ha percibido perfectamente la diferencia de sexos, también evoluciona. Trata de lucirse delante de las niñas conocidas, y manifiesta una curiosidad natural por sus cuerpos, una curiosidad generalmente más viva por tener una mayor sensibilidad, una curiosidad quizá inquieta ya a causa de lo que ha podido oír en el colegio, ver en la televisión o en alguna revista.

En realidad, el desarrollo del cuerpo del niño no permite el ejercicio de la sexualidad antes de la pubertad, pero ya hemos visto que la sexualidad impregna a toda la persona. Cuando una niña se siente atraída por un niño, experimenta en su afectividad una llamada a la complementariedad, consecuencia del hecho de ser sexuada. Cuando el niño se pavonea delante de una niña manifiesta también que ella le atrae, ¡aunque se defiende de ello! La curiosidad que siente por el cuerpo de la niña, incluso si puede resultar desagradable, es la prueba de que pretende comprobar las diferencias. El cuerpo de la niña le intriga.

Por otra parte, el pudor que nace en el niño indica al mismo tiempo la conciencia de su intimidad y la aparición de preguntas nuevas, no formuladas, que dan vueltas en su cabeza. Los padres deben tomar la delantera...

■ **Una experiencia de la masculinidad-feminidad**

Al tomar conciencia de su cuerpo como de un cuerpo sexuado, el niño carece de la experiencia de la sexualidad.

Inès Pélissié du Rausas

1. Jean François Bonneville, *De quoi l'enfant a-t-il besoin para se construire?*, artículo publicado por APPF en septiembre de 1998, p. 10.

Antes de
los cambios físicos
de la pubertad,
su experiencia
subjetiva del cuerpo
resulta insuficiente
para que llegue
a comprender una
explicación concreta
y detallada
del acto
sexual.

Hace un descubrimiento sencillo y fundamental al mismo tiempo: el descubrimiento de la masculinidad y de la feminidad.

El niño ha adquirido el conocimiento de las diferencias corporales, psicológicas y sociales que distinguen la masculinidad de la feminidad, pero eso no le permite adivinar la relación conyugal, ni el papel de cada uno de los progenitores en la procreación.

Su aguda curiosidad, su mayor experiencia del mundo que le rodea, le hacen plantear, bastante lógicamente, la cuestión del cómo. ¿Cómo entró el bebé en el vientre de su mamá? La pregunta se plantea cada vez con más insistencia.

Sin embargo, antes de los cambios físicos de la pubertad, su experiencia subjetiva del cuerpo resulta insuficiente para que llegue a comprender una explicación concreta y detallada del acto sexual.

Basándonos en este criterio, creemos que el niño de esta edad quedará satisfecho sabiendo que, como papá y mamá se aman, quieren expresar este amor con todo su cuerpo y dar la vida a un bebé que será un hijo de ambos.

Sin embargo, hoy, a causa de factores externos –películas, algunos vídeos que los padres creen tener bien escondidos, o que dejan por en medio, las revistas que circulan disimuladamente por algunas clases de primaria, y no solo en el colegio, los libros para niños con un contenido y un vocabulario inadmisibles, las conversaciones durante el recreo–, el despertar del niño es mayor. Emplea un vocabulario que, por otra parte, no siempre entiende.

Atribuiremos, pues, gran importancia a hablar, lo bastante concretamente como para prevenir el choque de informaciones mal dadas, y con la suficiente sencillez como para que comprenda, a pesar de su inexperiencia actual. Pero ¿cómo hablar a un niño de 5 a 8 años sobre el papel del padre en la procreación? Y, en primer lugar, se plantea una cuestión: ¿quién debe hablar?

El papel de cada uno de los padres

La madre suele ser la que explica a la hija, y también al hijo, de dónde vienen los bebés. Pero al crecer en el niño la conciencia de ser una persona sexuada, cada uno de ellos puede desempeñar un papel específico en la educación sexual.

De este modo, la madre estará atenta a la reacción de su hija y le ayudará a aceptar su pertenencia al sexo femenino, a identificarse con su sexo. Mejor que grandes discursos, serán determinantes las actitudes y los comportamientos. ¡Ser hija es ser una futura madre!

La proximidad, el hecho de comprenderse porque existen cosas en común, permitirán a la madre hablar a su hija con bastante naturalidad.

Del mismo modo, el padre estará atento al comportamiento de su hijo. Aunque la madre sea la primera en advertir la evolución del hijo, aunque pueda hablarle, el chico necesita, sobre todo, de su padre. ¿Quién mejor que él podrá calmar sus preocupaciones, satisfacer su curiosidad respecto a las niñas, y comenzar a enseñarle el respeto a su propio cuerpo, el respeto al cuerpo del otro?

¿Quién mejor que él podrá enseñarle, con el ejemplo y con las palabras, que ese respeto por el cuerpo de la persona comienza por la calidad del lenguaje, una de las dificultades más frecuentes en esta edad? ¿Que no se puede hablar del cuerpo de cualquier manera, porque hablar mal hiere el corazón del que habla, así como el del que escucha, y a la larga deforma el concepto del amor?

¿Es preciso emplear un lenguaje grosero para ser realista y cercano al niño? Si hablamos de una realidad hermosa de un modo feo, ¿cómo le haremos ver o entrever la belleza y la bondad de esta realidad?

Así, del mismo modo que la madre está llamada más específicamente a la educación del corazón de su hija, el padre está llamado a la educación del corazón de su hijo y, más especialmente, a su educación sexual. Eso puede exigirle cierto valor a causa de su pudor natural y de su timidez ante unos temas que, al afectar a unas emociones profundas en el hijo, pueden implicarle afectivamente y quizá desestabilizarle. Sin embargo, será tan grande el bien que resulte para su hijo, para él mismo y para su relación mutua, que ¡vale la pena!

Inès Pélissié du Rausas

Escoger las palabras

Y cuando nos preguntan: ¿cómo entró el bebé en el vientre de la mamá?

Algunos, para huir del infantilismo de los cuentos o por un hábito personal, preferirán abordar el tema de un modo grosero. Creen que ese método les permitirá desmitificar las cosas, y pretenden encontrar ahí una solución a sus dificultades para entablar un auténtico diálogo educativo. Y al mismo tiempo, ¡encubren su pudor!

◼ ¿La grosería o el humor?

¿Cómo será más tarde la vida afectiva y sexual de ese chico de 8 años que, sentado junto a su madre, se entretuvo durante todo un viaje en tren jugando con un preservativo y acompañando su diversión de gestos obscenos?

La palabra grosero significa, literalmente, no civilizado, de materia burda: un «tejido grosero». La palabra «grosería» significa «falta de delicadeza», una palabra inconveniente».

¿Es preciso emplear un lenguaje grosero para ser realista y cercano al niño? Si hablamos de una realidad hermosa de un modo feo, con palabras inconvenientes, ¿cómo le haremos ver o entrever la belleza y la bondad de esta realidad? El afán por el realismo y la verdad es positivo, pero ¿no será esta misma exigencia la que nos haga utilizar un lenguaje que revalorice la sexualidad relacionándola con el amor?

Los niños son sensibles y la grosería puede herir esa sensibilidad destruyendo la idea de que el amor es bello, que es bella la historia de su origen y que, en las relaciones amorosas, puede existir delicadeza.

Hay que eliminar la grosería porque es despectiva. Impulsa a devaluar la sexualidad y a vivirla de un modo pobre, con frecuencia agresivo, brutal y, por lo mismo, profundamente decepcionante. Y por la misma razón, los apodos con los que se disfrazan los órganos genitales en casa o en el colegio no son los más apropiados para educar sexualmente. Sin ser groseros, ponen un poco en ridículo las realidades que designan.

El humor nos ayudará mucho mejor a superar el pudor, colocándonos como a distancia del tema, la sexualidad, que nos afecta de cerca. El humor facilitará las conversaciones con los niños cuya reserva y curiosidad indican pudor.

A diferencia del animal, el hombre es una persona. El deseo que impulsa al hombre y a la mujer el uno hacia el otro no es únicamente una llamada de la naturaleza.

■ **¿Comparar la sexualidad animal con la sexualidad humana?**

Un segundo método empleado frecuentemente para hablar con el niño consiste en partir de la sexualidad animal –que él conoce– para hablar de la humana. Para mejor evaluar este método, comparemos el instinto animal y el deseo humano. ¿Son idénticos?

■ **El instinto animal**

El instinto animal puede definirse como un impulso y, más concretamente, como un impulso irracional que no está sometido a la razón. Hablamos de instinto sexual animal para designar un comportamiento determinado por leyes programadas para cada animal según su especie. Por tanto, el animal no es libre de elegir un comportamiento u otro. Cuando lo indica la estación, lo natural es que el macho y la hembra se apareen; el instinto desencadena automáticamente el comportamiento sexual, lo mismo que regula y controla todo también automáticamente. Existe una estación de los amores.

◼ El deseo humano

¡Para el ser humano no hay estación de amores! Aunque el hombre lleve en sí la capacidad de engendrar, que le permite, como al animal, asegurar la continuidad de la especie, no está determinado a hacerlo por un instinto sexual.

Lo demuestra esta evidencia: el hombre no desea unirse a su mujer solamente en el período fecundo, sino que ello es también posible en el período infecundo. ¿Por qué?

En el fondo, lo sabemos muy bien: existe una diferencia específica entre el hombre y el animal. El lenguaje lo demuestra claramente: ¿por qué decimos que la hembra «pare» mientras que la mujer «trae al mundo», sino porque engendrar, en la especie humana, es hacer venir al mundo, al mundo de las personas, a una nueva persona? Es dar la vida a un ser nuevo –fruto de una relación interpersonal– con el que los padres van a entrar en relación. Y solo puede haber relación entre las personas.

Del mismo modo, la posibilidad de unión fuera del período fecundo indica hasta qué punto la procreación y la conservación de la especie no son la única finalidad de la relación sexual. Es también esencial en la comunión de las personas, pues la manifiesta, la expresa y la refuerza. Esta comunión hace la felicidad de los esposos.

A diferencia del animal, el hombre es una persona. El deseo que impulsa al hombre y a la mujer el uno hacia el otro no es únicamente una llamada de la naturaleza a la reproducción o al deseo de placer, incluso si también es eso. Es sobre todo la atracción por la persona del otro, por esta persona: el hombre y la mujer pueden, además, mirarse cuando se aman. ¡No es el caso de los animales! ¿Admirar la perfección de la naturaleza? Sí. Pero presentar al niño el comportamiento animal como modelo no le ayudará a adquirir una auténtica madurez humana. No es propio de la naturaleza humana ser determinado por el instinto, y dejarlo creer así al niño supondría proponerle una vida infrahumana.

Podemos añadir que la brutalidad y la rapidez con las que se aparean los animales pueden inquietar e, incluso, repugnar al niño, que trasladaría el comportamiento animal al mundo humano. Es preferible plantearlo de modo distinto.

Las palabras espermatozoides, óvulo, útero, eyaculación, etc., no significan nada para él y continúan siendo palabras abstractas, el lenguaje biológico tiene un alcance educativo limitado.

■ ¿El peso de las palabras, el choque de las fotografías?

Al salir del colegio, Jérémie, de 7 años, viendo a una pareja besándose en la parada del autobús, exclama: «¡Mira, están haciendo el amor!». El niño de esa edad parece conocer el peso de las palabras. Pero si se piensa bien, para él, hacer el amor suele significar besarse y abrazarse. Esto indica a los padres la necesidad de evitar falsas ideas –hacer el amor no es besarse– y de aclarar las cosas.

Entonces, podríamos pensar que la solución consiste en recurrir al lenguaje biológico. Llamar a las cosas por su nombre utilizando palabras científicas, dar esquemas concretos de los órganos sexuales masculinos y femeninos parece objetivo y, por ese mismo hecho, tranquilizador. Es el método que emplean la mayor parte de los manuales especializados que se basan en la comparación con el animal y en el lenguaje biológico. ¿Cuál es nuestra opinión sobre esto?

■ **¿Cuál es el impacto educativo del lenguaje biológico?**

Lógicamente, la experiencia que el niño tiene de su cuerpo corresponde a su edad. ¿Qué puede aportarle una metódica descripción de los órganos sexuales, acompañada de los nombres científicos? Las palabras espermatozoides, óvulo, útero, trompas de Falopio, eyaculación, etcétera. no significan nada para él y continúan siendo palabras abstractas. Ya desde este punto de vista, el lenguaje biológico tiene un alcance educativo limitado. Es como hablar al niño de algo que no le concierne. Este planteamiento abstracto, ideado por un adulto, puede satisfacer a una inteligencia habituada a la abstracción, pero no corresponde a lo que el niño siente en su cuerpo, a la experiencia concreta del cuerpo.

Además, como toda persona humana, el niño siente al cuerpo como SU cuerpo. La aparente neutralidad de un lenguaje médico, la frialdad con la que las palabras científicas le hablan del cuerpo como de algo objetivo y sin misterio, solo pueden hacerle sentirse incómodo y desconcertarle. El niño no considera a su propio cuerpo como un objeto de estudio.

Por último, el conocimiento de los mecanismos del aparato reproductor no puede decirnos cómo y por qué servirse de ellos. ¿Quién pretendería que el conocimiento del funcionamiento del sistema digestivo, y especialmente del hígado, basta para «consumir con moderación» y evitar la indigestión, la bulimia o incluso la cirrosis?

El lenguaje biológico, que tendrá su utilidad cuando el

niño haya crecido, no puede bastar para educar en el amor al niño de 5 a 8 años, porque los dos significados del acto conyugal son inseparables. En el momento de explicar al niño el papel del padre en la concepción, no nos podemos limitar a explicaciones técnicas sin tomar en consideración el amor que une a las personas. ¡Siempre hemos de transmitir el misterio del amor!

■ **Revelar el misterio del amor**

Entonces, ¿cómo transmitir al hijo ese misterio? Apoyándonos en nuestro conocimiento del niño, en su psicología y en su experiencia del cuerpo y de la vida.

La imagen de la semilla de vida conserva todo su valor pedagógico siempre que insistamos en que también la mamá tiene la suya.

En esta edad, según el niño va adquiriendo unos conocimientos más elaborados, aumenta su admiración por la naturaleza y por la vida. La imaginación es viva y el gusto por lo maravilloso, pronunciado; los padres podrán apoyarse en las cualidades de su hijo.

Ahí radica la importancia del movimiento scout, que asocia el sentido de la naturaleza con el gusto por lo maravilloso, la alegría de vivir con la apertura a los otros a través del desarrollo del espíritu de servicio, mientras propone a los niños unos modelos para imitar en unas situaciones en las que, sin mezclarse, le permitirán construirse e identificarse. Todo ello contribuye a la educación del corazón y de la voluntad del niño además de apoyar la actuación de los padres.

En el momento de hablar con el hijo podrán también emplear la poesía, ofreciéndole imágenes simbólicas. Por otra parte, el lenguaje analógico siempre ocupa su lugar. DOS EJEMPLOS:

— Así, la imagen de la semilla de vida conserva todo

su valor pedagógico siempre que insistamos en que también la mamá tiene la suya. ¿Y si el niño pregunta cómo la semilla de papá se reúne con la de mamá, o cómo da el papá su semilla a la mamá? ¿Por qué no contestarle la verdad de manera progresiva con palabras que pueda comprender teniendo en cuenta su experiencia del cuerpo? Eso permitirá evitar sus fantasías y las hipótesis que se imagina: «Las semillas hacen un recorrido por debajo de las sábanas antes de reunirse», «la semilla del papá entra en el vientre de la mamá por el ombligo».

Podremos hacerlo sabiendo, por otra parte, que, al ser todavía limitada su experiencia del cuerpo, corremos el riesgo de que olvide sencillamente toda la explicación. Además, el niño de 5 años no es el de 8; habrá que repetir la explicación y completarla poco a poco según la madurez que vaya adquiriendo.

No obstante, lo esencial es que uno de los dos padres haya dado la información con palabras sencillas y sinceras, en un clima de confianza y de cariño.

— Segunda imagen: el lenguaje. Para hacer comprender al niño que el acto sexual es un acto de amor, ¿por qué no decirle que los gestos del cuerpo son como un lenguaje, el lenguaje del cuerpo, que completa y sustituye al de las palabras cuando resultan insuficientes?

A través de nuestra alegría al hablarle, de nuestro profundo respeto, el niño comprenderá que la sexualidad une la vida al amor, y que eso nos supera.

Aún más: comprenderá que su propia vida está ligada al amor de sus padres, porque él ha nacido de una historia de amor. Lejos de ser definitivas, los padres seguirán repitiendo esas explicaciones en las que irán introduciendo progresivamente las palabras que corresponden a las realidades de las que hablan.

¡Es preferible empezar a hablar antes de tiempo, que demasiado tarde! A causa de la importancia que adquieren los factores exteriores, hoy es necesario impartir, en beneficio del niño, una educación sexual, precoz, prudente y progresiva a la vez.

¿Y si falta uno de los dos progenitores?

Hoy más que nunca, en cada familia, padres e hijos han de adaptarse a su situación concreta. ¿Qué hacer cuando falta uno de los progenitores?

El niño tiene necesidad de interiorizar una imagen que le hable de sus orígenes. Necesita saber que sus padres se han amado y que él ha nacido de ese amor.

La tendencia actual se orienta a reconocer esta situación, trivializándola. Así lo atestiguan muchos libros para niños, incluidos los libros escolares, que presentan a los alumnos una familia «incompleta» –solo con la madre– o simplemente a un grupo de compañeros, sin referencia a parientes, a causa del interés por desdramatizar la situación actual de gran número de niños.

■ Conocer la imagen de una familia completa

Incluso si parece loable la intención de situar al niño en un universo semejante al suyo, no podemos olvidar que cualquier niño, y sobre todo el que vive en una familia incompleta, necesita puntos de referencia.

Especialmente necesita interiorizar la imagen de una familia completa, formada por un papá, una mamá y unos hijos nacidos de su amor. ¿Por qué? Si reflexionamos en ello, hallaremos dos razones.

Inès Pélissié du Rausas

En primer lugar, porque tiene necesidad de interiorizar una imagen que le hable de sus orígenes. E independientemente de la historia de los padres que han creado la familia, el niño necesita saber que se han amado y que él ha nacido de ese amor. En caso contrario, ¿cómo podría amar la vida y amarse a sí mismo?

■ El niño nace de un amor

A veces es difícil decir al niño que ha nacido del amor de sus padres, porque en ocasiones no es cierto y el niño lo sabe. En el caso especial del hijo adoptado, es aconsejable decirle que, si sus padres naturales le dieron la vida, no pudieron mantenerlo. No le abandonaron, sino que lo confiaron a la adopción.

¿Y sus padres adoptivos? ¿No lo esperaban en su corazón? Es el momento de revelar al niño que ha sido deseado y amado con locura por Dios su creador, a cuyos ojos tiene un enorme valor. En la Biblia podemos leer numerosos textos que atestiguan la ternura de Dios para el hombre. Como el siguiente:

«Antes de que te formara en el vientre te conocí;
antes de que tú salieses del seno materno te consagré» (Jr 1, 5).

El niño ha de conocer la imagen de una familia humana completa para poder proyectarla también en una futura familia. ¿Cómo sería capaz de tratar de establecer una alianza fiel y duradera si, a su alrededor, todo parece mostrar que es imposible o utópico?

■ En ausencia del padre

Cuando el padre muere, el dolor y la pena de la separación son grandes en los que quedan, pero el amor por él continúa vivo en el corazón de la madre y de los hijos: no ha sido un amor traicionado.

Es el testimonio de Marie, que educó sola a sus tres hijos tras la muerte de su marido, manteniendo vivo el recuerdo de este. Supo hablar de él sencillamente y no ocupó el puesto del padre, sino que lo hizo existir en el corazón de los hijos que pudieron, así, seguir identificándose con aquel padre querido. También contó con la ayuda de un tío, que, por su proximidad a los sobrinos, contribuyó a darles una imagen masculina fuerte.

Pero ¿qué hacer cuando el padre se marcha? En la mayor parte de los casos de divorcio, la madre se queda sola con los hijos. Entonces, muchas mujeres creen que deben asumir todas las funciones.

Suele ocurrir que una mujer tiene problemas para ser mamá, si se siente obligada a comportarse como una hiper-madre ante la falta del padre.

■ **¿Asumir todas las funciones?**

«Con respecto a los hijos que tienen a su cargo, y además de su papel en la vida profesional, las mujeres divorciadas, separadas, solas o con pareja reconstituida, nunca pueden ejercer más función que la de madre.

Es frecuente que alimenten la ilusión de pensar que pueden, o tienen que poder, reemplazar la ausencia del padre. Una ilusión que es causa de múltiples malentendidos y que acarrea grandes riesgos para el desarrollo de los hijos. Ellas se apropian la responsabilidad de colmar la auténtica necesidad que el niño tiene de un padre... ¡Es importante que sepan dejar a su ex compañero su espacio, aunque sea simbólico!» [2].

En efecto: el chico no puede identificarse con una mujer –por fuerte y combativa que sea– para llegar a ser hombre. La niña no puede identificarse con un padre –por tierno y comprensivo que sea– para hacerse mujer. Además existe el riesgo del rechazo hacia una madre que llega a ser abu-

Inès Pélissié du Rausas

siva o agobiante, o de un padre tan camarada que cede ante los caprichos del hijo.

Borrar la existencia del padre, denigrarlo continuamente a los ojos del hijo, poner al niño en el dilema de elegir, le crea una situación terrible. ¿Por qué no tratar de subrayar –por el bien del niño– las cualidades del que falta y de las que seguramente goza, sin, por otra parte, justificar su comportamiento? (Nos situamos aquí en el caso, más frecuente, de la marcha del padre).

Para que el niño crezca en las mejores condiciones, o en las menos malas ya que la herida del divorcio está ahí, es importante que cada progenitor represente su propio papel y deje al otro representar el suyo. Si este no lo hace, convendrá entonces buscar una figura masculina que ayude a educar al hijo, como en el caso de muerte del padre.

■ **Representar el propio papel**

¿Cuál es el papel de cada uno? El de ser al mismo tiempo mamá y madre para la madre y papá y padre para el padre. Jacques Salomé lo explica así:

«Yo asocio la función mamá, papá, a la capacidad de dar y recibir, y la función padre y madre a la capacidad de exigir y negar».

Ahora bien, añade, suele ocurrir que: una mujer tiene problemas para ser mamá, si se siente obligada a comportarse como una hiper-madre ante la falta del padre [3].

En cuanto al ex cónyuge, "desposeído" de su hijo (en su propia vida) y no viéndolo más que dos fines de semana al mes, se presenta ante él como un hiper-papá, rehusando tomar a su cargo la función más represiva y más exigente de padre, con el pretexto de que no puede arruinar el tiempo que pasan juntos con actitudes frustrantes, con imposiciones o con órdenes» [4].

2. Jacques Salomé, *Dis papa, l'amour c'est quoi?*, Albín Michel, 1999, p. 97.
3. *Ibídem*, p. 106.
4. *Ibídem*.

Se trata del papá-gallina de los años 90, bien representado en el film «Tres hombres y un biberón»... Un papá al mismo tiempo progenitor, compañero, camarada o cómplice del hijo, pero no un «padre». Y no se trata de darle, ante todo, el papel «represivo»: eso sería encerrarle en una mala caricatura de la paternidad.

La paternidad no es represión. Es un trabajo de amor como lo explica Jo Croissant en su obra titulada *La femme sacerdotale:*

«... Es el padre quien ayuda al hijo a superarse, a salir del entorno materno en el que busca seguridad; es el que le infunde confianza en sí mismo y valor para afrontar los obstáculos y penetrar en el mundo de los adultos. Si falta a su misión, bien dejando al hijo bajo la superprotección de la madre, bien esperando de él más de lo que puede dar y poniéndole continuamente ante su incapacidad, el hijo tendrá dificultades para hacerse un hombre y la hija seguirá siendo la "niña", obediente o rebelde, pero no llegará a ser una mujer» [5].

La hija necesita identificarse con una madre que sea a la vez mujer, esposa, mamá y madre. Y el chico, con un hombre que sea a la vez hombre, esposo, papá y padre.

> La hija necesita identificarse con una madre que sea a la vez mujer, esposa, mamá y madre. Y el chico, con un hombre que sea a la vez hombre, esposo, papá y padre.

■ ¿... y en caso de divorcio?

¿Cómo ser esposa o esposo ante el niño en el caso de divorcio? Cuando se trata de la muerte del padre o de la madre, el que queda puede manifestar al hijo que sigue viviendo una alianza fiel.

En el caso del divorcio o la separación, el sufrimiento y el resentimiento que invaden el corazón lo hacen muy difícil e incluso, humanamente, casi imposible.

Inès Pélissié du Rausas

Por otra parte, parece que el recuerdo del lazo del esposo y la esposa puede mantenerse a los ojos del hijo, si el abandonado vive ante él una actitud de perdón sincero, de fidelidad al que se ha ido, y ayuda a sus hijos a participar de ese perdón para eliminar cualquier rencor de su corazón. ¿Es posible vivir el perdón?

Paulette Boudet nos ofrece su testimonio: ella perdonó a la amante de su marido: «Se trata, por supuesto, de la persona que entró en la vida de mi marido... ¡Cuántas veces creí haberla perdonado! Para descubrir a los pocos días hasta qué punto era superficial aquel perdón... Mes tras mes comprendí que, para ser sincera, mi perdón tenía que salir de lo más profundo de mí. Y era aún más difícil porque Nadia vivía en la misma ciudad que nosotros, en el mismo barrio, y yo sabía que mi marido seguía viéndola.

... Cuando me di cuenta de que todavía no había perdonado realmente a Nadia, supe que no me quedaba más elección que comenzar una plegaria diaria de bendición para ella en todas las cosas.

El camino fue largo. Pero la oración terminó por pasar de mis labios a mi corazón. Mis sentimientos hacia Nadia cambiaron. Deseé verdaderamente que Dios la bendijera en todas las cosas, materiales y espirituales. Necesité exactamente nueve meses.

Y el noveno mes, un día de junio de 1983, me enteré de que Nadia no solo había dejado nuestro barrio y nuestra ciudad, sino también nuestro país (...)».

Y Paulette Boudet añade:

«Nuestro perdón» desde el fondo del corazón «libera misteriosamente y sin palabras a quien se lo concedemos, permitiéndole recibir el perdón de Dios»[6].

5. Jo Croissant, *La femme sacerdotale*, Ed. des Beatitudes, 1992, p. 59.
6. *Ce combat n'est pas le tien*, Fayard, 1988, p. 136 y 145.

Al continuar viviendo la entrega al amor de Dios, el cónyuge abandonado atrae la gracia de Dios sobre él mismo, sobre sus hijos y sobre el que se ha marchado. Delante de sus hijos da testimonio de su fidelidad a la alianza por el hecho de que sigue siendo esposo o esposa; manifiesta esta realidad objetiva: el lazo sacramental continúa existiendo.

Al ofrecer tal testimonio de fe, de esperanza y de caridad, puede continuar educando a sus niños en el amor, apoyándose con sentido común en un padrino, en un tío, en un primo, en un amigo de la familia que dé al niño, sobre todo al varón, la imagen del hombre y del padre que necesita cuando le falta el padre auténtico; y que, con su palabra y su ejemplo, le confirmará en su propia dignidad de hombre, representando el papel de padre iniciador, en frase del psiquiatra Guy Corneau.

Existe el riesgo de que la madre constituya una especie de «clan» con sus hijos, especialmente en «familias con niñas», compensando una decepción conyugal.

«Tu padre y yo queremos decirte...»

Por último, cada uno de los dos cónyuges puede tratar de compensar con delicadeza el silencio, la ausencia o la falta del otro.

Una mujer puede convertirse en hiper-madre... incluso si el padre está ahí, atribuyéndose, por ejemplo, todas las prerrogativas en materia de educación, o dejando al padre como «al margen» de la intimidad familiar... Ahora, el riesgo está en que la madre constituya una especie de «clan» con sus hijos, especialmente en las «familias con niñas», compensando de este modo una decepción conyugal, un vacío afectivo o la falta de confianza en su marido.

Inès Pélissié du Rausas

La madre no solo dejará que el padre exista y desempeñe su papel: ella puede conducir a los hijos hacia el padre. Por medio de su actitud y de sus palabras actúa como una especie de mediadora, de intermediaria entre ellos, sobre todo cuando el padre confía en ella, la escucha.

«Si los hijos no advierten la constancia del sí amante de su madre a su padre, desconfiarán de él y le temerán. No sentirán ese amor filial por él, un amor hecho de confianza y de admiración, necesario para su crecimiento afectivo y espiritual (...).

Recíprocamente, todo padre que, como José, ajusta sus decisiones y sus hechos a los deseos de la que, a su lado, medita todas esas cosas en su corazón, será el que mejor desempeñe su papel en la educación. Lejos de despreciar esa humildad, reconoce el tesoro del hogar, el lugar de toda fecundidad, el "humus" sin el cual el amor y, en consecuencia, la familia se seca y perece»[7].

En ese caso, cuando llega el momento de hablar de la vida y del amor al niño de 5 a 8 años, y el padre permanece demasiado silencioso, demasiado distante o ausente durante largo tiempo, ¿por qué no decirle, como sugería el padre Finet: «Tu padre y yo queremos decirte que...»? El niño advertirá así la aprobación del padre tras las confidencias de la madre.

7. Philippe Oswald, *Debout les péres*, Le Sarment, Fayard, 1996, p. 34.

¡Dime, papá!

Aunque el niño plantea raramente la pregunta sobre el «papel del padre» con respecto a la vida, suele preguntar con más frecuencia: ¿cómo ha entrado el bebé en el vientre de mamá?». ¿Qué contestarle?

**ALGUNOS PUNTOS CONCRETOS
DE REFERENCIA PARA EL PADRE**

1. Nuestra general dificultad para hablar del papel del padre

Los padres solemos sentirnos confusos ante esta pregunta, lógica sin embargo, de nuestro hijo. Nos sorprende, pues llega demasiado pronto. Quizá nuestra educación nos ha inculcado que de esas cosas no se habla. También puede ocurrir que no nos encontremos preparados. ¡Nos faltan las palabras! No dejemos a otros la tarea de hablar con nuestros hijos. A otros que parecen gozar de tanta eficacia y de tanta seguridad como de material pedagógico...

Sin embargo, más que una información científica o técnica sobre la sexualidad, lo que el niño necesita es una educación en el amor que tenga en cuenta su psicología y su capacidad para recibirla. ¡Nosotros, los padres, somos los más capacitados para impartirla!

Una de nuestras principales tareas educativas, quizá la más grande, es la de ayudarles no solo a conocer el papel del padre en la concepción del hijo, sino, con mayor amplitud, a identifi-

¿Cómo ha entrado el b

carse con su sexo, y a hacerles descubrir el sentido de su masculinidad o feminidad, y el sentido del amor, la relación de una persona con otra.

Si nuestras palabras manifiestan el testimonio de nuestros actos junto a nuestro compromiso de fidelidad, los hijos percibirán que decimos la verdad, cualesquiera que sean nuestras limitaciones y nuestras debilidades o, más bien, a través de esas limitaciones y esas debilidades.

2. Las ocasiones de hablar

Entre los 5 y los 8 años, o incluso antes, el niño se pregunta sobre su origen. A esta edad, niños y niñas se saben distintos unos de otros. ¿A qué se debe esa diferencia? Conocen cada vez mejor la naturaleza y sus leyes, especialmente el mecanismo de la reproducción. Saben que hay animales machos y animales hembras. ¿El amor en el ser humano es como el apareamiento y la reproducción en el animal?

Además, pueden oír bromas de mal gusto, sorprender conversaciones groseras o imágenes que les alteran. Cada vez son más numerosos los niños que tienen entre sus manos libros o revistas eróticas (o pornográficas), ven películas X en casa de sus padres o de los padres de sus amigos durante las meriendas o las cenas de compañeros. Hay quien piensa que el niño «tiene derecho a saber».

Además de devaluar el amor, todo ello crea en el niño una gran confusión: «¿Es mío mi cuerpo? ¿El cuerpo sirve para hacer el amor? ¿Qué más da ser una chica o un chico?». No se atreve a hablar a sus padres de sus dudas, sobre todo si tiene la impresión de que es un tema tabú. Esas circunstancias, o solamente alguna de ellas, indican la urgencia de hablar con el niño si no se ha hecho antes, para poner las cosas en claro.

La aparición o el aumento de su pudor, su interés por las bromas groseras, aunque no las comprenda, son también otras «señales de alarma»: el niño adquiere cada vez mayor conciencia de su pertenencia sexual, y en esas condiciones está dispuesto a recibir una formación que le aclare las diferencias sexuales entre el cuerpo masculino y femenino, explicándole la complementariedad en el amor.

A veces, el niño pide simplemente: «Oye, mamá: me gustaría que me hablaras de los bebés». Y eso siempre que se sepa en confianza. Pero, si está desconcertado, si tiene la sensación de que sus padres no están dispuestos a abordar el tema, no pregunta. Entonces serán ellos, preferentemente el progenitor del mismo sexo, los que deben tomar la delantera, provocar la confianza, mostrar a los hijos que no solo se debe hablar de esos temas, sino que es un gozo hacerlo.

3. La calidad del lenguaje

Cuando hablen con los hijos, con las palabras de estos, los padres han de cuidar la calidad del lenguaje. ¿Por qué? Porque no se les puede revelar la belleza del amor con un lenguaje bajo y grosero, ni decir la verdad sobre el amor con un lenguaje falaz. Y se puede mentir de muchas maneras:

— Dejando en silencio el hecho de que el cuerpo humano es cuerpo de la persona humana; ocultando el significado conyugal del cuerpo al separar el acto sexual de la relación amorosa de las personas y de la comunión que expresa y refuerza; o también olvidando que el don de uno mismo está íntimamente ligado al don de la vida.

Esta cuestión de la calidad del lenguaje nos parece esencial hoy día: porque la sexualidad humana está trivializada por la incesante y materialista comparación entre la sexualidad humana y los mecanismos de la reproducción animal; porque, bajo la influencia de

El papel del padre y la ma

informaciones efectuadas con la excusa de lucha anti-sida, el lenguaje pornográfico se extiende y populariza cada vez más; por la abundancia de material pornográfico y de incitación a «las sexualidades»; y por la influencia de revistas y vídeos eróticos y pornográficos que circulan por las clases en los colegios, incluso entre los niños de primaria.

El lenguaje pornográfico tiende a presentar la sexualidad como una actividad incluso más que animal, es decir, regida por unas leyes de la naturaleza más profundamente bestiales, con toda la repugnante carga de la palabra... Una sexualidad sin leyes, brutal y violenta, que carece de sentido. Un signo revelador: la palabra «bebé» está cada vez más ausente de las preguntas que plantean los niños sobre la sexualidad, mientras que se interesan, más que antes, por las perversiones sexuales.

El lenguaje que hemos de utilizar será, al mismo tiempo, un lenguaje sincero que devuelva su sentido a la sexualidad sin complacencias demagógicas, y también un lenguaje proporcionado a la experiencia del cuerpo, a la psicología y a la madurez del niño de 5 a 8 años.

Les descubriremos dos aspectos del amor humano íntimamente ligados. Los gestos amorosos y el acto conyugal son un lenguaje de los cuerpos gracias al cual las dos personas que se aman tienden a no hacerse más que una; se aman de tal modo que se dan la una a la otra; y, en fin, que de esa entrega tan feliz del uno al otro procede el don de la vida. A través de esa donación mutua, los padres se asocian a la obra creadora de Dios, haciéndose ellos mismos procreadores.

4. Dos conversaciones propuestas

Proponemos aquí dos posibles conversaciones adaptadas, una a un niño y otra a una niña de, aproximadamente, 7 u 8 años.

en la concepción del hijo

En algunos casos convendrá empezar a hablar desde los 5 o 6 años. Los padres detectarán el momento oportuno.

Una regla absoluta: ¡Hablar con una hora de anticipación es mejor que hacerlo 5 minutos tarde! ¿Y si es demasiado tarde? Podremos decirnos que con un niño nada hay definitivo. ¡Nunca es demasiado tarde! Mejor que darnos por vencidos, aprovechemos lo que hemos percibido o descubierto, quizá por azar, para devolver al niño la tranquilidad con todos los medios a nuestra disposición.

¡El niño tiene sed de libertad y de unas palabras que lo liberen!

El papel del padre y la ma

**EL PAPEL DEL PADRE Y DE LA MADRE
EN LA CONCEPCIÓN DEL HIJO**

Pierre, tengo ganas de hablar un poco contigo. ¿Te vienes a dar un paseo por los viñedos? Vamos a ver cómo van las uvas.

• ¡De acuerdo, papá!

Me ha dicho mamá que le preguntabas sobre los bebés y sobre cómo vienen. También yo me pregunté eso mismo cuando tenía tu edad. Me sentía inquieto porque un chico de mi clase me contaba cosas raras.

También tú habrás oído en la clase o en los recreos a uno de tus compañeros que parece saberlo todo y que hace chistes idiotas o se burla de las chicas de la clase. En realidad, lo hace porque no sabe gran cosa.

• ¿Puede ser que nadie le haya hablado?

¡Quizá! Pero tú ya eres lo bastante grande como para saber la verdad sobre los bebés. La realidad es mucho más sencilla y más hermosa que lo que te cuenten algunos compañeros.

Mamá y yo estamos contentos de poder confiarte un secreto, que es un secreto de amor. Cuando lo conozcas, comprenderás que tú has nacido de nuestro amor y que, también tú, estás hecho para amar.

• ¿Me puedes decir cómo, papá?

Desde luego. Empiezo con un ejemplo que conoces muy bien. Mamá me ha dicho que de vez en cuando te gusta ver con tus hermanas La casa de la pradera *en la televisión, la historia de la familia de Charles y Caroline.*

en la concepción del hijo

A esta familia le suceden muchas cosas, pero yo creo que lo que más os gusta es saber que, ocurra lo que ocurra, Charles y Caroline se quieren mucho y quieren mucho a sus hijos.

¡Es verdad! En esa familia se entienden bien, aunque también discuten...

Sí: ¿has observado que Charles y Caroline tratan de ayudarse todo el tiempo? Se ve que cuentan el uno con el otro. Durante las vacaciones estabas viendo un episodio, y te vi sonreír. Cuando el papá tomó cariñosamente en sus brazos a la mamá, dijiste «¡Ah, los enamorados!» pero... ¡no te fuiste de ninguna manera!

En el fondo, aquella escena tan tierna te encantaba. Charles y Caroline juntos tenían aspecto de felicidad y de serenidad. En esa escena había mucha alegría y mucha paz... Yo creo que eso fue lo que te gustó.

● ¡Ummm... papá! ¡Ya no me acuerdo!

Te entiendo; a veces es difícil para un chico, lo mismo que para un padre, hablar de sus sentimientos. Las mamás están más dotadas para eso.

De hecho, ¿te has dado cuenta de que tú y tus hermanas os ponéis contentos cuando yo beso o abrazo a mamá? Entonces todo el mundo está contento. Mamá está encantada y hace un poco de teatro y yo me siento relajado. ¡Y esta alegría es contagiosa! Es la alegría que surge del amor de papá y mamá.

Y en el fondo, tú, que adoptas aire indiferente, te sientes visiblemente feliz al sentir que mamá y yo nos queremos. Y, ¿por qué te sientes feliz? Porque vienes de nuestro amor, porque has nacido de nuestro amor y te sientes seguro en medio de este amor, un poco como te sentías seguro en el vientre de mamá cuando te esperábamos.

El papel del padre y la ma

- **¡Eso tenía que ser estupendo...!**

  Lo que no sabes todavía es que el amor que nos une a mamá y a mí es mucho más fuerte y más grande que lo que tú ves. Es como el sol.

  Sus rayos nos calientan y nos ponen de buen humor; nos iluminan. Pero no piensas en llegar al núcleo del sol porque es demasiado poderoso, demasiado fuerte.

  Del mismo modo, el amor que nos une a mamá y a mí os hace vivir también a vosotros, los hijos, os da calor, tranquilidad y os hace felices.

  Pero no podéis penetrar en el centro de este amor, lo mismo que no podéis penetrar en el centro del sol. El centro de este amor es la intimidad que yo tengo con mamá, el secreto de nuestro amor.

- **¿Qué quiere decir intimidad?**

  Es el amor que existe en el corazón y en el cuerpo del papá y de la mamá, en el interior de sus cuerpos y de sus corazones. Cuando un papá y una mamá se aman con mucha fuerza, con amor ardiente, ese amor se desborda de su corazón y de su cuerpo. Y va a permitir que exista un hijito.

- **Papá, ¿cuál es tu secreto y el de mamá?**

  Tú vives gracias a nuestro amor, pero es cierto que aún no conoces nuestro secreto. Y voy a compartir contigo parte de ese secreto, pues hoy te voy a explicar cómo el amor que existe entre mamá y yo es tan fuerte y tan ardiente, que ha permitido que tú vengas al mundo.

- **¿Me puedes decir cómo me ha esperado mamá?**

  Sí, y empezaré con un ejemplo. ¿Te acuerdas de cuando volví de un

e en la concepción del hijo

viaje con mamá hace unos meses? Tú no la habías visto durante...
4 días; corriste hacia ella y te arrojaste a sus brazos con tal fuerza
que estuviste a punto de hacerla caer.

Querías estar con ella, en sus brazos, sentir que te quiere y que la
quieres. Y como eso no te bastaba, querías mostrárselo con tu cuerpo. Cuando se ama a alguien con mucha fuerza se desea estar junto
a esa persona para decírselo y demostrárselo.

- **Es cierto, ¡me gusta estar junto a ella!**

  Pues es lo mismo cuando un papá y una mamá están muy enamorados. No les basta decírselo, aunque se lo digan. Su amor es tan
  fuerte que quieren demostrárselo con sus cuerpos.

  Se estrechan el uno contra el otro, con más fuerza que cuando tú
  abrazas a mamá. Se aprietan tanto que, si pudieran, no harían más
  que un solo cuerpo. Como la mamá ama al papá, querría ser toda
  con él; y como el papá ama a la mamá, querría ser todo con ella.

  Cuando el amor de un papá y de una mamá es tan fuerte, les hace
  además capaces de otra cosa: de dar la vida a un niño. Ya lo ves,
  los que aman no se quedan solos. Se sienten felices al estar juntos,
  al demostrarse el amor que los une, pero también quieren dar ese
  amor a otros. Quieren tener hijos.

  Cuando un papá y una mamá se aman así, cuando quieren demostrárselo con todo su cuerpo, cuando quieren estar muy unidos, son
  capaces de dar la vida a un hijo.

- **¿Quieren hijos porque se aman?**

  Sí, tienes razón. Desean tener hijos para quererlos. Juntos, quieren
  llegar a ser un papá y una mamá. ¡Ahora empiezas a conocer el
  secreto del amor de un papá y una mamá!

  Cuando el papá ama a la mamá la estrecha entre sus brazos. El

El papel del padre y la ma

amor del papá por la mamá llena de fuerza su cuerpo; le hace capaz de unirse al cuerpo de la mamá a fin de llegar a ser uno solo. ¿Y la mamá?

Cuando ama al papá, el amor que ella siente por él hace que su cuerpo sea capaz de responder al amor del papá, de recibir su amor, para hacerse una con él. Cuando están plenamente unidos y no son más que uno solo son muy felices.

• ¿Cómo se hace eso, papá?

Ahora te lo explicaré. Ya sabes que el cuerpo de un niño es distinto del cuerpo de una niña.

Tú sabes que, como yo y como todos los papás, eres un chico. ¡Y no solo porque lleves el pelo corto o te guste el fútbol! Sabes que eres un chico porque, como todos los chicos, tienes ese miembro exterior que se llama el pene y que te distingue de las chicas. Tú y yo somos del sexo masculino.

• ¡Sí!, eso ya lo sé.

Ya eres lo bastante mayor como para haberte dado cuenta de que tu pene se levanta a causa de ciertas contracciones, sin que sepas por qué. Pues bien, te voy a explicar el modo en que ha sido creado tu cuerpo.

Cuando seas mayor, tu pene será capaz de crecer y de estirarse. Eso se llama erección. Esa palabra significa que el pene se endereza, que se produce una tensión del cuerpo hacia el don de uno mismo.

Gracias a esta capacidad del pene podrás demostrar a tu mujer el amor que sientes por ella del modo más hermoso, haciéndote uno con ella. En ese momento os amaréis tanto que podréis llegar a ser el papá y la mamá de un nuevo hijo.

en la concepción del hijo

• ¿Cómo se llega a ser papá y mamá?

No basta amarse con todas las fuerzas. Para que haya un bebé, es preciso que, en el momento en que se aman, el cuerpo del papá, henchido de amor, deposite en el cuerpo de la mamá el germen de vida del papá.

Cuando el germen de vida del papá se encuentra con el germen de vida de la mamá, se forma un nuevo ser vivo a partir de esas dos semillas de vida. Durante 9 meses crecerá y se desarrollará en el vientre de la mamá. Es su nuevo hijo.

• Entonces, ¿cómo los animales?

No, hay una gran diferencia. Te lo voy a demostrar. Tú, que ya has comenzado a estudiar la naturaleza en la clase de ciencias, sabes que existe una ley de la reproducción, especialmente en los animales. Cuando un macho se aparea con una hembra, ambos se reproducen y tienen sus crías.

Pero te advierto inmediatamente que entre los hombres y los animales existe una gran diferencia. La realidad es que los animales no se aman. No son inteligentes ni libres, y por lo tanto no pueden elegirse libremente. Funcionan guiados por el instinto y siempre es apasionante observar hasta qué punto la naturaleza lo ha previsto todo, aunque de un modo diferente según las especies.

El papá y la mamá, al contrario, se han unido por amor. El amor hace que se unan para dar vida al bebé.

• ¿De dónde viene la semilla de vida del papá?

La semilla de vida del papá se fabrica en su cuerpo, en los testículos. Son unas glándulas situadas detrás del pene que se encuentran en una especie de bolsa llamada escroto. Esas semillas tienen un nombre un poco complicado: son los espermatozoides.

El papel del padre y la ma

- **¿Dónde deposita el papá su semilla en el cuerpo de la mamá?**

  Te lo diré, pero, si lo piensas, ya conoces algo de la respuesta.

  Recordarás que, cuando nace un bebé, sale de la cuna en la que reposaba en el vientre de mamá, por un camino especial reservado a la vida, que une la cuna de la mamá con el exterior de su cuerpo, y que se llama vagina. Ese camino transcurre entre las piernas de la mamá y, para nacer, el niño pasa por ese camino.

- **Sí, ya me lo dijiste cuando era pequeño**

  Ese mismo camino está previsto para que el papá se pueda unir con la mamá.

  Por ese camino reservado que se llama vagina, y en un acto de amor muy grande, depositará con el pene su semilla en el cuerpo de su mujer.

  En el momento en que el germen de vida del papá se encuentra con el germen de vida de la mamá, se produce la concepción de un hijo nuevo.

- **Y, ¿de dónde viene la semilla de vida de la mamá?**

  La fabrica también el cuerpo de la mamá en unas bolsitas que están en su vientre y que se llaman ovarios. La semilla de vida de a mamá es mucho más grande que la del papá. Como se parece a un huevo pequeño, la llamamos óvulo, que quiere decir huevo.

  Como ves, ahora conoces el secreto de amor de un papá y una mamá. Un secreto se guarda y se respeta. Te ruego que respetes siempre el secreto de amor que te hemos confiado mamá y yo y que lo hagas respetar.

en la concepción del hijo

Porque el amor entre un papá y una mamá es bello, y el cuerpo del papá, como el de la mamá, gracias a los cuales se aman, es bello también.

Puedes estar orgulloso de ser un chico, ahora que comprendes mejor lo que quiere decir. Y, sin complejos, rechazarás los chistes groseros sobre el cuerpo y el amor, que oigas en el colegio o fuera de él. Si no, ¡te estarías burlando del secreto de amor de tus padres! ¡Y sabes que no hay necesidad de hacerlo para parecer mayor!

- **Bien, estoy de acuerdo. Pero hay otra cosa que no entiendo: si el pene vale para hacer pis y para dar la semilla de vida, ¿no resulta muy poco limpio?**

Escúchame bien y lo entenderás... Aparentemente se trata del mismo órgano, pero el pene te permite eliminar los líquidos del cuerpo a través de la orina; y más tarde te servirá para unirte a tu mujer y para hacerla madre.

Sin embargo, hay una diferencia que tienes que conocer. No confundas el conducto de la orina con el conducto de la semilla de vida del papá en el interior del cuerpo, en el pene.

Hay una separación, pues eso no se produce nunca al mismo tiempo. El saquito que contiene la orina, la vejiga, se cierra completamente reteniéndola durante el paso de las semillas de vida.

Además, existe un órgano encargado de preparar bien ese conducto antes de que lo atraviese el germen de vida del papá.

Podemos decir que en tu cuerpo, lo mismo que en el de las niñas –a pesar de las diferencias–, existe un conducto reservado a la vida.

- **Lo comprendo...**

Ahora que sabes todo eso, ahora que has descubierto que tu cuerpo está hecho para amar y dar la vida, entiendes mejor la

El papel del padre y la mc

responsabilidad que tienes de ese cuerpo hecho para la vida y el amor.

Comprendes también tu responsabilidad ante las niñas con las que tratas. Las respetarás mucho, y más ahora que conoces el sentido de su feminidad, o si prefieres, lo que significa ser chica en relación con ser chico.

Has descubierto que tu cuerpo de chico no está hecho para dominar y aplastar a los otros, y menos aún a las chicas. Aprenderás a poner al servicio de los demás toda la fuerza que sientes en ti. Eso te permitirá hacer felices a los demás y, si te casas, especialmente a tu mujer.

Créeme; se es más feliz cuando más feliz se hace a los otros, porque la alegría del amor se comparte, ¡y beneficia a todos!

• ¡Ahora sé lo que significa hacer el amor!

Sí; pero los auténticos enamorados te dirán: no hacemos el amor, nos amamos. Hay una diferencia entre esas dos maneras de designar la unión de los esposos, la unión de los enamorados. Porque, ¿ves?, amarse no es una actividad más: es entregarse a la persona amada.

• Sí: ahora sé por qué la abuela busca siempre parecidos a los bebés

¡Es cierto! Cuando nace un bebé, a todos nos gusta buscarle parecidos. ¡Las personas que se inclinan sobre la cuna no suelen coincidir! Y es que cada niño, como lo fuiste tú mismo, es el fruto único y maravilloso del amor de sus dos padres.

Quizá un día, si estás llamado al matrimonio, tendrás hijos a tu vez, y tus amigos y tu familia se preguntarán si se parecen o no se parecen a su mamá. ¡Un poco a cada uno, sin duda!

en la concepción del hijo

Porque la semilla de vida que existe en el cuerpo del papá se ha fundido con la semilla de vida que existe en el cuerpo de la mamá para convertirse en vida de un nuevo hijo.

- ## ¡El secreto del amor de los padres es estupendo!

Es estupendo porque el secreto del amor de tus padres se parece al secreto del amor de Dios. Porque Dios es Amor, ¡pero no puede ser Amor solo Él!

Es Amor que se da porque es Padre. Es amor que recibe, porque es Hijo. Es Amor fecundo porque es Espíritu. El Padre, el Hijo y el Espíritu Santo son las tres personas de la Santísima Trinidad y tú las nombras cada vez que haces la señal de la cruz.

Pues bien, ya lo ves, cuando un papá y una mamá se aman con tal fuerza que su amor es tan ardiente como el sol, se unen para hacerse uno y dan la vida a un hijo. Así se parecen a Dios de una manera muy hermosa. Por eso, para hacerse uno a imagen de Dios, han sido creados con cuerpos diferentes.

En el cuerpo de los papás, Dios ha inscrito la prueba de que el amor es un don, y en los cuerpos de la mamá que el amor es acogida. Eso nos demuestra que, para amar, es tan importante dar como recibir. Cuando una mamá recibe el don del papá, se entrega a él con todo su corazón. Esa acogida y ese don hacen felices a ambos y al mismo tiempo y, si Dios lo quiere así, los hacen fecundos.

Puedes dar gracias a Dios por sus maravillas; por el amor que ha puesto en nuestros corazones y por el don de la vida, ¡de CUALQUIER vida! Da gracias a Dios por tu cuerpo de chico gracias al que podrás, a tu vez, amar a tu mujer, hacerla feliz y dar la vida cuando seas grande, si estás llamado a ello.

El papel del padre y la m

El germen de vida del papá se encuentra con el germen de vida de la mamá. Desde el instante de la concepción, empieza a existir un nuevo hijo.

En el momento de hablar a la hija del papel del padre en la concepción, es importante que la madre tenga presentes dos o tres aspectos particulares que distinguen a la niña del muchacho.

ALGUNAS REFERENCIAS CONCRETAS PARA LA MADRE

1. Aunque el muchacho de esta edad no tenga la experiencia del cuerpo masculino adulto, la tiene de su cuerpo de niño. La niña, por su parte, carece de la experiencia de ese cuerpo. Ciertamente, las niñas saben hoy cómo están hechos los niños. Y si no lo saben, los padres son los indicados para remediar ese desconocimiento, aprovechando cualquier ocasión sencilla y natural que respete el pudor de cada uno.

Sin embargo, aun conocido, el órgano masculino resulta diferente, un poco curioso. Sobre todo sirve para orinar. La niña, quizá por tozudez o por una supuesta comodidad, desea hacerlo como sus hermanos... Todo ello indica a la madre que la niña ha de aprender a amar su cuerpo infantil y de futura mujer.

2. En el momento de hablar del papel del padre en la concepción con la hija, tendrá que darle el sentido tanto del cuerpo masculino como del femenino. La madre ha de poner atención a que la hija no se imagine sucia o degradada por el acto sexual. ¿Por qué?

Por dos razones:

En primer lugar, porque este órgano también sirve para orinar, y quizá haya oído algún comentario dudoso. Y después, porque, para hablar del acto sexual, el lenguaje utilizado hoy lo presenta cada vez con mayor frecuencia como un acto violento y brutal de conquista y de servidumbre de la mujer con respecto al hombre,

¡Dime, mamá! ¿Cómo en

del que quedan excluidos todo sentimiento, toda ternura, todo amor.

La madre ayudará a su hija a lograr un conocimiento realista, pero sin inquietudes, del papel del hombre en la relación sexual y en la concepción del hijo.

3. En lo relativo al papel específico de la mujer en la relación amorosa y en el don de la vida, la niña recibe esa revelación de un modo generalmente más profundo y más intenso que el muchacho. Y más íntimo también.

Al ser del sexo femenino, está más dispuesta a emocionarse ante el misterio del amor y de la vida, a admirarlo y a conservarlo en su corazón. Eso provoca en ella una cierta espera, incluso si no sabe formularla.

La madre que va a hablar con la hija respetará la intimidad de su cuerpo y la educará en el respeto a dicha intimidad.

Velará también por el respeto y por la educación de la delicadeza de su corazón. Esto significa que los padres hablarán a la niña –como al hijo– con toda la claridad y precisión posible, planteando siempre la relación sexual como una relación amorosa, como una donación de amor entre personas humanas.

¿ el bebé en tu vientre?

- **¡Mamá!, me gustaría que me hablaras de los bebés.**

  Si entiendo bien tu pregunta, quieres saber cómo llegan los bebés al vientre de su mamá. Sabes muy bien que no son las cigüeñas las que llevan los bebés a los padres como cuentan en la historia de Dumbo.

  La realidad es mucho más sencilla y más hermosa que esa historia inventada. Papá y yo estamos contentos de revelarte un secreto, un secreto de amor, porque cuando lo conozcas comprenderás que has nacido de nuestro amor y que también tú estás hecha para amar.

  ¿Te acuerdas de que Jean, el «hermanito» de mamá, que ahora mide 1,80, se prometió y después se casó hace unos meses con Valérie?

  Ya sabes que se han casado porque se quieren. Y como se quieren, ambos han dejado la casa en la que vivían con sus padres para instalarse en un apartamento más pequeño, pero que es su casa. ¿Has visto lo que han trabajado para arreglar el apartamento y decorarlo?

- **¡Sí, la casa es bonita y se está bien en ella!**

  Han preparado un hogar muy acogedor en el que se vive bien. Como se quieren, preparan su hogar para que sea acogedor para ellos ahora y para los niños que desean tener.

  Habrás observado que Jean y Valérie se aman y se lo demuestran. Sin duda te habrás dado cuenta del aspecto feliz de Jean ante la mirada llena de amor de Valérie, y cómo Valérie se muestra alegre y contenta cuando Jean la toma por los hombros. Quizá pienses que Valérie tiene suerte por ser amada y protegida por Jean. También a ti te gusta que yo te consuele con una caricia cuando estás triste o preocupada.

¡Dime, mamá! ¿Cómo er

- **También me gusta que papá me acaricie.**

  Habrás visto lo contenta que me pongo cuando papá me da un beso por sorpresa o me toma entre sus brazos. También él parece feliz y relajado. Y en esos momentos, ¡nuestra alegría es contagiosa!

  ¿Has visto que tu hermanita de 2 años se abraza a nuestras piernas reclamando una caricia? Tú hacías lo mismo cuando eras pequeña. Ahora guardas las distancias un poco más... Pero en el fondo te hace visiblemente feliz el hecho de saber que papá y yo nos amamos.

  Además, te pusiste bien contenta cuando el otro día nos besamos delante de ti después de una discusión que había creado mal ambiente.

- **¡Es verdad! Me quedé bien tranquila.**
  ¡No me gusta que discutáis!

  ¿Por qué te hace feliz saber que papá y yo nos queremos? Porque tú has nacido de nuestro amor y te sientes segura en medio de ese amor, un poco como estabas segura en el vientre de mamá cuando te esperábamos.

  Lo que todavía no sabes es que el amor que nos une a papá y a mí es mucho más fuerte y más grande que lo que tú ves.

  Es como el sol. Sus rayos nos calientan, nos ponen de buen humor y nos iluminan, pero es imposible llegar hasta el centro del sol porque es demasiado fuerte, demasiado potente.

  Del mismo modo, el amor que nos une a papá y a mí os hace vivir también a los hijos; os calienta, os tranquiliza, os hace felices. Pero no podéis llegar al fondo de ese amor como no podéis llegar al centro del sol.

  El fondo de ese amor es la intimidad que yo tengo con papá, el secreto de nuestro amor. Es el amor ardiente que existe en el corazón y en el cuerpo de papá y mamá. Es preciso que un papá y una mamá se quieran con todas sus fuerzas, con un amor ardiente, para que ese amor permita dar vida a un hijo.

- **¿Qué quiere decir que un papá y una mamá se quieran con todas sus fuerzas?**

Me alegro de que me hagas esa pregunta porque te lo voy a explicar ahora. Ya ves, aunque vivas gracias a nuestro amor, aún no conoces el secreto.

Voy a compartir ese secreto contigo; ahora te voy a explicar que el amor que existe entre papá y yo es tan fuerte y tan ardiente que te ha permitido venir al mundo.

¿Recuerdas que papá y yo volvimos de un viaje hace unos meses? No me habías visto durante... 4 días que te parecieron una eternidad. Corriste hacia mí, y te arrojaste en mis brazos con tal fuerza que estuve a punto de caer. Querías estar conmigo, estar entre mis brazos, sentir que te quiero y que me quieres. Querías mostrarme con tu cuerpo lo que no te bastaba decir con las palabras.

- **Sí, me acuerdo muy bien.**
  ¡Prefiero que estés aquí, que estemos juntos!

Algo parecido ocurre cuando un papá y una mamá están muy enamorados; que no les basta estar juntos ni decirse que se quieren, aunque se lo digan.

Su amor es tan fuerte que, además, desean demostrárselo con sus cuerpos. Se estrechan el uno contra el otro aún más fuerte que cuando tú me abrazas. Se estrechan tan fuerte que, si pudieran, no formarían más que un solo cuerpo. Como la mamá ama al papá, querría ser toda con él; como el papá ama a la mamá, querría ser todo con ella.

- **¡Tienen que estar bien contentos, porque nunca están solos!**

  Sí; son muy felices. Y cuando el amor de un papá y de una mamá es tan fuerte, les hace capaces de una cosa más: de dar la vida a un hijito.

  Ya lo ves, los que aman nunca están solos. Son felices viviendo unidos y demostrándose amor el uno al otro.

  Pero quieren dar también ese amor a otras personas: quieren tener hijos. Cuando un papá y una mamá se quieren tanto que desean demostrárselo con todo el cuerpo, que quieren ser uno solo, son capaces de dar la vida a un hijo.

- **¿Cómo pueden un papá y una mamá tener un hijo?**

  Cuando el papá ama a la mamá, la estrecha entre sus brazos. El amor del papá por la mamá no solo existe en su corazón, sino también en su cuerpo; y cuando el cuerpo del papá está lleno de amor y de fuerza, ese amor ardiente le hace capaz de unirse con el cuerpo de la mamá para hacerse uno solo.

  ¿Y la mamá? Cuando ama al papá, el amor que siente por él hace que su cuerpo sea capaz de responder al amor del papá, de recibir su amor para llegar a ser una sola con él. Y cuando están unidos de tal modo que son uno solo, son muy felices.

- **¿Y cómo se hace eso?**

  Lo vas a entender. Ya sabes que el cuerpo de la niña es diferente del cuerpo del niño. Ya sabes que tú eres, como yo y como todas las mamás, una niña. ¡Y no solo porque tienes el pelo largo!

  Sabes que eres una niña porque, como todas las niñas, tienes un sexo que no es exterior a tu cuerpo, como el pene de los niños, sino que es más interno y como oculto: la vagina.

¿ el bebé en tu vientre?

Como yo, eres del sexo femenino. La naturaleza lo ha previsto todo, en ti como en los chicos, para que las niñas lleguen a ser mujeres y mamás, y los chicos, hombres y papás.

Ya te he explicado que para nacer, para salir del vientre de su madre, el bebé emprende un camino hecho para la vida.

- **Sí, lo recuerdo: es el camino reservado al bebé.**

  El camino especial, hecho para la vida, es la vagina. Va desde el interior del vientre de la mamá, desde esa cunita que ha albergado al bebé durante 9 meses, hasta la salida del camino que está entre las piernas de la mamá.

¡Dime, mamá! ¿Cómo en

Sobre todo, no confundas la vagina con el lugar por el que se hace pis, porque es muy distinto.

• También me acuerdo de eso.

La cuna del bebé dentro del vientre de su madre tiene un nombre: el útero. Para que haya un bebé en esa cuna, el papá debe dar a la mamá una semilla de vida.

Cuando la semilla de vida del papá encuentra a la semilla de vida de la mamá, un nuevo bebé comienza a existir. Es el hijo de ambos.

• Pero ¿de dónde viene la semilla de vida de la mamá?

En el vientre de la mamá, a cada lado del útero, hay dos especies de bolsitas que fabrican por turnos las semillas de vida de la mamá. Son un poco más gruesas que las semillas de las plantas, y como son algo parecidas a un huevo se llaman óvulos. Esa palabra quiere decir huevo.

Cuando una semilla de vida está dispuesta, se desprende lentamente de su bolsa y desciende lentamente hacia el útero, al encuentro con el germen de vida del papá. Todo eso ocurre en el interior del cuerpo de la mamá. Dentro de unos años, tu cuerpo llegará a ser como el de las mamás, capaz de dar la vida.

• ¿Y fuera no hay nada?

Sí: todo lo necesario para proteger la entrada del conducto de la vida. Lo que más se ve son dos pliegues de carne que se llaman los labios grandes, en cuyo interior hay dos pliegues más pequeños, los labios pequeños.

Los labios grandes y los pequeños están situados alrededor de la pequeña abertura que es la entrada y la salida del conducto de la vida, de la vagina de la mamá. La rodean y la protegen algo así como

 el bebé en tu vientre?

tus labios rodean y protegen tu boca; pero pueden entreabrirse y separarse para que puedas recibir el alimento.

- **¿Cómo se puede llegar a ser un papá y una mamá?**
  No basta quererse muchísimo. Para que nazca un bebé, es preciso que, en el momento en que se aman, el cuerpo del papá, henchido de amor, deposite su semilla de vida en el cuerpo de la mamá.
  Desde el momento en que la semilla de vida del papá encuentra a la semilla de vida de la mamá, se forma, a partir de las dos, un nuevo ser vivo que crecerá y se desarrollará durante 9 meses dentro del vientre de su madre. Es su nuevo hijo.

- **Entonces, ¿es lo mismo que con los animales?**
  No, no es lo mismo y te voy a explicar por qué.
  Por supuesto, tenemos un cuerpo y, sin embargo, somos muy diferentes de los animales.
  Como ya has empezado a estudiar ciencias de la naturaleza, sabes que existe una ley de la reproducción, especialmente entre los animales. Cuando el macho se une a la hembra, se reproducen y tienen crías.
  Pero te hago ver inmediatamente que hay una gran diferencia, una diferencia muy importante, entre los animales y los hombres.
  En efecto, los animales no se aman. No son inteligentes ni libres, y, por lo tanto, no pueden elegir libremente. Están guiados por el instinto, y resulta apasionante observar hasta qué punto la naturaleza lo tiene todo previsto para ellos, según las distintas especies... ¡Hasta tienen la estación de los amores!
  Sin embargo, un papá y una mamá se han elegido y se unen por amor para dar la vida a un bebé. Se unen y se aman... como personas humanas. Mientras se aman, se miran y se abrazan.

¡Dime, mamá! ¿Cómo en

No son ángeles, que no tienen cuerpo; ni animales, que no tienen inteligencia ni voluntad ni corazón para amar.

- **Sí; ya veo la diferencia. Entonces, cuando el papá y la mamá se quieren, ¿dónde deposita el papá su semilla de vida en el cuerpo de la mamá?**

  Si lo piensas un poco, ya conoces la respuesta.

  Ahora sabes que, cuando nace, el bebé sale del útero –la cuna que ocupaba en el vientre de su mamá– por el camino especial, reservado a la vida, que le une al exterior de su cuerpo y que se llama vagina, y que termina entre las piernas de la mamá.

  Está previsto que, gracias a ese camino, el papá pueda unirse con la mamá. Cuando el papá y la mamá se quieren con todas sus fuerzas, se demuestran ese amor con sus cuerpos, y el papá se une a la mamá.

  En un acto de amor muy grande, él puede depositar la semilla de vida con su pene en el cuerpo de su mujer por el camino preparado llamado vagina. Cuando ese germen de vida del papá se encuentra con el germen de vida de la mamá, queda concebido un nuevo bebé. Ese es el instante de la concepción.

- **Pero yo creía que el pene servía, sobre todo, para hacer pis.**

  No, no solo para eso; y es importante que lo entiendas bien. Lo mismo que en la niña –aunque hay diferencias–, el chico tiene también en su cuerpo un camino destinado a la vida. En el interior del pene, ese camino está reservado a las semillas de vida del papá que nunca salen al mismo tiempo que el pis, porque la vejiga que contiene la orina se cierra siempre en el momento del paso de las semillas de vida.

el bebé en tu vientre?

No debes confundir, pues, el conducto de la orina con el conducto de las semillas de vida. Es un conducto muy limpio porque la naturaleza ha dispuesto un sistema perfecto para prepararlo antes de la salida de las semillas de vida.

- **¡Menos mal! ¿Papá también fabrica en su vientre las semillas de vida?**

  En el cuerpo del papá hay dos glándulas que fabrican esas semillas. Son los testículos, que están situados en una especie de bolsas, por detrás del pene, llamadas escroto. De paso te diré que esas semillas de vida del papá tienen un nombre complicado que puedes olvidar: son los espermatozoides. Es una sencilla palabra que significa simplemente «semilla».

- **Seguramente se me olvidará ese nombre... Pero, ¿cómo puede depositar el papá su semilla de vida en el cuerpo de la mamá?**

  Tienes que saber que, cuando el niño crece, también crece su cuerpo. Entonces, en ciertos momentos el pene es capaz de enderezarse y tensarse de un modo fuerte y suave al mismo tiempo. Es lo que se llama erección.

  En el momento en que el cuerpo del papá está tenso y henchido de amor, es capaz de unirse al de la mamá. La naturaleza lo ha previsto todo y el cuerpo del papá está hecho para adaptarse al de la mamá.

  Como ves, ahora conoces el secreto de amor de un papá y una mamá. Un secreto se guarda y se respeta. Yo te pido que respetes siempre el secreto de amor que te hemos confiado papá y yo, y que lo hagas respetar.

¡Dime, mamá! ¿Cómo en

El amor entre un papá y una mamá es algo bello, y también son bellos el cuerpo del papá y el de la mamá, gracias a los cuales pueden amarse.

Puedes sentirte orgullosa de ser una niña, ahora que comprendes mejor lo que significa. Debes rechazar las bromas groseras que oigas en el colegio sobre el cuerpo y el amor. Si no lo haces, ¡te estarás burlando del secreto de amor de tus padres!

- **¡Sí! ¡Los que se burlan no están al corriente!**

  No. No están al corriente, pero no es culpa suya. Pero tú, ahora que has descubierto que tu cuerpo está hecho para amar y dar la vida, comprenderás mejor que eres responsable de ese cuerpo hecho para el amor y la vida.

  Como de todo tu cuerpo, has de cuidar de ese conducto tan íntimo de la vida y de reservarlo. ¿De qué manera? Protegiéndolo con tu comportamiento, con tu modo adecuado de vestir.

  También comprenderás mejor tu responsabilidad frente a los chicos que tratas. Tienes que ayudarles a respetar a las chicas, sobre todo si se portan groseramente para hacerse los interesantes o para provocarte.

  Y si continúan, puedes hacer como una chica de tu edad, que dejó sorprendidos a dos chicos de su clase diciéndoles: «Como sois tan tontos, no jugáis más con nosotras; ya está». Es muy sencillo: tú puedes elegir a tus amigos.

- **Ahora que me has dicho de dónde vienen los niños, comprendo que la abuela siempre esté buscando parecidos en cuanto ve a uno. ¡Y se los encuentra!**

  Sí: ¡y no solo la abuela! Siempre nos gusta descubrir a quién se parece un niño.

ó el bebé en tu vientre?

A menudo, los que se inclinan sobre la cuna no ven los mismos parecidos. Y es que cada niño, como lo has sido tú, es el fruto único y maravilloso del amor de sus padres.

Un día, si estás llamada a casarte, también tendrás tus propios hijos. Tus amigos y tu familia se preguntarán si se parecen a su papá o a su mamá. ¡Un poco a ambos!

Y eso ha sucedido porque el germen de vida del cuerpo del papá se ha fundido con el germen de vida que hay en el cuerpo de la mamá para convertirse en la vida de un hijito nuevo.

- **Mamá, tu secreto de amor con papá ¡es estupendo!**

Tienes razón, es muy hermoso. Y te diré por qué: el secreto de amor de tus padres es también el secreto del amor de Dios.

Porque Dios es Amor. Pero no puede ser Amor solo. Es Amor que se da, porque es Padre. Es Amor que recibe, porque es Hijo. Es Amor fecundo, porque es Espíritu Santo. El Padre, el Hijo y el Espíritu Santo son las tres personas de la Santísima Trinidad, y tú las nombras, dices su nombre cada vez que haces la señal de la cruz.

Ya lo ves: cuando un papá y una mamá se aman con todas sus fuerzas, se parecen a Dios de una manera muy hermosa. Su amor es ardiente como el sol, se unen para hacerse uno solo y dan vida a un hijo.

Por eso, para hacerse uno solo, a imagen de Dios, han sido creados con cuerpos diferentes.

En el cuerpo de los papás, Dios ha inscrito el signo de que el amor es don; y en el cuerpo de las mamás, que es acogida. Eso demuestra que, para amar, es tan importante dar como recibir.

Cuando una mamá acoge el don de un papá, esta acogida y este don hacen la felicidad de ambos y, si Dios quiere, al mismo tiempo los hace fecundos.

¡Dime, mamá! ¿Cómo en

¡Puedes alabar a Dios por sus maravillas, y, sobre todo, por el don de la vida, de TU vida!

Puedes alabarle por tu cuerpo de niña y de futura mujer, gracias al que, cuando seas mayor, podrás amar a tu marido, hacerle feliz ¡y, si estás llamada a ello, llegar a ser una mamá!

- **¡Me gustaría llegar a ser una mamá!**

el bebé en tu vientre?

Capítulo 3

El niño de 8 a 12 años

■ **Escenas de la vida ordinaria...**

«Catherine se sorprende ante la enérgica reacción de su hijo Antoine, 10 años, que viendo a su hermana haciendo piruetas en camisón y sin bragas, termina por explotar: "¡Ya Basta, Alice! ¡Para! ¡Estás chiflada...!".

Los más pequeños son, a veces, más pudorosos que los mayores, como David, de 12 años, que tuvo puesto el traje de baño durante toda su estancia en un campamento de naturistas; o como Marion, que recuerda la vergüenza que sentía cuando su padre se paseaba desnudo por el apartamento.

En determinado momento, los niños no quieren estar desnudos delante de los demás; desean lavarse solos, sobre todo los varones, bastante más pudorosos que las niñas»[1].

En determinado momento, los niños no quieren estar desnudos delante de los demás; desean lavarse solos, sobre todo los varones.

La aparición o el aumento del pudor suelen ser la señal de que el niño entra en la pubertad. Esta etapa, de unos tres años, se sitúa en una edad bastante variable, según los niños, y antes en las chicas que en los chicos. En ellas se suele situar, con importantes variaciones, entre los 11 y 14 años y entre los 13 y 16 en los varones.

Esta etapa de la vida del niño se caracteriza por unas transformaciones importantes. En el aspecto físico: el niño crece mucho y eso le produce cansancio. En el aspecto genital y hormonal: cambia y su cuerpo se convierte en el de un adulto. Los cambios hormonales le hacen inestable. En el aspecto afectivo: se encuentra cómodo en el pensamiento abstracto y adquiere independencia. Desarrolla su sentido crítico, discute y razona.

Se comprende que el muchacho no atraviese sin conflictos esta etapa de su vida y que este período de crecimiento sea para él un período de crisis de crecimiento. Y como los cambios que se operan en el cuerpo, en la psi-

Inès Pélissié du Rausas

cología y en todo el ser de los chicos y de las chicas no son idénticos –aunque tengan puntos comunes–, la separación de ambos planteamientos nos permitirá preparar concretamente a cada uno a «encontrar su gozo en la donación de su persona».

1. La niña de 8 a 12 años y el chico de 9 a 13 años

■ La niña de 8 a 12 años

El cuerpo de la niña cambia y se transforma con la aparición del sistema piloso y el nacimiento del pecho. Sus hermanos no han dejado de hacerle comentarios que seguramente no ha agradecido... Aunque todavía juega con su hermana, pasa más tiempo en su cuarto leyendo, oyendo música, soñando. Elige siempre unas horas intempestivas para hablar con sus padres, sin conseguirlo. Cambian sus costumbres en el vestir, con gran desesperación de su madre, que la ve pedir jerseys negros sin forma o blusas y pantalones ceñidos. Empieza regímenes que abandona para saborear un litro de helado ante su película preferida. Sus amigas son sus confidentes y la factura del teléfono crece. El cuarto de baño llega a ser un fuerte inexpugnable a ciertas horas y es impensable poder compartirlo.

Todos estos síntomas no engañan: se acerca la adolescencia; y la niña no sabrá cómo vivir las transformaciones de su cuerpo sin ayuda.

Para gustarse a sí misma, para vivir la nueva responsabilidad de su cuerpo, para prepararse a su vocación específica de mujer, tiene necesidad de comprender el signifi-

1. Miryam Oggier, «L'âge de la pudeur», en *Vies de famille*, febrero 2000, p. 24.

cado de los signos de la feminidad inscritos en su cuerpo. En caso contrario, podría sentirse tentada a escapar de su feminidad más que a asumirla. ¡Y todo ello a causa de las presiones de la moda y de la cultura del ambiente!

«Hoy, el 60 % de las adolescentes se encuentran demasiado gruesas y únicamente el 20 % se declaran satisfechas con su cuerpo. Un tercio de ellas ya ha seguido un régimen alimenticio a los 14 años. Mientras que en los chicos entre los 14 y los 23 crece la autoestima, en las niñas disminuye. ¿Por qué estas cifras? Es revelador un estudio sobre la satisfacción de las jóvenes en lo que se refiere a su apariencia física: a partir de cierta edad (aproximadamente, 8 años) vemos que la satisfacción de las niñas se derrumba literalmente, mientras que la de los varones permanece estacionaria. Al no ser las niñas más feas que los chicos, su falta de autoestima no se debe a las modificaciones físicas, sino a la opinión que tiene el individuo sobre sí mismo. Y esa opinión depende en gran medida de las presiones del entorno social»[2].

No se le podrá demostrar todo ni decir todo a la vez. La prepararemos progresivamente para sus primeras reglas y, luego, le haremos comprender los cambios en su sensibilidad y en su afectividad.

Los trastornos hormonales y la aparición del ciclo, la proximidad de la crisis de personalidad, el frecuente cansancio en esta etapa de la vida (astenia, falta de sueño, un trabajo escolar más intenso) explican el estrés de toda jovencita de esta edad. Este estrés puede traducirse por un desequilibrio en el modo de alimentarse, una tendencia a la anorexia, por una parte, y a la bulimia, por la otra.

Una opinión positiva y justa sobre su cuerpo y sobre ella misma ayudará a la adolescente a crecer en autoestima. No se le podrá demostrar todo ni decir todo a la vez. La prepararemos progresivamente para sus primeras reglas y, luego, le haremos comprender los cambios en su sensibilidad y en su afectividad. Y le descubriremos su propia fecundidad. Por último, abordaremos el tema del deseo y de la pureza del corazón y del cuerpo.

Inês Pélissié du Rausas

Y eso, ¿por qué? Porque la adolescente no solo ha de descubrir su cuerpo, sino también aceptarlo y asumir su responsabilidad. En esta edad, la educación sexual está relacionada con la educación del corazón del niño.

■ El chico de 9 a 13 años

El muchacho que entra en la adolescencia ya no es un niño. Tampoco es un hombre todavía. Del hombre, comienza a tener la fuerza muscular, ¡y eso se ve! Es capaz de largas excursiones con la mochila a la espalda o de izar con soltura las velas de su barco. Carga con pesos importantes, lo que supone una buena ayuda para la madre. Pero eso no le impide hacer rabiar a sus hermanos pequeños en casa y llamar la atención sobre él de la manera más torpe.

Empieza a tener auténticos deseos de independencia. Como la chiquilla de su misma edad, quiere tener su vida privada, su libertad, su modo de decidir. ¡Pero al mismo tiempo es muy dependiente! Dependiente de su madre, que recoge sus montones de ropa sucia; dependiente de su padre, que le da el dinero para sus gastos; dependiente de los profesores y de los resultados escolares...

Es, al mismo tiempo, genial y limitado, soñador y un poco perezoso. Genial, porque está lleno de ideas para arreglar el mundo y resolver los problemas de otros, pero se desanima fácilmente ante las dificultades reales que encuentra en clase. Le cuesta trabajo concentrarse, estudiar. A ese chico, el más alto de la clase, solemos encontrarlo flojo, mientras que antes trabajaba bien. ¡Y le exigen! Al cansancio físico de esta edad se añade con frecuencia el estrés de las exigencias escolares de los profesores o de los padres. Y eso en un momento en que las chicas, más precoces, son mejores que él.

2. Christophe André y François Lelord, *L'estime de soi- S'aimer pour mieux vivre avec les autres*, Éditions Odile Jacob, París 1999, p. 145.

El muchacho tiene también sus dotes, y lo sabe o lo percibe. Tiene proyectos o deseos, generalmente generosos, que le entusiasman. Pero todavía no es lo suficientemente responsable de sí mismo. Aún no llega a desarrollar sus talentos. Y eso le suele humillar. Entonces trata de afirmarse... llevando la contraria.

Lo mismo que la joven, necesita que le ayuden a comprenderse: comprender las transformaciones de su cuerpo para aceptar de manera positiva su masculinidad; y comprender la evolución de su sensibilidad y de su afectividad para asumir la responsabilidad de su cuerpo hecho para el don de sí y el don de la vida... Para el chico, como para la niña, una educación sexual completa es inseparable de una educación del corazón.

> Para el chico, como para la niña, una educación sexual completa es inseparable de una educación del corazón.

No obstante, para lograr exponerlo acertadamente, hemos de conocer la experiencia del cuerpo y de la vida de nuestros hijos.

Antes de los 8 o 9 años, el niño plantea fácilmente las preguntas sobre el origen de los bebés. Cuando pregunta «¿De dónde vengo?», generalmente espera que le hablen de amor más que de sexualidad; y eso se debe al estado de desarrollo de su cuerpo –tiene la experiencia de un cuerpo de 6-7 años como máximo– lo mismo que a la capacidad de maravillarse, característica de esta edad.

La experiencia subjetiva que el niño tiene de su cuerpo

El niño empieza a cambiar a los 8-9 años. Al tomar conciencia de la intimidad de su cuerpo, manifiesta un pudor más vivo, especialmente en lo que concierne a los

cuidados del cuerpo e, incluso, a las funciones de eliminación. Es el fruto de su educación, pero ¡no solo de eso!
Más o menos confusamente, el chico siente que su
cuerpo cambia, y esta percepción provoca el deseo de su
intimidad. Es importante que nosotros, padres, estemos
atentos a ese cambio –la aparición del deseo de intimidad– y lo respetemos. Ese deseo es la prueba de que el
niño está entrando en la pre-pubertad y de que empieza a
adquirir una conciencia particular de los órganos de la
masculinidad o de la feminidad. Cambia su experiencia
personal del cuerpo.

■ Su experiencia de la vida

Lo que ve en la televisión, a su alrededor, en los carte-
les publicitarios, etc., le muestra de un modo positivo que
existe un lazo especial entre el amor y el cuerpo. Mientras
que en su cabeza se amontonan las preguntas, apenas las
formula o se ríe tontamente, lo que significa otra forma de
pudor...

En estos momentos, los padres deben tomar la iniciativa de hablar con el hijo, de anunciarle de un modo progresivo los cambios de la pubertad y su significado.

Es también el momento apropiado para dar a los hijos el
sentido de sus cuerpos: de preparar a la niña para la llegada de la regla y de las demás transformaciones que ha
de sufrir, antes de que se produzcan; y de preparar al hijo
para las primeras emisiones de esperma y de las demás
transformaciones que ha de sufrir, antes de que se produzcan.

Y eso, no solo para evitar un sentimiento de pánico, de
culpabilidad o de rechazo del cuerpo por parte del hijo,
sino sobre todo para hacerle comprender de forma muy

positiva el sentido de las transformaciones de su cuerpo, de su sensibilidad y de su afectividad que, en su momento, le harán capaz de entregarse totalmente a otra persona, y, con ella, llegar a ser padre o madre.

La edad de la educación sexual en el colegio*

Un conocimiento exacto del cuerpo, y sobre todo del significado del cuerpo, es aún más importante por coincidir con la primera educación sexual impartida en el colegio y que puede constituir un auténtico choque para un niño que nunca haya oído hablar de ello.

¿Cuál es la enseñanza actual, oficial, de la escuela? A los padres nos resultará útil una ojeada, aunque sea rápida.

El propósito es el de impartir «una educación en la sexualidad» desde el colegio, es decir, en las clases de 6° a 3° y más especialmente en 4° y 3°. Pero también se imparte una información sobre la sexualidad a los alumnos de primaria, especialmente con objeto de prevenir las agresiones sexuales.

Un conocimiento del significado del cuerpo es aún más importante por coincidir con la primera educación sexual impartida en el colegio y que puede constituir un auténtico choque.

«Se trata de prevenir las conductas de riesgo pero, sobre todo, de hacer evolucionar las actitudes de fondo que están en el origen de esas conductas y de contribuir a la realización personal. Por supuesto que, si la familia tiene que desempeñar un papel

* El texto original se refiere a la situación de Francia, que cuenta con unas características particulares, fruto de unas situaciones históricas que influyeron –y siguen haciéndolo– en muchos países. De hecho, en la mayoría de los sistemas educativos, se intenta imponer una educación de la sexualidad separada de su verdadero contexto: la integridad de la persona. Y esto, cada vez, a edades más jóvenes (*Nota del editor*).

Inès Pélissié du Rausas

fundamental con relación a este tema, la escuela, en el marco de su misión educativa, tiene un papel específico, complementario y esencial en la formación de los individuos para la vida contemporánea. Este papel se podría definir también como orientado a dar a los jóvenes la ocasión de captar y adquirir, en un contexto más amplio que el familiar, los datos esenciales para su desarrollo sexual y afectivo»[3].

Parecen unas intenciones loables. Sin embargo, ¿qué concepto del cuerpo, qué filosofía del hombre están contenidos en la educación en la sexualidad? Lo mejor es continuar leyendo la circular. Entre los objetivos específicos claramente enunciados de la «educación en la sexualidad» figuran los siguientes puntos 4 y 5:

«4. Derecho a la sexualidad y a la tolerancia.

Comprender que puede haber distintos comportamientos sexuales, sin que el hecho de comprenderlos suponga estimularlos (delimitación entre tolerancia y estímulo).

5. Ejercicio del juicio crítico.

Adoptar una actitud crítica sobre los estereotipos en materia de sexualidad, orientada especialmente a superar las representaciones exageradamente idealizadas, irracionales o sexistas»[4].

Este tipo de educación en la sexualidad podría incitar a nuestros hijos a comprender, es decir, a admitir los comportamientos sexuales variados, y a ejercitar su sentido crítico sobre los estereotipos.

▪ El sexo, devaluado en la escuela

Desde este punto de vista, «los comportamientos sexuales variados», es decir, las prácticas sexuales que Freud calificaba de perversas, tendrían que ser comprendidas y toleradas. En el mundo occidental hemos de situar la homosexualidad en primera línea de estas conductas.

3. *Prévention du Sida en milieu scolaire: éducation à la sexualité*, Circular del Ministerio de Sanidad del -04-1996, B.O.E.N., n° 17, 25 de abril de 1996, 5°.

4. Ibídem, cap. 3, puntos 3,4 y 3,5.

Cada vez con mayor frecuencia se intenta hacer creer que la diferencia fundamental entre las personas humanas es el comportamiento sexual, más concretamente, la heterosexualidad o la homosexualidad, y no la masculinidad o la feminidad. Para legitimar –trivializándolos– ciertos comportamientos, pretenden hacer olvidar que la masculinidad y la feminidad remiten del uno al otro.

Al negar las indicaciones inscritas en el cuerpo, pretenden negar que existe un «destino anatómico» del hombre y de la mujer, según la frase de Simone de Beauvoir en *Le deuxième sexe*. La distinción entre tolerancia y estímulo llega a ser también bastante confusa...

Según estos criterios, deberíamos «adoptar una actitud crítica» frente a los «estereotipos» en materia de sexualidad. Y uno de esos «estereotipos» es el de un hombre y una mujer comprometidos por amor el uno con el otro en una unión duradera y constituyendo una familia con los hijos nacidos de su amor.

Y además, tendríamos que superar también las «imágenes idealizadas exageradamente» –del tipo «fueron felices y tuvieron muchos hijos»–; las imágenes «irracionales»: la fidelidad a una alianza o la responsabilidad –difíciles de vivir a veces– serían, pues, irracionales, es decir... contra la razón. Hablaríamos de comportamientos inhumanos.

Por último, deberíamos superar también las representaciones «sexistas»: pues reconocer el significado conyugal –para la unión– del cuerpo como cuerpo sexuado significaría adoptar una actitud sexista, es decir, casi racista y, en cualquier caso, discriminatoria.

En resumen: la tolerancia ante comportamientos sexua-

Se intenta hacer creer que la diferencia fundamental entre las personas es el comportamiento sexual y no la masculinidad o la feminidad.

Inès Pélissié du Rausas

les variados y el ejercicio del espíritu crítico ante el modelo natural de la familia humana son dos ejemplos de lo que se suele enseñar en el colegio. Se comprende así que de «la educación en la sexualidad» se pase, en realidad, a la «educación en las sexualidades».

¿Pretende la escuela enseñar o sustituir a la familia?

So pretexto de una mayor eficacia y de rigor científico, del uso de material pedagógico de calidad, de la petición de asesores externos preparados, de expertos de cualquier clase, se supone que la escuela es la mejor capacitada para «la formación de los individuos en la vida contemporánea».

Aparentemente acepta el papel prioritario de los padres, pero, si profundizamos, vemos que en realidad se trata de librar a los hijos de la influencia del contexto familiar.

Los medios pedagógicos empleados no deben deslumbrarnos: bajo el loable pretexto de prevenir y responsabilizar a la juventud, lo que la escuela plantea, en realidad, a los niños es una visión reductora, pero también confusa, de la sexualidad.

Esta educación a cargo de un docente cuya competencia no garantizan –ipso facto– ni la madurez personal, ni la pedagogía, ni la claridad de unas ideas transmitidas a menudo al conjunto de toda una clase –sin contar con la opinión de los padres–, no contempla la madurez personal ni los conocimientos de cada alumno.

Así fue como un día Benoît, de 11 años, preguntó horrorizado a su madre:

—*Mamá, ¿es verdad que tú sangras todos los meses?*

—*¿Y es verdad que, cuando se hace el amor, se arriesga uno a tener un bebé o una enfermedad?*

Resulta paradójico el contenido del programa de la educación en la sexualidad y en la vida impartida en las clases de 3° e incluso de 4°, que ofrece unos supuestos puntos de referencia a los jóvenes: «aprender a amar». Por supuesto, pero ¿qué es amar? Incluso si el programa pedagógico revela una intención loable –obrar con conocimiento, responsabilizar–, pues habla de «la dimensión humana del acto sexual» y de la clave de «la felicidad de amar», en el informe de la enfermera aparece: «píldora + preservativo = relación amorosa más tranquila, relaciones sexuales sin riesgo».

Si el colegio se ha hecho hoy responsable de una misión en materia de educación sexual, ¿no será a causa del silencio o la ausencia de los padres en este terreno?

Únicamente el conocimiento del sentido, del porqué, al mismo tiempo que la presencia afectuosa de unos padres amantes, podrá ayudar al niño a adquirir el orgullo de su cuerpo y a comprender que ¡merece la pena crecer! A adquirir también la madurez afectiva, psicológica y espiritual que necesita para pasar de «los otros para mí» a «yo para los otros», según la frase de Jean Vanier.

Ciertamente, al crecer necesitará encontrar a otros testigos del amor capaces de indicarle el sentido del cuerpo y de ser auténticos testigos con los que identificarse. Sobre todo, porque quizá ha carecido de ellos. La escuela puede ser un lugar de encuentro con esos testimonios en un ambiente de estrecha cooperación con los padres, es decir, implicándolos, pero sin olvidar que debe aportar ante todo una enseñanza y un savoir-faire al niño, y no proporcionarle una educación afectiva. Si la colectividad puede suplir algunas carencias, no puede sustituir a los padres.

El testimonio del amor de sus padres, su presencia amante –en ocasiones silenciosa–, su comprensión, es lo

Inès Pélissié du Rausas

primero que sigue necesitando, incluso cuando, durante la adolescencia, parece comportarse de un modo indiferente, incluso hostil.

Por último, recordemos que no siempre es fácil y eficaz el hecho de anticiparse. El objeto de este libro es el de indicar, en esa edad en la que los niños están abiertos al diálogo, unos medios sencillos para impartir una auténtica educación sexual, previniendo siempre el choque con informaciones mal dadas.

Si el colegio se ha hecho hoy responsable de una misión en materia de educación sexual, ¿no será a causa del silencio o la ausencia de los padres en este terreno? Es la lúcida llamada a la familia y a la infancia, sobre este punto, por parte de la ministra delegada:

«Todos sabemos que no es fácil abordar este tema con los adolescentes. Los padres no suelen darse cuenta de que el diálogo debe comenzar muy pronto, en cuanto el niño está en edad de comprender. La adolescencia llega enseguida, pero la ausencia de un diálogo previo hace aún más difícil la comunicación. Por otra parte, el hecho de que la escuela hable de estos temas permite a los padres insistir y transmitir sus propios criterios a los hijos»[5].

5. Entrevista publicada en *Famille et éducation*, n° 427, septiembre 2000, p. 42.

¿Qué plantear en familia a los pre-adolescentes?

Ha llegado el momento de preparar a nuestros hijos para su adolescencia de un modo progresivo y más íntimo. En lugar de dejarles que descubran y afronten solos la pubertad, como abandonados a ellos mismos, queremos acompañarlos.

Se aproximan las primeras reglas para la niña; por su parte, el chico va a descubrir los fenómenos concretos relacionados no solo con su erección, sino con la eyaculación y la primera emisión de semen. Ha llegado el momento de que el padre y la madre recuerden al niño lo que ya le dijeron, pero que quizá ha olvidado a causa de su limitada experiencia del cuerpo.

Es también el momento de aportar precisiones que ayuden al hijo a aceptar su cuerpo y su responsabilidad. La comprensión y la aceptación de su sentido serán determinantes para el modo de vivir los acontecimientos que se le avecinan.

Ha llegado el momento de preparar a nuestros hijos para su adolescencia de un modo progresivo y más íntimo. En lugar de dejarles solos afrontar la pubertad, les acompañaremos.

■ **¿El sexo seguro o el amor?**

En la circular del Ministerio de Sanidad, aparece una llamada al «respeto propio y del otro», a la «responsabilidad individual y social». Dice también que:

«Si la sexualidad humana es inseparable de los datos biológicos, exige el reconocimiento de las dimensiones psicológicas, afectivas, socioculturales y morales, que, por sí solas, permiten un ajuste constante en las situaciones vividas por los hombres y las mujeres en sus cometidos personales y sociales»[6].

Sin embargo, ¿qué ocultan esas palabras? La campaña sobre la contracepción lanzada por el gobierno en enero del 2000 permite adivinarlo. Bajo la foto de una mujer joven y bonita, y sobre todo tranquila, se podía leer:

«Cuando vivía con Marc, tomaba la píldora. Al separarnos, pensé en dejarla. Hablé con mi médico, que me aconsejó que continuara tomándola además de utilizar el preservativo. Y tenía razón, porque acabo de conocer a Laurent. Cuando se comienza una aventura, la píldora y el preservativo son lo prudente».

«Con el fin de evitar angustias inútiles, si estás enamorado o enamorada, es preferible que lleves contigo una provisión de preservativos y una caja de Norvelo», aconseja el primer número de la revista *Droits des jeunes* del Ministerio de la Juventud y los Deportes.

«¿El respeto del otro?». Es el aprendizaje del modo de colocar el preservativo.

«¿La responsabilidad individual y social?». Es la utilización de la contracepción para evitar no solo las enfermedades de transmisión sexual y el Sida, sino también los embarazos no deseados.

«¿Ajustarse a las situaciones vividas entre los hombres y las mujeres?»[7]. Eso significa facilitar y, por lo tanto, estimular desde la pubertad los modos de comportamiento –promiscuidad sexual, multiplicidad de parejas o de prácticas sexuales variadas– que producen los mismos males que se denuncian más arriba.

¿Es «la prevención de los comportamientos de riesgo» el objetivo de la educación sexual? En este contexto, el comportamiento de riesgo no es el comportamiento sexual fruto de la elección de la persona, sino el olvido o el rechazo de la píldora o del preservativo.

Es sorprendente constatar que, aunque se hable de afectividad, la palabra amor está absolutamente ausente del texto.

En el fondo de la cultura contemporánea que impregna profundamente la educación sexual, la responsabilidad sexual está considerada en un sentido particular. Ser responsable significaría adoptar los procedimientos para protegerse empleando los medios presentados como eficaces y, en consecuencia, seguros (diversos medios de contracepción, contracepción de urgencia, preservativos) frente a las consecuencias de los actos realizados: las enfermedades sexualmente transmisibles –el Sida, entre otras– y un

Inés Pélissié du Rausas

6. *Prévention du Sida en milieu scolaire: éducation à la scolarité*, op. cit., par. 6.

7. *Ibídem.*

posible embarazo. Como subraya frecuentemente Tony Antranella, las normas sanitarias han reemplazado hoy a las normas morales. Se trata, en efecto, de practicar el *safe sex*, el sexo sin riesgo, el sexo con plena seguridad.

■ **¿Y la seguridad de la persona?**

En primer término, la persona del niño recién nacido. Desde ese punto de vista, ¿no se ha convertido en un indeseable, en una molestia, en un riesgo?

La persona del niño que crece. Hoy empezamos a conocer la verdadera situación psicológica de los niños que viven en familias monoparentales o recompuestas.

¿Por qué, pues, hay entre esos niños un porcentaje de obesos mayor que en épocas anteriores? ¿Por qué se sienten más tentados por la violencia, el alcohol y el cannabis, que los jóvenes que viven con sus padres y que parecen resistirse mejor al consumo de sustancias psico-activas?[8].

Las normas sanitarias han reemplazado hoy a las normas morales. Se trata de practicar el safe sex, el sexo sin riesgo, el sexo con plena seguridad.

■ **La persona del adulto, hombre o mujer**

El hombre y la mujer padecen la herida del aborto. Uno de ellos, generalmente la mujer, sufre por la falta de ternura, por sentirse utilizada en la relación en lugar de amada por sí misma. En fin, ¿qué decir de la herida del abandono cuando, después de un divorcio o de una separación, se siente «rechazada» o «repudiada»?

■ **La persona del adolescente**

Hoy, las relaciones sexuales precoces entre los jóvenes adolescentes han llegado a considerarse intrascendentes.

De hecho, consideradas como un derecho y, frecuentemente, vividas por los jóvenes como una especie de paso obligado, ¡cuán decepcionantes les resultan, según propia confesión! Veamos unos ejemplos.

Gwendal, 15 años: «¿*La primera vez? Fue durante un curso de música. Yo tenía 13 años; él, 17... Estábamos enamorados, compartíamos la misma pasión por el piano, pertenecíamos al mismo ambiente. No nos hemos vuelto a ver. Solo me he acostado con hombres que he conocido en los cursos. Ahora estoy esperando al definitivo. Ya he mariposeado bastante y quiero hacer el amor de verdad. Mis padres no saben nada de mi vida*».

Guilain: «*En la boda de mi hermana conocí a la primera chica con la que me acosté. Yo tenía 17 años y ella 15. Ella me inició, como se suele decir... No guardo un recuerdo extraordinario, y con las siguientes tampoco fue genial. Espero que con algo de sentimiento sea mejor. En todo caso, no podrá ser peor. Me gustaría amar verdaderamente... Me pregunto dónde está la mujer con la que acabaré mis días*»[9].

El planteamiento de la cultura contemporánea es seductor porque en él todo parece fácil. Pero es un planteamiento falaz, engañoso, que no conduce a la vida ni a la felicidad. Porque, aunque tratemos de suprimir algunas consecuencias físicas de los actos realizados –con un éxito limitado, según se ve–, no podemos eludir las consecuencias humanas. No se puede utilizar impunemente al cuerpo como una cosa sin que sufra la persona dueña de ese cuerpo. ¡Es la persona misma la que no está segura! ¿A quién le gusta ser considerado como un medio?

Antes de obstinarnos por un camino sin salida, ¿por qué no escuchar las aspiraciones de nuestros hijos?

Cada vez son más numerosos los jóvenes que confiesan su decepción ante la sexualidad devaluada que se les propone. Desean más sentimiento, más amor «de verdad», una relación auténtica y duradera.

Inès Pélissié du Rausas

8. Datos de la encuesta del Centre Français d'Éducation à la Santé, realizada entre 4.115 adolescentes de 12 a 19 años en 1997/98, citada en la Lettre de la APPF de abril de 2000.
9. Citado de la encuesta «Comment la jeune génération des villes et celle des cités viven leur sexualité», Réflechir avant de donner, artículo de Anne-Marie Revol, aparecido en Le Figaro del 4 de enero de 2000, p. 8.

«Paradójicamente, en la época de la píldora, del aborto o de la píldora del día después, el amor entre los 15-25 años se relaciona cada vez más con un proyecto de vida», concluye la periodista que ha dirigido la encuesta. Según ella, los jóvenes distinguen "el acostarse" del "amor", y sueñan «con ser el uno o la una de una o uno solo».

¿Qué les proponemos a los adolescentes que «quieren amar de verdad», amar para toda la vida? ¡«Ser él o ella de uno solo», no se improvisa! ¿Qué responsabilidad sexual plantearíamos desde el punto de vista de una educación sexual integral? Es posible educar al hijo en la verdadera responsabilidad sexual, es decir, en la responsabilidad de su cuerpo.

Cada vez son más numerosos los jóvenes que confiesan su decepción ante la sexualidad devaluada que se les propone. Desean más sentimiento, más amor «de verdad».

El sentido del cuerpo hecho para el amor

Ya no se trata de enseñarles el modo en que nacen los bebés, incluso si las inyecciones de recuerdo puedan tener su utilidad. ¡Se supone que lo sabe! Pero le ayudaremos a comprender la evolución de su cuerpo y las dos realidades que revela, con las que va a contar de ahora en adelante: la fecundidad y el deseo.

Nuestro propósito es el de ayudarle a vivir con su cuerpo y a madurar. Y eso no solo es posible, sino mucho más fácil de lo que creemos: porque en el corazón de los adolescentes late una gran ansiedad por unas palabras auténticas sobre el amor; por unas palabras no solo sinceras, sino verdaderas.

■ Preparar al niño para integrar su sexualidad

A causa de nuestra naturaleza humana, herida por el pecado, según la revelación bíblica, inexplicablemente débil y como rota, estamos llamados a gobernarnos. Para obrar como seres libres, no podemos vivir en un estado de

DEPENDENCIA de nuestros impulsos sexuales. Incluso si no es fácil, para ser libres podemos tratar de integrar nuestra sexualidad, y no de rechazarla.

Por supuesto, el hombre y la mujer pueden tratar de seducir, de manipular a la persona «amada» para someterla y así satisfacer sus pasiones, algo que no sucede en el mundo animal. La fuerza o la locura del deseo pueden conducirnos a buscar la unión de los cuerpos sin preocuparnos por la felicidad del otro, sin buscar la unión con la persona del otro. Pero no estamos determinados en esto ni tampoco limitados por el instinto.

Uno de los fines de la educación sexual radica en preparar a nuestro hijo para que asuma su sexualidad, es decir, para que no se deje dominar por sus pasiones, para que no busque el placer por el placer, sino para que sea capaz de comunicación, de entrega y de amistad.

Le ayudaremos a «comprender el impulso sexual; a dominarlo, a dialogar con él, a ponerlo en su sitio. No se le domina ni se le controla a fuerza de voluntad. Se trata de integrarlo poco a poco en una auténtica amistad por otra persona, y de utilizarlo solamente en las condiciones de una alianza bendecida por Dios... La sexualidad está integrada y asumida en una obra de amor y de comunión donde se busca el bien de otra o de otras personas, donde se está, en todo caso, en relación con personas. La energía vital, la energía de amor está entonces orientada hacia los otros, no a través de la unión de los cuerpos, sino a través de los gestos de bondad, de sinceridad y de ternura»[10].

10. Cita de *Homme et femme il les fit*, de Jean Vanier, Fleurus/Bellarmin, p. 112.

Inês Pélissié du Rausas

Las palabras adecuadas

¿Cómo hablar a nuestra hija de entre 8 y 12 años, a nuestro hijo de entre 9 y 13 años?

■ **¿Comparar con la sexualidad animal?**

¿Qué opinión merece un lenguaje que asimila la sexualidad humana a la sexualidad animal en estas edades?

Al presentar la sexualidad humana como natural en el sentido de instintiva, corremos el riesgo de incitar a los jóvenes a vivir una sexualidad compulsiva en la que, con ayuda de la costumbre, estarían dominados por sus instintos, prisioneros del «siempre más», es decir, de unas crecientes exigencias del deseo que, en el hombre, no está regido por el instinto.

n **¿El lenguaje biológico?**

Antes de la aparición de las primeras reglas, la futura jovencita deberá estar claramente informada de los mecanismos de la fecundidad masculina y femenina. El conocimiento del aparato ovárico no basta para ayudarle a aceptar el fenómeno de la menstruación y a integrarlo, a hacerlo suyo. Tampoco bastará para hacerle captar el misterio de la vida y de SU nueva fecundidad. Para ayudarle a descubrir el sentido de su cuerpo, habrá que utilizar también la experiencia real y sencilla que puede tener de la vida.

Así, por ejemplo, la sangre que fluye por nuestro cuerpo ¡es la vida! ¿Cómo no maravillarnos de que, para recibir a un eventual bebé, la naturaleza prepare al útero todos los meses colmándolo de una sangre preciosa y vital para el nuevo ser que podría instalarse en él? ¡Y qué gran responsabilidad la de este cuerpo tan bien dispuesto para dar la vida!

De este modo, podremos convencer a la joven para que acepte el don de su sangre –que le hace apta para donar la vida y para asumir también su feminidad–, mejor que

> Al presentar la sexualidad humana como natural en el sentido de instintiva, corremos el riesgo de incitar a los jóvenes a vivir una sexualidad compulsiva.

dejarla soportar penosamente un acontecimiento que sería absurdo si careciera de sentido.

Del mismo modo, el conocimiento del aparato reproductor masculino no indica al adolescente el modo de reaccionar y de comportarse cuando aparecen en su cuerpo los primeros signos de la pubertad.

El lenguaje biológico resulta insuficiente o inadecuado para proporcionar un conocimiento maduro del cuerpo y para educar a ese cuerpo en la responsabilidad. Y puede resultar nocivo si da paso a la filosofía del cuerpo de la que acabamos de hablar.

Ha de emplearse, pues, con discernimiento y siempre de acuerdo con la experiencia concreta y personal que el niño tiene de su cuerpo y que no se expresa en lenguaje científico. Así podremos hacerle descubrir y aceptar el profundo significado de su cuerpo.

El papel del padre con la hija. El papel de la madre con el hijo

Si, para madurar y llegar a ser responsable de sí mismo, el niño entre 8 y 12-13 años necesita los consejos del progenitor de su mismo sexo, ¡también necesita al del sexo opuesto!

De la madre, y no solo del padre, aprende el futuro adolescente lo que es la mujer; el modo en que repercuten en ella los acontecimientos de su vida fisiológica; cuál es su psicología especial; en resumen, que, incluso en la época del feminismo, la mujer tiene necesidad del respeto y la seguridad que le puede aportar el hombre. Le educa también en su verdadera responsabilidad, actual y futura, respecto a las jóvenes.

Con delicadeza, la joven puede aprender a través del padre las reacciones psicológicas del muchacho. Ella las desconoce naturalmente. ¡Lo que en ese aspecto le diga su padre, aunque haya hablado ya con su madre, tendrá, evidentemente, mayor peso!

Y es que, si existe una responsabilidad del hombre con respecto a la mujer, existe también una responsabilidad de la mujer con respecto al hombre que es prioritaria en cierto modo. Si la chica es inconsciente, su comportamiento «inocente» o más bien «imprudente» será origen de serias dificultades para los muchachos que la rodean. Tendrá que asumir, con tacto y prudencia, su propia responsabilidad respecto a los jóvenes con los que trata.

De la madre, y no solo del padre, aprende el futuro adolescente lo que es la mujer. Le educa también en su verdadera responsabilidad, actual y futura, respecto a las jóvenes.

Por último, no hay que olvidar que, en esta edad, el niño, chico o chica, tiene necesidad de sentirse tranquilo sobre lo que es, sobre lo que va a ser. Necesita saber que cuenta con el cariño de sus padres. ¡No es el momento de privarle del afecto con la excusa de que está creciendo! Pero hay que encontrar el modo apropiado de darle el cariño que tanto necesita.

¿Cómo hacerlo? El hijo ya no es un bebé ni un niño pequeño. Tampoco conviene emplear con él un comportamiento seductor, igualmente inadecuado, por ser equívoco.

El propósito de los padres será el de ayudar al niño a adaptarse, a aceptar su identidad sexual, haciéndole sentir hasta qué punto lo aceptan. Eso puede resultar especialmente difícil a los padres que, por distintas razones, se encuentran incómodos ante la hija que ya no pueden sentar en sus rodillas. Y ella tiene una auténtica necesidad de ternura y de contactos físicos cariñosos, que aumenta hasta la edad crítica de la pre-adolescencia.

Ross Campbell cita el ejemplo de un padre que había

El niño de 8 a 12 años

Inès Pélissié du Rausas

comprendido cómo dar de un modo adecuado todo el cariño que necesitaban su hijo de 9 años y su hija adolescente.

Con el hijo:

«El niño corría frecuentemente hacia él para contarle alguna cosa. Era evidente que entre ambos existía un fuerte lazo afectivo. Cuando se hablaban, se miraban cara a cara, directamente, y su diálogo iba acompañado de los contactos físicos apropiados, especialmente cuando surgía algo divertido en la conversación. Aquel padre ponía con frecuencia la mano sobre el brazo del hijo, o le pasaba la mano por los hombros, y a veces le daba un golpecito en la pierna. En otras ocasiones le acariciaba la espalda y lo acercaba a él, especialmente cuando hacían un comentario humorístico».

Con la hija:

«Algunas veces el padre y la hija adolescente iban juntos a ver jugar al chico. Ella se sentaba junto a su padre o delante de él. También entonces, aquel padre amante y lleno de savoir-faire se comunicaba con su hija de un modo satisfactorio. Empleaba varios contactos visuales y físicos pero, a causa de su edad, no la sentaba en sus rodillas ni la abrazaba como habría hecho si fuera más pequeña. Frecuentemente le tocaba levemente la mano, el brazo, el hombro o la espalda. En ocasiones, le daba un golpecito en la pierna o se inclinaba ligeramente hacia ella, sobre todo cuando sucedía algo divertido»[11].

Quizá tengamos que luchar contra la idea o la falsa impresión de que el contacto es malsano, para dar a nuestros hijos –de manera adecuada– ese toque de ternura que necesitan para sentirse queridos y en consecuencia aceptados, así como para sentirse tranquilos sobre ellos mismos en el amanecer de la adolescencia.

Por último, en esta edad, los hijos pueden participar cada vez más en las conversaciones de los padres. Es la

11. *Comment aimer vraiment votre enfant?,* op. cit., p. 54.

ocasión de abordar con ellos multitud de temas –el contenido de tal obra, el modo en que un periodista relata un acontecimiento, el programa del curso– para oír las opiniones de los hijos, hacerles reflexionar y formar su juicio, evitando el pesimismo que mata la esperanza y el entusiasmo que necesitan para crecer en una auténtica libertad. Los hijos que crecen son muy sensibles al hecho de ser considerados como lo que son. Y si todavía no son adultos, tampoco son niños.

De este modo podremos preparar la travesía del Cabo de Hornos, la adolescencia de nuestros hijos, actuando todo lo mejor que podamos, para que sean capaces de efectuar esa travesía ¡y no la hagan solos!

Quizá tengamos que luchar contra la falsa impresión de que el contacto es malsano, para dar a nuestros hijos –de manera adecuada– ese toque de ternura que necesitan para sentirse queridos.

2. ¿Qué puede decir una madre a su hija?

La joven no solo debe entender el fenómeno fisiológico de las reglas, sino, más profundamente, el significado de su ciclo: en efecto, una vez al mes, por la acción de las hormonas, su cuerpo la prepara para ser primero esposa y luego madre.

El descubrimiento de su cuerpo hecho para la vida

Es importante explicar a la adolescente, para que le quede claro, cuál es la finalidad de su cuerpo, para qué está hecho. Esas funciones del cuerpo que le son propias –que no son las del muchacho– le indican el sentido de su vocación de mujer.

Sin embargo, no la determinan a la inmediata realización física de esta vocación. Le recordaremos ahora que su cuerpo es ella. En ella, en todo su ser, repercute todo lo que vive su cuerpo.

Si su cuerpo viviera los gestos del don del amor sin un verdadero amor, sería desgraciada en lo más íntimo de su corazón y en todo su ser –y, sin duda, también en todo su cuerpo–, porque esos gestos no serían el lenguaje de un cuerpo que expresa el amor. Y al no poder expresar la profunda entrega de toda su persona, esos gestos le dejarían una sensación de amargura y decepción. Como indica Tony Anatrella, la adolescencia:

«Es el momento en que despierta o se desarrolla la capacidad sexual, aunque no se exprese en cuanto tal. Cuando se expresa, lo hace en un clima de emoción sexual, pero no de relación amorosa. El adolescente puede experimentar sentimientos profundos, pero aún no tiene el sentido del amor como compromiso con otra persona»[12].

Aunque el cuerpo de la muchacha esté preparado antes de que llegue el momento de vivir como esposa y como madre, su corazón todavía no lo está, ni tampoco su persona. Tendrá que formarse para vivir la vocación que su cuerpo le indica; y la adolescencia sirve para ello: para prepararse a la donación de sí misma que, según su vocación particular, está llamada a vivir en la edad adulta.

El descubrimiento de su propia fecundidad

«La adolescente, nos dice Tony Anatrella, quiere saber si llegará a gustar a alguien, pero también a concebir hijos. Cuando integre ambas ilusiones habrá alcanzado la madurez. A partir del momento en que se dice a los jóvenes: "¡Cuidado! Un hijo es un

12. Entrevista publicada en *Famille Chretienne*, nº 1151, p. 10.

Inès Pélissié du Rausas

peligro, es un riesgo", se les ofrece un planteamiento de nega-
ción y de muerte de una parte de su sexualidad».

He recibido hace poco a una joven encinta de 18 años acompañada de su madre. Esta quería hacerla abortar. La hija le dijo:
«Si me obligas a abortar, me matas»[13].

Por esta razón, por negar la dimensión procreadora que está
ocupando un lugar en su psicología, ese planteamiento perjudica
a los jóvenes. En lugar de recurrir a la responsabilidad de las
conductas, describe al hijo como un peligro contra el que hay
que prevenirse técnicamente. Cuanto más se le excluye, cuanto
más se le niega, más se estimula la irresponsabilidad sexual»[14].

«El adolescente
puede experimentar
sentimientos
profundos, pero aún
no tiene
el sentido del amor
como compromiso
con otra persona».

Hoy, la ciencia trata de encontrar medios nuevos para reducir el número de embarazos precoces, en progresivo aumento a pesar de las numerosas campañas a favor de la contracepción. En Gran Bretaña (8.000 adolescentes de menos de 16 años embarazadas cada año), en lugar de lanzar una nueva campaña, el gobierno de Tony Blair pretende llamar a la responsabilidad insistiendo en «la importancia del matrimonio» y de las «relaciones estables», y aconsejando a los jóvenes «diferir» el comienzo de las relaciones sexuales: una opción de la que obtendrían un innegable «beneficio» personal[15].

¿Resultado? Una mayor fragilidad y una prolongación de la adolescencia en la edad adulta cuyos síntomas describe hoy nuestro psicoanalista: los adolescentes, dice Tony Anatrella, y solamente hablo de las jóvenes, presentan una «madurez disimétrica»: expertos en el uso de los medios, son «inmaduros en el plano afectivo, en la concentración, en la interiorización, en la socialización»[16].

La trivialización de las relaciones sexuales precoces –que va pareja con la educación en la contracepción–, al

Inès Pélissié du Rausas

negar el valor de la fecundidad nueva del cuerpo, al negar las perspectivas que dicha fecundidad, abre a la persona en su totalidad, al ahogar así las íntimas aspiraciones de un corazón que despierta, hace difícil la identificación del adolescente con su sexo e impide su maduración afectiva y sexual.

En la actualidad impide también –y es lo menos que podemos decir– conocer esta fecundidad, aceptarla y ¡sentirse orgullosa de ella! En un momento en que se producen en ellas tantas transformaciones, cuando empiezan a pensar en el futuro y a soñar con el amor, las jovencitas ven que les proponen píldoras (para ellas) y preservativos (para distribuir), para gozar de una sexualidad precoz y sin mañana.

Y sin embargo, las jovencitas de hoy necesitan conocer su propia fecundidad para mejor comprender su cuerpo, así como la evolución de su sensibilidad y de su afectividad. En resumen, para vivir mejor su responsabilidad ante la dimensión procreadora de la sexualidad.

Después de las primeras reglas, la madre ha de ayudar a su hija, de un modo fácil y sencillo, a detectar las tres fases del ciclo y especialmente la ovulación.

El modo más práctico para la adolescente es, indudablemente, el método natural de regulación de los nacimientos llamado Método Billings, que consiste en la observación, visualización y apreciación de la calidad del flujo cervical necesario para proteger y conservar el tránsito de los espermatozoides hacia el útero, calidad que varía a lo largo del ciclo. Se trata de hacer descubrir a la adolescente los síntomas de la fecundidad en su propio cuerpo; hacerle ver que está destinado a dar vida, y que ella es responsable no solo de la entrega de ese cuerpo, sino también del don de la vida.

13. Ibíd.
14. Ibíd.
15. *La Croix*, 26-III-2000.
16. Entrevista publicada en *Famille Chrétienne*, nº 451, p. 10.

Y también, para que esté más enterada que algunas jóvenes que, como nos relata Tony Anatrella, sorprendidas cuando una relación sexual desemboca en embarazo, se lamentan:

«¡Pero si yo solo quería tener una relación con mi chico! ¡Yo no pretendía tener un hijo!». Como si el deseo de no tener un hijo fuera operante...»[17].

Esto es todo lo que podemos decir a una jovencita en el momento de la aparición de la regla, para luego, por etapas, despertar su propia responsabilidad y, llegado el momento, unirla también en su corazón con las aspiraciones a «amar de verdad» en el ámbito de una auténtica relación amorosa abierta al hijo.

Después de las primeras reglas, la madre ha de ayudar a su hija, de un modo fácil y sencillo, a detectar las tres fases del ciclo y especialmente la ovulación.

Conocimiento propio: psicología, afectividad y sensualidad

Una vez que le ha hecho descubrir la perfección del cuerpo femenino, tan bien ordenado a su finalidad, la madre ha de explicar a la hija algo que no puede adivinar: la repercusión objetiva en todo su ser de las características de la feminidad y de la evolución de su ciclo.

Vivir su nueva responsabilidad sexual no es solamente, ni en principio, algo negativo como «evitar quedar embarazada». Es aprender a usar su cuerpo con el debido respeto durante ese tiempo de maduración y de preparación para la edad adulta, y para la entrega de su persona que un día hará con pleno conocimiento de causa. Por eso, la jovencita necesita conocerse, no solo en el aspecto fisiológico, sino también en los planos afectivo, psicológico y en el de la sensualidad.

¿Aceptar el propio cuerpo o soportarlo?

A partir de la pubertad, en el cuerpo de la joven se produce una intensa actividad que repercute en su sensibilidad a través del sistema nervioso. ¿Significa, por tanto, que tendrá que soportar su cuerpo de un modo pasivo y resignado? Para ayudarle a aceptar el significado profundo de su cuerpo, la madre le explicará, en primer lugar, el modo en que repercuten en ella, en su sensibilidad, los cambios que le afectan.

Es importante que se entere de que, en la primera fase del ciclo, su cuerpo, por la acción de los estrógenos, la hace naturalmente más mujer, concretamente más esposa, más abierta a los otros y más atractiva. En la última fase del ciclo, tras la culminación que supone la ovulación, su cuerpo la hace naturalmente más madre. Al prepararla a recibir al hijo, la hace más profunda.

Esto le indicará que ser mujer significa acoger como una esposa y dar, llevar en su interior como una madre. No obstante, en cuanto adquiere la experiencia, puede pensar que todas esas variaciones del cuerpo que terminan en las reglas ¡son realmente fastidiosas!

Entonces podemos explicarle que también los chicos encuentran ciertas dificultades y que también ellos han de aceptar su masculinidad. El conocimiento de su fecundidad y de la finalidad del ciclo le ayudarán a admirar el funcionamiento de su cuerpo, a estar orgullosa de sus primeras reglas. Esa admiración por su cuerpo le permitirá no solo aceptarlo, sino aceptar también la vocación de esposa y de madre que lleva consigo.

El conocimiento de las variaciones del ciclo y su repercusión sobre la psicología femenina le ayudarán a comprenderse mejor y a vivir mejor el período gris del final del

17. *Famille Chrétienne*, n° 451, op. cit., p. 8.

Inés Pélissié du Rausas

ciclo. Por otra parte, las reglas no le impiden vivir. ¿Por qué no apoyarse en su madre diciéndole que no se siente muy en forma, sin hacer una tragedia?

¿La pureza o el egoísmo?

Las transformaciones operadas en el cuerpo de la joven no solo tienen consecuencias en su fisiología y en su psicología. También en su afectividad, en su corazón. ¡Y como la persona es una, eso no nos ha de extrañar!

En la primera fase del ciclo, su cuerpo, por la acción de los estrógenos, la hace naturalmente más mujer, concretamente más esposa, más abierta a los otros y más atractiva.

En el corazón de la joven surge un doble movimiento contradictorio. Por un lado, desborda de aspiraciones generosas. Su corazón despierta, se siente atraído por los otros, por uno en especial. Está persuadida de que nadie se ha dado cuenta pero, dada la convicción con la que habla, todo el mundo lo sabe. Desea entregarse a una causa, ocuparse de los niños abandonados, reformar una situación injusta. Si no ha sido educada de un modo individualista o demasiado egoísta, el impulso de su corazón le empuja a darse generosamente a los demás.

Pero, por otro lado, ¡puede adoptar también la actitud contraria! ¡Qué tentación la de provocar a ese chico que le gusta, y cuyo fuego presiente! Querría que no se ocupe más que de ella, le hace esperar, quizá trata de ponerle celoso para convertirse en el centro exclusivo de su interés. Es su chico oficial y nadie debe acercarse a él. Si es muy coqueta puede llegar a jugar este papel con varios, con el fin de tener una pequeña corte a su alrededor.

¡Qué placer sentirse el centro de los demás! Disfruta siendo la preferida, aquella a la que miran todos; y lo cuen-

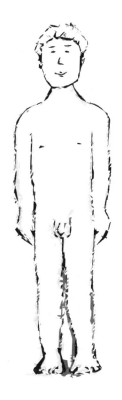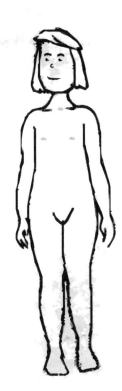

ta en su diario íntimo con cierto narcisismo. Se forja una película de la que es la heroína y se complace así en sus fantasías amorosas.

En el corazón de la adolescente coexisten dos movimientos contradictorios con probable predominio de uno sobre otro, según su temperamento, su carácter más o menos ávido y posesivo, y la educación que haya recibido. Le gusta ser abnegada, y quizá es generosa, pero le agrada atraer a los demás y sentir que los domina. Por un lado, desea entregarse, pero, por el otro, puede ser egoísta.

La difusión de la sensualidad por todo su cuerpo puede engañarla sobre este punto. Mientras que el muchacho advierte rápidamente que está en situación de deseo, el hecho es menos evidente para la joven que, al principio, no siempre percibe que está dispuesta a abandonarse. Y cuanto menos se conoce, menos lo percibe.

Pero puede ocurrir que ni sus intenciones ni su corazón siempre sean «puros», sin mezcla. A veces se muestra provocativa, es decir, utiliza su cuerpo, lo emplea para mejor atraer al muchacho, sin pensar en las dificultades que le crea. Quizá ignora que su responsabilidad sexual es también una responsabilidad respecto al otro, para el otro. Si lo sabe, está utilizando voluntariamente su cuerpo para un fin que no es el propio, usándolo como una cosa. No le trata con el respeto que le es debido. ¿El resultado? Una herida en el corazón, como lo confirma este pasaje del diario íntimo de una joven.

¡Qué tentación la de provocar a ese chico que le gusta, y cuyo fuego presiente! Querría que no se ocupe más que de ella, le hace esperar, quizá trata de ponerle celoso.

«A fuerza de ser halagada, cortejada, etc., me he vuelto terriblemente ambiciosa. Ya no siento esa felicidad anhelante, maravillada, de mis quince años. Ahora es una especie de embriaguez fría y dura, de tomar mi revancha sobre la vida, de sobresalir. Coqueteo, juego a amar. No amo... He ganado en inteligencia, en sangre fría, en lucidez habitual. He perdido corazón. Se ha hecho una especie de quiebra... En dos días, he perdido mi infancia»[18].

Optar por la prudencia

Todo lo anterior demuestra la importancia de conocerse y de aprender a ser prudente: prudente en relación con uno mismo y prudente en relación con los demás... Si la joven es imprudente y acepta ver una película con imágenes dudosas, lee un libro de relatos equívocos, admite gestos demasiado tiernos por parte de un muchacho o caricias emocionantes durante una velada demasiado larga, pronto se dará cuenta de que crea problemas a su cuerpo y a su corazón.

¿Y cómo lo sabrá? Su propio cuerpo se lo indica, funciona y comienza a ponerse en actitud de deseo. Le demuestra que, por medio de la imaginación, las miradas o los gestos, ha empezado a prepararse para experimentar el deseo de vivir la relación sexual, el acto de la esposa que se une al esposo, o para buscar en ella sola el placer que acompaña al acto sexual y que es la culminación de la mutua donación de los esposos.

No obstante, sabe que todavía no está preparada para la entrega total de su persona. Y el aviso de su cuerpo le aconsejará ser más prudente en otra ocasión.

Para guardar el respeto de su cuerpo y vivir con un corazón puro, es decir, sin mezcla, rehusará cualquier ambiente equívoco y malsano, evitará todo clima confuso (por ejemplo, algunas reuniones con juegos en la oscuridad), y no se sentirá obligada a actuar como las demás. La relación sexual es algo diferente a un paso obligado, una especie de rito iniciador para «entrar donde están todos los mayores». Uno de nuestros cometidos de padres consiste en proponer actividades y centros de reunión para nuestros hijos donde puedan surgir y desarrollarse auténticos lazos de amistad.

Así, la madre hablará con su hija abiertamente, incluso, y sobre todo, ¡a unas horas imposibles! Recordando su propia adolescencia, encontrará las palabras para acer-

18. Citado por Simone de Beauvoir, en *Le deuxième sexe*, t. II, p. 141.

carse a ella. Aunque haya cambiado el ambiente, ¡también ella fue adolescente un día!

Por último, no distinguirá la educación sexual de su hija de la educación del corazón. Para que su hija llegue a ser una mujer responsable, debe ayudarle a descentrarse de sí misma. Si sigue creciendo con la convicción de que el mundo ha de girar a su alrededor, de que todos deben estar a sus pies, sus caprichos infantiles obligarán a huir a todo el mundo y hará desdichadas a las personas que la rodean.

Para «amar realmente» a su futuro marido un día, para hacerle feliz, no solo debe ser prudente en su comportamiento, sino que debe volverse hacia los demás, olvidarse de sí misma para darse a los otros concretamente, es decir, de un modo activo. Ir adquiriendo responsabilidades poco a poco, más que organizando su pequeña vida confortable, sus pequeñas salidas o sus pequeños éxitos. Eso es importante pues amar, darse, hacer la felicidad de los demás, es una actitud ACTIVA y no pasiva.

Para guardar el respeto de su cuerpo y vivir con un corazón puro, es decir, sin mezcla, rehusará cualquier ambiente equívoco y malsano, evitará todo clima confuso.

¿Y si ha ido demasiado lejos? No es el momento de montar el número, ni de relativizar todo a fuerza de una blanda comprensión, o quizá de abandonar. Es el famoso yo renuncio a luchar, que indica que, en realidad, no se ha comenzado...

«En una ocasión pregunté a una joven que solía venir a contarme sus insensateces, a veces graves: "¿Por qué me cuentas todo eso?". Me respondió: "Porque sé que me escucharás y que no estarás de acuerdo" (!). Quería poder hablar. Pero también quería oír decir a un adulto lo que su propia conciencia le susurraba al oído»[19].

Los padres necesitamos una fuerza interior para acompañar a los hijos que entran en la adolescencia. Fuertes para anticiparnos y fuertes para reparar, para encontrar soluciones... ¿Cómo tratar de hacerlos responsables si no intentamos serlo nosotros mismos? ¿Está alegre mi hija? ¿Está un poco triste? ¿Tiene amigos, tiene un grupo de amigos que pretenden vivir como ella, o vive aislada en un medio hostil o demasiado frío espiritualmente? Necesitaremos fuerza interior para ayudar –con ternura y firmeza– a nuestra hija (si es cristiana) a recuperar en la frecuencia de los sacramentos toda su fortaleza espiritual y la gracia de la pureza; a romper, en caso necesario, con un entorno malsano; a elegir otras diversiones; a tratar de conocer a personas distintas; a imitar ejemplos estimulantes de entrega personal; a dedicarse a una causa o a unas personas.

El amor exige mucho, y una de las cosas que exige es la de usar del propio cuerpo con respeto y, para una adolescente cristiana, con la santidad que le son debidas. ¡El amor, con A, no es un juego!

De este modo, por medio de una educación sexual integral, precoz y progresiva, la joven adolescente puede empezar a crecer en el respeto de sí misma, y vivir ese tiempo de preparación que es la adolescencia, como un tiempo de maduración de toda su persona, como un tiempo de preparación para la entrega de sí misma a la que, como mujer, será llamada un día.

Inês Pélissié du Rausas

19. Pasaje de *Communiquer en famille*, M. M. Martinie, op. cit., p. 179.

¡Dime, mamá!

ALGUNOS PUNTOS CONCRETOS DE REFERENCIA PARA LA MADRE

Conversaciones de una madre con su hija de 8 a 12 años

1. Naturalmente, corresponde a la madre explicar a su hija que se va a hacer mujer. ¿Quién mejor que ella puede preparar psicológicamente a la niña para el fenómeno de la regla, mostrándole hasta qué punto se inscribe en el proceso del don de la vida y de la entrega de sí misma?

   Ciertamente, tendrá que explicar a la hija el funcionamiento del sistema ovárico, pero, sobre todo, el valor de la maternidad que le da su sentido. También le revelará poco a poco los trastornos que acompañan a los cambios fisiológicos del cuerpo: las eventuales molestias físicas, la inestabilidad del carácter relacionada con el período del ciclo, la turbación de la imaginación –con su notable exacerbamiento de la fantasía y de los ensueños amorosos–, así como la aparición del deseo y el despertar de la sensualidad.

   Además, habrá que proporcionarle recursos para que aprenda no solo a aceptar su cuerpo, sino, sobre todo, a ser responsable de él.

2. Previamente, la madre habrá preparado el terreno para esas conversaciones gracias a la educación en el respeto al cuerpo y en un pudor real, así como por la intimidad con su hija.

   Con objeto de formar su criterio, hablará también con ella de los libros que lee, de la película que han visto juntas, de determinada exposición, actividad o situación humana, o simplemente del pro-

¿Cómo se h

grama de estudios. De este modo, si la ve aislada o reservada, la incitará a salir de sí misma.

Todo ello será consecuencia de una educación iniciada previamente para enseñar al hijo a volverse hacia los demás, a ser servicial y a participar en la vida de familia en lugar de comportarse como un consumidor exigente.

3. Por último, al conocer el contenido de una conversación del padre con el hijo, la madre puede hablar a la niña de lo que vive el muchacho, de su evolución y de las dificultades que él puede encontrar en el camino de su propia maduración afectiva.

Eso permitirá a la joven vivir responsablemente no solo respecto a ella misma, sino también respecto a los chicos a los que, de este modo, tendrá la posibilidad de ayudar.

Y así podrá establecer auténticos lazos de amistad con los chicos y las chicas de su edad.

ce una mayor

*¡Cariño! Estoy orgullosa de ver lo mucho que has crecido última-
mente. Tu cuerpo se prepara para ser el de una jovencita.*

*Papá y yo hemos pensado que debería hablarte algo más, a pesar
de que ya hayas oído cosas sobre el cuerpo y el amor que han podido dejarte confusa y quizá incómoda. Ahora bien, quiero decirte que
no solo no debes sentirte confusa, sino que has de estar orgullosa
de tu cuerpo. Se está preparando para convertirse en el de una
mujer y una madre, como es normal a tu edad. Y quiero añadir que
la realidad es mucho más hermosa de lo que algunos dicen, porque
hablan de sexo olvidándose de hablar de amor. Pues bien, tu cuerpo de futura mujer está hecho para amar y dar la vida y yo voy a
empezar a explicártelo ahora.*

- **¿Y cómo puede ser eso?**

  *En primer lugar, debes saber que el cuerpo de una mujer se prepa-
ra cada mes para ser, primero, esposa y, luego, madre.*

  *Durante una primera etapa, y bajo la acción de los estrógenos, el
cuerpo prepara a la mujer para ser, sobre todo, esposa.*

  *Una glándula del cerebro, la hipófisis, envía a través de la sangre un
mensaje codificado al órgano que tiene el decodificador en el cuerpo femenino: uno de los dos ovarios, mientras que el otro descansa. Este ovario recibe el mensaje y, por medio de las hormonas llamadas estrógenas, conduce a una célula, elegida entre miles, para
prepararla a ser un germen de vida.*

  *Para que el óvulo esté dispuesto a salir del ovario, el cerebro pro-
duce otra hormona, la luteína, que empuja al óvulo para que aban-
done el ovario. Cuando el óvulo esté preparado, saldrá del ovario y
bajará por una de las trompas, esos pequeños conductos que conducen al útero, para encontrarse eventualmente con las células de
vida del papá. Si los esposos se unen en esta etapa del ciclo expre-
sándose su amor, pueden dar vida a un hijo. Desde el momento en
que el espermatozoide del papá se encuentra con el óvulo de la
mamá y lo fecunda, comienza una nueva vida. A partir de la con-*

Descubrir la respon

cepción se desarrolla un nuevo ser y, en ese instante, la naturaleza le proporciona todas sus características biológicas propias: niño o niña, pequeño o grande, rubio o moreno, etc.

En la segunda parte del ciclo, es decir, después de la ovulación, todo el cuerpo de la mujer se prepara para ser madre. Al salir del ovario, el óvulo produce una pequeña cicatriz llamada cuerpo amarillo (¡tranquila, no es doloroso!). El cuerpo amarillo produce, a su vez, otra hormona, la progesterona (del latín pro-gesterone: para la gestación). Bajo su acción, el útero se reviste de una membrana que se va espesando poco a poco, llenándose de la sangre necesaria para alimentar al bebé. Es la mucosa uterina. Así se prepara para la anidación, es decir, la instalación del bebé en el útero de la madre, siempre que haya habido fecundación.

La regla aparece alrededor de 14 días después de la ovulación. Termina el ciclo cuando no ha tenido lugar la fecundación, como es el caso para todos los ciclos de una joven o de una mujer que no está casada, así como en la mayor parte de los ciclos de la mujer casada. Si no ha sido fecundado durante las 24 horas que siguen a la ovulación, el óvulo muere. Entonces, la mucosa uterina es ya inútil y se desprende, dando lugar a la pérdida de sangre prevista para el bebé, que ese mes no ha sido procreado. Esa pérdida de sangre se llama la regla por la simple razón de que se producirá regularmente a lo largo de tu vida de mujer.

- ## Si la mamá concibe un bebé, ¿ya no tiene la regla?

  Así es; y de ese modo se entera de que está esperando un bebé. En el caso en que una unión conyugal ha dado lugar a la fecundación del óvulo por un espermatozoide, el encuentro ha tenido lugar en una de las trompas. El diminuto y nuevo ser vivo desciende al útero, que es como una cuna que ha preparado la naturaleza para recibirlo. Se fija allí –eso es la anidación–, y allí permanecerá durante 9 meses, nutrido y protegido, hasta que alcance el tamaño de un bebé preparado para nacer.

oilidad de su cuerpo

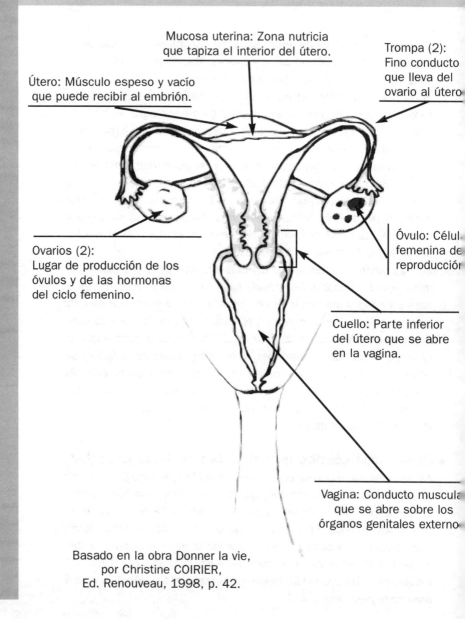

Mucosa uterina: Zona nutricia que tapiza el interior del útero.

Trompa (2): Fino conducto que lleva del ovario al útero

Útero: Músculo espeso y vacío que puede recibir al embrión.

Ovario: Célula femenina de reproducción

Ovarios (2): Lugar de producción de los óvulos y de las hormonas del ciclo femenino.

Cuello: Parte inferior del útero que se abre en la vagina.

Vagina: Conducto muscular que se abre sobre los órganos genitales externos

Basado en la obra Donner la vie, por Christine COIRIER, Ed. Renouveau, 1998, p. 42.

Descubrir la respon

- **¿Eso es lo que se llama un embarazo?**

  Sí; el embarazo o la gestación. Ya sabes un poco de todo eso, pero, en el momento en que se acerca tu primera regla, es importante que captes la FINALIDAD de tu cuerpo, para qué está hecho.

  Ya lo ves: esas funciones de tu cuerpo, que serán las de tu cuerpo de mujer, son distintas de las del varón. Esas funciones te indican el sentido de tu feminidad. Te muestran el modo en que más tarde serás llamada a acoger la vida dentro de ti. Pero no te DETERMINAN a la realización física inmediata de esta vocación.

- **Cuando dices más tarde, ¿a qué edad te refieres?**

  A la edad en que seas capaz de darte, porque habrás alcanzado una mayor madurez afectiva y un corazón dispuesto a hacer la felicidad de otro, a olvidarte de ti en favor del otro.

  Has de recordar siempre que tu cuerpo eres tú. Lo que vive tu cuerpo siempre tendrá una gran repercusión en ti, en todo tu ser, porque no puedes separar tu cuerpo de ti misma. Si tu cuerpo viviera los gestos del amor sin un amor verdadero, serías muy desgraciada en tu interior y en todo tu ser –e incluso en todo tu cuerpo–, porque esos gestos no serían el lenguaje de un cuerpo que expresa el amor. Esos gestos no serían el lenguaje que permita expresar la entrega de toda tu persona.

  Comprendes muy bien que un «don» no puede entregarse a medias, ni «en falso», ni a alguien a quien, en realidad, no se quiere. Si esos gestos de amor no expresaran una entrega profunda de tu persona a la persona que amas y que merece recibir este don, te dejarían un sabor amargo y decepcionante. Y el suyo sería un lenguaje falaz.

- **Entonces, ¿qué hay que hacer para no equivocarse?**

  Cuando crezcas, habrás de tener cuidado para no confundir la atracción afectiva que sientas por algún chico, la emoción que experi-

bilidad de su cuerpo

mentes delante de él –porque, como es normal, serás sensible a sus cualidades, a su encanto, a su masculinidad– con el gran amor de toda una vida.

Mira, el gran amor de toda una vida es mucho más que una emoción –incluso intensa– o que un sentimiento. Ese amor es grande porque es profundo, porque puede durar. Es el amor mutuo de dos personas que desean, cada una de ellas, hacer la felicidad de la otra.

Hoy, aunque tu cuerpo de joven esté dispuesto a partir de la regla para que vivas tu vida de esposa y de madre, tu corazón no está preparado todavía, ni toda tu persona tampoco. Debes prepararte a vivir la vocación indicada para tu cuerpo, y para eso sirve la adolescencia.

• ¿Qué quiere decir adolescencia?

Tienes razón al hacerme esta pregunta. La adolescencia comienza con la pubertad. Literalmente ser adolescente significa «el que crece». Y, ¿cómo crece? No solo físicamente, incluso si los cambios físicos son espectaculares.

El adolescente es también el que crece afectivamente, que madura. Esto quiere decir que, poco a poco, deja la primera manera de amar que es la de la infancia, «el otro para mí», para hacerse más responsable y capaz de volverse hacia los demás, a tratar de hacerlos felices.

Te conviertes en una adolescente, para prepararte a la entrega de ti misma que estás llamada a vivir, según tu vocación particular, en la edad adulta.

• ¿Me quieres explicar lo que significa ser responsable?

Sí; sobre todo porque es una palabra importante. Ser responsable significa responder de uno mismo y de lo que se hace. Tú ya has oído esta palabra en el colegio, por ejemplo, cuando la profesora

Descubrir la respo

nombra a los responsables de la semana: responsables de la distribución de los cuadernos, responsables de borrar la pizarra... Sabes que la profesora cuenta con los responsables. Eso significa que se apoya en ellos, y que confía en ellos.

Cuanto mayor se hace uno, más responsable debe ser de sí mismo y de lo que hace. En la adolescencia se disfruta de más autonomía, de más independencia, debido a que cada vez se es más capaz de ser responsable de uno mismo y de los demás. Uno sale solo, va solo al colegio, hace su trabajo sin tener a alguien vigilándole continuamente. Por ejemplo, empieza a cuidar de los niños ajenos para ganar dinero para gastos.

Cuanto más responsable es un chico, más confían sus padres en él, aunque sin pedirle, por supuesto, cosas que no serían adecuadas a su edad.

¿No te parece que podríamos decir también lo contrario?

¡Cuanta más confianza dan los padres, más responsable se hacen los hijos!

- **¡Sí! Tienes toda la razón. Y, ¿cómo es un adulto?**

  La edad adulta es la edad de la madurez: «adulto» significa literalmente «haber llegado al término del crecimiento». Es la edad de la independencia: se empieza a trabajar para asumir la independencia de la vida propia, se es capaz de entablar amistades e incluso una alianza duradera, en el matrimonio o en otra vocación... si antes se ha preparado bien para darse, para tomar responsabilidades.

  «La madurez, dice Jean Vanier, es una culminación... Hay que trabajar en ella. Exige esfuerzo; exige luchar contra todas las potencias que encierran a nuestro ser dentro de sí mismo, en el egocentrismo. Una de las pruebas de la madurez es la capacidad de amar al otro, de gozar con él cuando está alegre, de sufrir con él cuando sufre...» (Cf. Revista *Ombres et lumière*, n° 124, p. 19).

bilidad de su cuerpo

- **¿Puedes explicarme ahora la fecundidad?**

Sí, sobre todo porque necesitas conocer tu propia fecundidad para entender mejor a tu cuerpo, pero también el modo en que evolucionan tu sensibilidad y tu afectividad. Para vivir mejor, también, tu nueva responsabilidad ante la dimensión procreadora de la sexualidad.

¿Qué es la fecundidad? Es la nueva capacidad de tu cuerpo para tener hijos. Ya sabes que puedes ser fecunda a partir de tus primeras reglas.

Ahora que ya eres una chica joven, me gustaría enseñarte a distinguir de un modo fácil y sencillo las tres fases del ciclo, especialmente la ovulación.

El cuello del útero se cierra con una especie de taponcito como de gelatina espesa y grumosa. Al final de la primera etapa, esa especie de gelatina, que se llama flujo, comienza a hacerse más líquida y elástica. Se nota que se desliza, que fluye. Este flujo es necesario para hacer de la vagina un medio acogedor, hospitalario y nutritivo para los espermatozoides que, en caso contrario, morirían. Cuando sientas este flujo dentro de ti, sabrás que se acerca la ovulación.

El método más sencillo para llegar a conocerte es el método natural de regulación de la natalidad –llamado Método Billings, nombre de sus descubridores– o también método de la ovulación.

Consiste en la observación, visualización y apreciación de la calidad del flujo cervical necesario para la protección, conservación y tránsito de los espermatozoides en el útero; en el momento de la ovulación, este flujo es de la mejor calidad.

- **Pero ¿tengo que saber todo eso?**

Conociendo la fecundidad de tu cuerpo, sintiéndola, descubrirás hasta qué punto tu cuerpo está hecho para la vida. Descubrirás que eres responsable no solo del don de tu cuerpo, sino del don de la vida. Tú, que sueñas con vivir un gran amor, sientes que estás lla-

Descubrir la respor

mada a guardar tu cuerpo para, llegado el momento, «amar verda-deramente» en una auténtica relación de amor abierta al hijo.

Tú, que comienzas a soñar con el futuro, no puedes aceptar los razo-namientos de los que quieren proponerte –o imponerte– una sexua-lidad precoz y sin mañana, y que te dicen, además, ¡que el hijo es un «peligro»!

Porque sabes que, gracias a tu cuerpo, ya eres capaz de amar, es decir, de darte plenamente a tu marido y de dar vida con él a un hijo, ese don único que quizá te será concedido si te casas, si creas un hogar. ¡Tienes motivos para sentirte orgullosa y emocionada ante esa responsabilidad, porque es una gran responsabilidad! Me gus-taría darte a conocer unas líneas escritas por una jovencita después de sus primeras reglas:

«Lo que me sucede me parece tan maravilloso, no solo las transformaciones visibles de mi cuerpo, sino todo lo que sucede en mi interior...

Cada vez que me siento indispuesta –solo me ha ocurrido tres veces– tengo la sensación de llevar en mi interior un secreto muy dulce, a pesar del dolor, del cansancio y de la suciedad; por eso, aunque durante unos días tenga que sufrir algunas molestias, dis-fruto de alguna manera pensando en el momento en que sienta ese secreto una vez más». (Anne Frank, *Journal*, Presses Pocket, Calmann-Levy, 1950).

Ya has descubierto la perfección de tu cuerpo femenino, tan mara-villosamente ordenado a su finalidad. Querría decirte una cosa más, que tú no puedes adivinar: la evolución de tu ciclo y las caracterís-ticas de la feminidad repercuten en tu interior, en todo tu ser. ¡Te será útil saberlo! Para aprender a vivir cotidianamente con tu cuer-po, para usar de él con respeto y vivir la nueva responsabilidad de ti misma, necesitas conocerte mejor.

En primer lugar, los cambios que vive tu cuerpo repercuten en tu sen-sibilidad a través de tu sistema nervioso. Para asumir el profundo significado de tu cuerpo debes conocer el modo en que te afectarán

bilidad de su cuerpo

esos cambios: van a influir en toda tu sensibilidad. Comprenderás, por ejemplo, por qué tu humor, después de las primeras reglas, es más... variable.

• ¿Estoy realmente obligada a sufrir esos cambios?

No estás obligada a «sufrir» tu cuerpo, y lo sufrirás menos cuanto más lo comprendas. Escúchame.

El cuerpo se renueva mensualmente y se prepara para recibir una nueva vida. En la primera parte del ciclo, hasta la ovulación, la joven se siente alegre, abierta, activa y emprendedora. Si alguien le hace sufrir, no dramatiza. Organiza más fácilmente sus actividades, con más entusiasmo. Los chicos le parecen más guapos y más interesantes que en otros días. ¡Y ahora no ve sus defectos!

¡Pero eso dura poco! Después de la ovulación, la joven cambia. Está menos activa, más tensa, más sensible. En esta etapa se siente insegura. Tiene tendencia a dramatizar por una niñería. Menos dulce espontáneamente y menos sentimental, es también más reservada y tiende a encerrarse en sí misma.

Este estado de tensión interior aumenta hasta la llegada de la menstruación. Algunas mujeres lo experimentan con fuerza, otras, mucho menos. Unos días antes de la regla, cae la producción de luteína y de progesterona, porque el cuerpo amarillo, que ya no es necesario, ha degenerado.

Con la aparición de la regla, la joven experimenta al mismo tiempo fatiga, decepción y alivio. Fatiga, porque la regla puede llegar a ser un poco dolorosa y producirle cansancio. Decepción, porque el cuerpo estaba perfectamente preparado para recibir a un hijo al que, en cierto modo, tiene que renunciar. Alivio, porque se vuelve una página. La tensión ha dado fin y comienza un nuevo ciclo con más actividad.

Es importante que entiendas bien que, por la acción de los estrógenos, en la primera parte de tu ciclo, tu cuerpo te hace naturalmente

Descubrir la respo

más «mujer» o, más concretamente, «esposa», más abierta a los otros, y también más atractiva.

En la última fase del ciclo, tras la culminación que representa la ovulación, tu cuerpo te hace naturalmente más madre. Al prepararte a recibir al hijo, te hace más interior. Eso indica que ser mujer significa acoger como una esposa, y dar, llevar como una madre.

- **Todos esos cambios, además de la regla, no tienen gracia, ¿verdad? ¡Los chicos están más tranquilos!**

A eso te puedo contestar varias cosas: en primer lugar, que a los chicos les aguardan otras dificultades que también han de aceptar responsablemente. Después, en lo que a ti concierne, nada te obliga a tirar de tu cuerpo como si fuera una bola de cañón.

¡Ya sabes que puedes estar orgullosa de tu cuerpo y de su secreto! Porque es tu mismo cuerpo el que te indica tu vocación de esposa y de madre. La pérdida de tu sangre es la prueba de tu nueva fecundidad y de la responsabilidad del don de la vida que se te ha confiado.

Por otra parte, ¡la regla no te impide vivir! Si te duele un poco la tripa, no dudes en decírmelo porque hay medios de aliviarlo. Si estás algo baja de ánimo, ¡ya conoces el motivo! No todo es completamente inútil. Puedes aprender a relativizar y a pensar que esta etapa no va a durar siempre.

Por último, si vives en una familia cristiana, aprenderás a ofrecer a Dios las molestias y los eventuales dolores ocasionados por las variaciones del ciclo y por la regla. Vividas de este modo te resultarán menos penosas que si te rebelas y te pones de malhumor.

- **¿Voy a tener más cambios todavía?**

Sí; los cambios en tu cuerpo influirán también en tu corazón, en tus aspiraciones y, sobre todo, en tus sentimientos. La persona es una, y no hay por qué asombrarse. Ahora que entiendes mejor tu cuerpo

bilidad de su cuerpo

y tu psicología, quiero hablarte de tu corazón para ayudarte a vivir con tu cuerpo, pero también con tu corazón.

En el corazón de una jovencita, como en el tuyo, aparecerá un doble sentimiento. Por un lado, puede desbordar de aspiraciones generosas. Tu corazón despierta, se siente atraído por los otros, sobre todo, por otro. Estás persuadida de que nadie se da cuenta, pero hablas con tal convicción, que todo el mundo lo advierte.

También quieres entregarte a una causa noble, ocuparte de los niños abandonados, reformar una situación injusta. El impulso de su corazón induce a la niña que no está educada de un modo egoísta o individualista a darse a los demás con generosidad. Y tú sientes en ti ese mismo deseo de generosidad. No obstante, ¡puedes llegar a adoptar la actitud opuesta! ¡Cómo te tienta coquetear con el chico que te gusta, sabiendo que lo tienes fascinado! Quizá has visto a alguna de tus amigas jugar a ese juego. Quiere que no se ocupe más que de ella, se hace esperar, trata de ponerle celoso para convertirse en el centro exclusivo de su atención. Es su chico oficial y nadie debe acercarse a él.

Si es muy coqueta, juega a ese juego con varios muchachos para crear a su alrededor una pequeña corte. ¡Qué placer, sentirse el centro de los demás! Goza siendo la preferida, aquella a la que se mira, y lo relata en su diario con cierto narcisismo. Se forja su propia película en la que ella es la heroína de una fantasía amorosa.

Como ves, en el corazón de la adolescente coexisten dos movimientos contradictorios. Por un lado quiere darse y, por el otro, es egoísta. No siempre sus intenciones son «puras», es decir, sin mezcla.

A veces, se muestra provocativa, es decir, que utiliza su cuerpo, juega con él para mejor atraer al muchacho sin ponderar las dificultades que le crea. Ignora quizá que su responsabilidad sexual es también una responsabilidad respecto al otro, frente al otro.

Y si lo sabe, está utilizando su cuerpo astutamente con un fin para el que no está hecho: lo ve como una cosa. Y no lo trata con el respeto que merece.

Descubrir la respo

- **¡Si es desgraciada, ella tiene la culpa!**

  *Quizá también le ha faltado prudencia. Si una chica comete la impru-
  dencia de aceptar ver una película con imágenes dudosas, lee libros
  de relatos equívocos, admite gestos demasiado tiernos por parte de
  un muchacho o unas caricias emocionantes durante una velada ago-
  tadora, pronto se dará cuenta de que crea problemas a su imaginación, a su corazón y a su cuerpo.*

- **Y, ¿cómo lo sabe?**

  *Su propio cuerpo se lo indica, funciona y comienza a ponerse en acti-
  tud de deseo. Le advierte que, por medio de la imaginación, las
  miradas o los gestos, ha empezado a prepararse para experimentar
  el deseo de vivir la relación sexual, o a buscar en ella sola el placer
  que acompaña al acto sexual, que es la culminación de la entrega
  mutua de los esposos.*

  *Sin embargo, sabe que aún no está preparada para llevar a cabo la
  donación total de su persona. Debe, pues, escuchar esa adverten-
  cia de su cuerpo, que le incita a ser más prudente la próxima vez.*

  *Para guardar el respeto a su cuerpo y vivir con una corazón puro, es
  decir, sin mezcla, debe aprender a rehuir los climas equívocos y mal-
  sanos, los ambientes turbios, y de ese modo no se verá obligada a
  actuar como las demás. Aprenderá también a elegir sin complejos a
  sus amigos. Hoy, son cada vez más numerosos los jóvenes que esperan hasta lograr un amor verdadero. La relación sexual es algo distinto a un paso obligado para entrar «en el terreno de los mayores».
  Aprender a vivir con un cuerpo y un corazón «sin mezcla», no solo es
  aprender la prudencia en el comportamiento, sino también dejar de
  ser el centro de uno mismo para volverse hacia los demás, olvidándose completamente de sí en favor de los otros.*

- **¿Cómo?**

  *De una manera activa. No observándose demasiado, adqui-
  riendo responsabilidades poco a poco, ¡en lugar de organizar*

bilidad de su cuerpo

su pequeña vida, sus pequeños placeres o sus pequeños éxitos!

Eso es importante, pues amar verdaderamente, darse, fraguar la felicidad de los demás es una actitud activa y no pasiva. Eso no se improvisa.

Como ves, el amor exige mucho y una de las cosas que exige es la de usar el cuerpo con respeto. No se puede jugar con uno mismo, no se puede jugar a darse, porque el amor con A no es un juego. Vale la pena que te prepares bien para vivir un gran amor.

Inès Pélissié du Rausas

3. ¿Qué puede decir un padre a su hijo?

¿Es realmente necesario hablar con los hijos en el momento de la pubertad, es decir, hacia los 11 a 13 años? Antiguamente, solo se preocupaban por la pubertad, ¡pero en especial por la de las hijas! La aparición de la regla obligaba a la madre a hablar con ellas. Tradicionalmente estaban más protegidas en las familias. Después de todo, eran las que se arriesgaban a esperar el fruto de una eventual relación...

Sin embargo, los padres se preocupaban menos de la pubertad en el chico, y menos aún de su «pureza», pues esta virtud era privilegio del llamado sexo débil. El sexo fuerte tenía todos los derechos y, siempre que fuera discreto, cerraban los ojos con cierta hipocresía sobre sus... debilidades. Para recibir información y llegar a entender a su propia persona, el muchacho estaba abandonado a él mismo y «se las arreglaba» con las únicas referencias de unos principios morales bastante rígidos, como lo había hecho antes su padre.

Actualmente, las normas morales se han hecho más discretas. Los niños, superinformados por unos conocimientos precoces sobre la sexualidad y la contracepción, están, sin embargo, abandonados a ellos mismos, y su padre sería el último al que pensarían dirigirse: a ese padre aparentemente tan ocupado; que quiere sinceramente a sus hijos; que se preocupa por su futuro; que sigue de cerca sus estudios y subvenciona actividades de todas clases, pero que, en realidad, es también un hombre pudoroso, que se siente incómodo y sin recursos ante unos temas de los que nunca ha oído hablar y de los que no sabe hablar.

¿Resultado? Los chicos «se las arreglan» solos, sufren la soledad en que se encuentran, incluso si está disfrazada por el torbellino de actividades de todo tipo. El adolescente, pues, se encuentra solo, con las únicas referencias del modo de vivir de sus padres y una visión del mundo transmitida a través de conversaciones, de juicios emitidos, en una palabra, de una cultura familiar que no tardará en enfrentarse con la del mundo que le rodea.

Evidentemente, esto puede ser valioso, pero no basta para ayudarle a comprenderse, a aceptarse, a entrar en ese momento, a la vez difícil y privilegiado, de preparación a la vida adulta y a su vocación personal, que es la adolescencia.

Preparar el terreno para una conversación íntima con un adolescente exige esfuerzo, pero, si está cerca de su hijo, si pasa tiempo con él, le será mucho más fácil de lo que cree.

¿Llegar a hablar con el hijo?

¿Cómo llegar a hablar con el hijo? El padre, generalmente incómodo ante estos temas, cansado y agotado por una jornada difícil, necesita... recuperarse. ¡Pero su hijo le necesita! Preparar el terreno para una conversación íntima le exige un esfuerzo, pero, si está cerca de su hijo, si pasa tiempo con él –apoyándose con sencillez en su mujer–, le será mucho más fácil de lo que cree.

¿Cuándo ha llegado el momento de hablar? En cuanto su mujer y él perciben las primeras transformaciones en el cuerpo del hijo, sorprendido e inquieto porque no las entiende, a menos que ya esté demasiado enterado por una mala información y por el intercambio de revistas entre compañeros, cuyo principal efecto será el repliegue secreto sobre sí mismo, y por la utilización de su cuerpo para su propio placer.

Inès Pélissié du Rausas

Hoy, los padres deben tener en cuenta el hecho de que a las frecuentes dificultades de esta edad se añade el clima que legitima las prácticas sexuales más diversas, como la masturbación y la homosexualidad. Y aún es más importante hablar con el hijo si, cuando todo colabora a su alrededor con la irresponsabilidad, pretenden ayudarle a vivir del modo más humano posible su responsabilidad sexual. Y en cada una de las etapas de estas conversaciones con el hijo será importante mostrarle siempre la finalidad de su cuerpo, que es la que ilumina las realidades fisiológicas. Ese cuerpo está hecho para el don de la vida, pero también para el don de la propia persona en un amor total, único y durable. Por eso no hay que manipularlo ni utilizarlo como un instrumento de placer. ¡No es una cosa!

Anunciarle y explicarle las transformaciones del cuerpo

Por supuesto, para el chico como para la niña, tendremos siempre presentes su evolución psicológica y fisiológica, su experiencia personal del cuerpo y el ambiente en el que vive, para hablarle, de un modo progresivo, de lo que puede comprender.

■ Lo que ya sabe el niño

Para empezar, el padre puede apoyarse en las primeras conversaciones que su mujer, o él mismo, han mantenido previamente con el niño sobre la vida y el amor. Se acerca el momento en que el cuerpo del hijo va a cambiar, a transformarse, a prepararse para el don de la vida. Ese cambio no depende de una decisión de su voluntad, y debe saberlo.

Hace tiempo que el muchacho es consciente de que, como varón, está hecho de un modo que le distingue de la niña. Sabe que el órgano de su cuerpo que se llama pene, o miembro viril, permite eliminar los líquidos del cuerpo. Gracias a este órgano, el hombre es también capaz de dar la vida en otro momento: cuando emite el esperma que es siempre un portador de vida, porque contiene células vivas, los gérmenes de vida.

El chico ha observado que, en determinados momentos, el pene puede adquirir una dimensión más grande, estirándose e irguiéndose. Es la llamada erección, la prueba de su futura capacidad para dar la vida uniéndose a su mujer. ¿Por qué? Porque, sin esa posibilidad, el hombre no podría expresarle su amor a través de su cuerpo, entregándose a ella; ni podría tampoco depositar en ella, en ese hermoso acto de amor, las semillas de vida de las que solo una, unida a la de la madre, llegará ser un nuevo hijo. Esos gérmenes de vida son los espermatozoides.

Se acerca el momento en que el cuerpo del hijo va a cambiar, a transformarse, a prepararse para el don de la vida. Es algo que no depende de una decisión de su voluntad, y debe saberlo.

Debajo del pene, el escroto contiene unas glándulas muy importantes para el don de la vida: los testículos. A partir de la pubertad, esas glándulas emiten una hormona, la testosterona. Esta hormona es el mensaje más importante que posee su cuerpo para que prepare las células capaces de dar vida.

Todas esas transformaciones se producen al final de la infancia de un modo NATURAL y NORMAL. ¡Lo que sería anormal y completamente antinatural sería conservar para siempre un cuerpo de niño! Además, eso no sucede.

Estas transformaciones tienen un objeto: hacer que el cuerpo sea capaz de formar células de vida: es la llamada espermatogénesis.

■ La espermatogénesis

La espermatogénesis va acompañada de un desequilibrio hormonal importante, que aparece hacia los 11-12 años y va disminuyendo hasta los 16-18. Un aumento de la producción de testosterona permite el desarrollo de los testículos. En la vida íntima del muchacho, este hecho se traduce por una toma de conciencia del funcionamiento de los órganos genitales y, especialmente, de la eyaculación nocturna, un fenómeno nuevo para él. La mente se hace muy sensible a todas las formas de imágenes eróticas. El educador necesita saberlo para ayudar al niño.

Esta nueva función del cuerpo del hombre continuará sin interrupción hasta la vejez. Hemos de hacer ver al niño que el hombre, al contrario de la mujer, no tiene un período de no-fecundidad. Es capaz de transmitir la vida en todo momento siempre que su cuerpo esté preparado, es decir, si entra en erección. Eso le indica ya su gran responsabilidad.

La aparición de una actividad propia de su sexo va acompañada en el cuerpo del muchacho por el desarrollo de su organismo. Algunas señales son íntimas y él será el primero en advertirlas. Cuando las glándulas sexuales entran en acción, se desarrollan, y, además, aparece el sistema piloso del adulto.

■ Los signos íntimos de la masculinidad

Se producirán nuevas muestras del desarrollo físico del muchacho. Se sentirá orgulloso de algunas y menos orgulloso de otras. Poco a poco va adquiriendo el aspecto de un hombre. Pero otros signos más íntimos le demostrarán que se ha convertido en un hombre. Si no los entiende, corre el riesgo de experimentar cierta vergüenza, incluso a sus propios ojos.

En algunos momentos, especialmente mientras descansa durante la noche, se sentirá sorprendido por un fenómeno: el pene entra en erección y se produce una emisión de esperma: es la eyaculación. Si está prevenido, se asombrará cuando se produzca, aunque no se inquietará.

Es preciso avisar al joven de que esta emisión de semen va acompañada de dos fenómenos: el primero, unas imágenes más o menos eróticas que pueden provocar un estado de tensión en su cuerpo; después, si brota el esperma, es decir, la semilla de vida, experimentará un sentimiento de bienestar. Cuando tiene lugar durante el sueño, este fenómeno es involuntario. También puede producirse cuando el muchacho está despierto y su cuerpo escapa al dominio que debería existir.

El chico que quiere vivir libre e independiente, debe saber que es posible llegar al dominio personal, a un equilibrio de la persona que aprende a gobernarse poco a poco, a «auto-poseerse»; y que ese es el camino hacia la madurez de la edad adulta.

Quien quiere vivir libre e independiente debe saber que es posible llegar al dominio personal, a un equilibrio de la persona que aprende a gobernarse poco a poco.

De niño a hombre

«De Ichiro a su madre: Mamá, ¿he llegado por fin a la adolescencia? Me preguntarás si me ocurre algo para que te lo plantee tan bruscamente. Verás: cuando íbamos a dejar la escuela prima-

Inés Pélissié du Rausas

ria, nuestro profesor M. Hanaoka, nos dijo: "Dentro de dos o tres años comenzaréis a rebelaros contra vuestros padres y a burlaros de ellos". En aquel momento yo pensé que a mí no me ocurriría nunca, y hasta hace poco tiempo seguía convencido de ello; no podía imaginarme rebelándome o burlándome de ti. Pero, últimamente, es distinto...

Por supuesto que, incluso ahora, por nada del mundo pensaría en burlarme de ti y, sin embargo, me parece que ya no eres la misma para mí.

Sé que con estas cosas te hago sufrir y, cuando lo pienso, se me quitan las ganas de hablar. Por otra parte, es un sentimiento que no consigo ahogar.

¿Eso es lo que les sucede a los chicos en la adolescencia? Si es así, lo encuentro triste y odioso. ¡Y yo, que creía que no me ocurriría jamás!... Cuando pienso en mi corazón, en el que penetra ese viento como por una hendidura, ¡me parece haber perdido toda la confianza en ti!»[1].

▪ Las contradicciones del adolescente

La dificultad del adolescente radica en que se ve como un cúmulo de dificultades. Aunque su cuerpo le dice que se ha hecho un hombre, no le siguen la afectividad ni la voluntad. De ahí, la contradicción que le hace desgraciado, y al mismo tiempo insoportable para los demás. El padre debe decirle que, aunque en ocasiones tenga que señalarle el camino a seguir, no solo no le acusa ni le condena, sino que le COMPRENDE. Comprende esta contradicción, sencillamente porque ha pasado por lo mismo. Y al ver al hijo experimentarla a su vez, lo siente más cercano.

En esta etapa de contradicciones difíciles de resolver, de trastornos hormonales, el chico está estresado. Si el padre no está a su lado para hacer más humanas las leyes

1. De la obra *L'enfant d'Hiroshima*, Hatano, Gallimard, 1999, p. 142.

sociales, para proporcionárselas a un organismo frágil todavía; si, por el contrario, aumenta el estrés del hijo transmitiéndole la angustia del éxito, el muchacho buscará paliativos que no siempre serán de orden sexual, como el alcohol o las drogas.

Llegado el momento, explicará al joven adolescente que, además, tiene que vivir esta contradicción de otra manera. En efecto, si, por un lado, desea conquistar el mundo y transformarlo, por otro, experimenta una gran dificultad, no solo para orientar su afectividad, no solo para decidir con su voluntad, sino también para ser dueño de su propio cuerpo.

Aunque su cuerpo le dice que se ha hecho un hombre, no le siguen la afectividad ni la voluntad. De ahí, la contradicción que le hace desgraciado e insoportable para los demás.

Además, ese deseo de conquistar y dominar se centra especialmente en las chicas jóvenes. A pesar del aire indiferente y desdeñoso que todo joven adopta cuidadosamente, le resulta muy difícil no mirar en esa dirección.

Y, ¿qué ve en ellas? Por una parte, que son bonitas, encantadoras y atractivas, unos seres que carecen de las dificultades propias de los varones. Sufre ante ellas a causa de una timidez casi enfermiza, no sabe cómo comportarse, a menos que las huya haciendo el tonto, fingiendo aires de importancia, o refugiándose en una pandilla de camaradas que, por lo menos, le tranquilizan.

Por otra parte, las encuentra deseables, sobre todo si, por coquetería o inconsciencia, algunas adoptan una actitud provocativa o atrayente. Despierta lo que hay en él de deseo, y siente la necesidad de dominarlas de un modo brutal y egoísta. Esta contradicción resulta difícil de soportar.

Le indica que hay en él un auténtico desequilibrio entre

la cercana madurez de su cuerpo y la falta de madurez en su afectividad, su inteligencia y su voluntad. ¡Esa es la causa de la crisis de la adolescencia!

■ **¿Por qué la crisis?**

En efecto, ¿por qué semejante crisis? Ante las contradicciones internas que se manifiestan en él, la voluntad del joven parece estar debilitada: sueña con conquistar el mundo, pero desespera de llegar a hacer algo por sí mismo. ¿Por qué?

Porque la madurez de su cuerpo no proviene de él: obedece a una ley de la naturaleza; sin embargo, la madurez de su vida afectiva, la madurez de su voluntad, no dependen de la naturaleza: dependen de él. Desde el momento en que el cuerpo le indica que ya es un hombre, entra en una etapa de preparación para la edad adulta, para esa vocación de futuro esposo y padre que su cuerpo le manifiesta.

Como su cuerpo le prepara para dar la vida, siente crecer en él la atracción por las chicas. Y esta atracción es tan noble como normal, pues al descubrir su cuerpo como cuerpo sexuado, experimenta al mismo tiempo un impulso, una intensa llamada a la complementariedad, un deseo de amar verdaderamente que le hace ver las cosas a lo grande. En medio de ese impulso, su propio cuerpo le empuja hacia el mundo, le lleva a pensar en proyectos ambiciosos, a despreciar todo lo que es mezquino y conformista. Este es el motivo de sus frecuentes enfrentamientos con sus padres. Él, que está lleno de ideales y que no duda de nada, no comprende sus vidas, que le parecen injustas o rutinarias, vulgares, y ¡tan burguesas...!

El descubrimiento del placer unido al don de la vida

No obstante, el cuerpo lleva también en su interior el descubrimiento del placer que va unido al acto de dar la vida. Y como ese placer es intenso, surge en él un deseo, quizá intenso, de placer. Inclina al hombre a buscar el goce por medio de su cuerpo o utilizando a la mujer para su propio placer, gracias al dominio que ejerce sobre ella.

En ambos casos siente crecer en él un auténtico egoísmo: el egoísmo de la afectividad y de la carne, que implican impureza, y el egoísmo de la voluntad, que implica soberbia. Llegará a ser hombre cuando sepa hacer feliz a su mujer, más que por buscar su propio goce, por la entrega que le hará de su cuerpo; llegará a ser hombre cuando su afectividad sea tan fuerte y estable como para servir de ayuda a los demás, para permitirle adquirir responsabilidades en la sociedad; llegará a ser hombre cuando su voluntad, en lugar de ser un afán de poder orientado hacia el dinero, el triunfo individual y la fuerza, sepa construir una verdadera obra, cumplir con los compromisos adquiridos y dar, día tras día, todo lo que necesitan a quienes le rodean.

El cuerpo lleva en su interior el descubrimiento del placer que va unido al acto de dar la vida. Y como ese placer es intenso, surge en él un deseo, quizá intenso, de placer.

■ Adquirir la responsabilidad sexual

El adolescente podrá buscar el placer físico, que se producirá en su cuerpo de un modo más o menos responsable. En los momentos de agotamiento, de tensión, el cuerpo no le obedece. Con un gesto, se provoca un placer que le alivia y le relaja, pero sabe confusamente que hubiera podido evitar ese gesto. Después, se siente desgraciado y culpable.

Puede ocurrir también que, al repetir los gestos, y excitando su imaginación, busque voluntariamente provocar tensiones y alivios en su cuerpo.

¿Existe una diferencia? En un estricto plano «mecánico», muy poca. En ambos casos, el cuerpo reacciona del mismo modo. En el primero, el adolescente carece de responsabilidad alguna en lo ocurrido. Su cuerpo elimina un exceso de esperma e, incluso, si se ha sentido turbado en su imaginación, no ha sido responsable.

El segundo caso es diferente. Suele ocurrir en el momento en que se siente más desgraciado. En su fuero interno no desea ese acto, pero ayudado por la debilidad, por las profundas tensiones existentes, lo realiza de todos modos.

¿Hay que dramatizar? No. ¿Hay que «evitar» hablar de esos hechos «bochornosos»? No. Entonces, ¿hay que trivializar la masturbación? Tampoco. Hoy, para suprimir la sensación de culpa, las publicaciones para jóvenes pretenden desdramatizar el hecho restándole importancia. Al hacerlo, ¡cultivan la irresponsabilidad!

Sin embargo, si a causa de sus fantasías, por las miradas indiscretas, por una actitud imprudente hacia unas jóvenes frecuentemente provocativas, dispone su cuerpo y su imaginación a experimentar el deseo, enseguida surgen en él las manifestaciones físicas.

Su cuerpo no es responsable del estado de su corazón. Es el corazón el que le reprocha haberse dejado llevar por un egoísmo en el que el deseo de placer arrastra por encima del don de sí mismo.

¿Por qué? Porque su corazón desea amar de verdad y no verse colmado solamente por el placer. Y se lo dice incluso la sensación de malestar que le invade después del acto. Así lo expresaba Baudelaire en *Un voyage a Cytère:*

«En tu isla, ¡oh Venus!, no he encontrado en pie
Más que un simbólico patíbulo del que colgaba
mi imagen.
¡Ah Señor, dadme la fuerza y el valor
Para contemplar sin disgusto mi corazón y mi cuerpo!»[2].

¿Debe obedecer el cuerpo a las «exigencias hormonales», como oímos decir? Sin embargo, sabemos que no estamos gobernados, en parte, por nuestro libre albedrío –por ejemplo, para adoptar las grandes decisiones de nuestra vida– y, en parte, por nuestros instintos en todo lo que se refiere a la vida del cuerpo.

¿Por qué? Porque «mi cuerpo soy yo», y el centro de las decisiones no son en mí los instintos, sino la inteligencia que ve el bien que hay que hacer, y la voluntad libre que elige hacerlo.

El adolescente debe saber que la contradicción en la que se debate está inscrita en él y le indica la necesidad de aceptar el dominio de su cuerpo como un camino hacia la libertad, un camino en el que se producirán caídas, pero también victorias. Porque, en cierto modo, uno no nace libre. ¡Llega a serlo!

El adolescente debe saber que la contradicción en la que se debate está inscrita en él y le indica la necesidad de aceptar el dominio de su cuerpo como un camino hacia la libertad.

Llegar a ser libre

El adolescente debe poder expresar sus dificultades y, por eso, necesita apoyos sólidos. Su padre, su padrino, y –si es cristiano– el sacerdote que le confiesa, le ayudarán a formar su conciencia para que se desarrolle de un modo realmente humano y llegue a ser libre.

Detectar las situaciones, la ansiedad o los estados de

Inès Pélissié du Rausas

gran tensión que provocan el deseo de aliviarlos por medio del placer; aprender a relajarse de otro modo, a través del deporte si es necesario; tener amigos; abrirse a la vida de los demás; interesarse por lo que ocurre en el mundo: todo ello ayudará al adolescente a salir de sí mismo.

Si es leal, percibirá que sus dificultades disminuyen. Poco a poco aprenderá a dominarse, no de un modo rígido ni rechazando su cuerpo con desprecio, sino de una manera equilibrada y humana, integrando poco a poco los impulsos de la afectividad y los del cuerpo.

Aprenderá también que, para un hombre, supone una gran alegría ver que su mujer es feliz entre sus brazos. Pero para hacer feliz a su mujer, debe poder entregarse a ella, buscar su felicidad. ¡Y eso no es automático! Tampoco se trata de una simple cuestión técnica.

Para hacer feliz a su mujer, ha de purificar su voluntad y adquirir progresivamente el dominio de su cuerpo y de su afectividad. Ser capaz de desear la felicidad de ella.

¿Y si no se casa? La adquisición del dominio de sí mismo le ayudará a vivir su vocación específica, es decir, la entrega de su persona a la obra a la que ha sido llamado o a las personas que tiene confiadas.

La adolescencia se presenta así como una época privilegiada de preparación para las responsabilidades de su vida de hombre, para su equilibrio de adulto, para su futura felicidad. Será importante explicar al muchacho y a la joven no solo los cambios que van a conocer en su cuerpo, sino también los cambios del otro sexo, para que ambos aprendan a ser responsables de sí mismos y de los otros.

Por último, hagamos saber a los adolescentes que estamos a su lado, que no pasamos por ahí casualmente. No

2. De *Las flores del mal*, C. Baudelaire.

para juzgarlos, sino para acompañarlos en el camino, a veces difícil, de la madurez afectiva y sexual, de la madurez interior también. Repitamos a quien puede entenderlo que, OCURRA LO QUE OCURRA, Dios está ahí y que, según las palabras de san Juan:

«Si nuestro corazón nos acusa, Dios es más grande que nuestro corazón».

Hay que explicar al chico y a la joven no solo los cambios que van a conocer en su cuerpo, sino también los cambios del otro sexo, para que ambos aprendan a ser responsables de sí mismos y de los otros.

¡Dime, papá!

ALGUNOS PUNTOS CONCRETOS DE REFERENCIA PARA EL PADRE

1. Confidencias «de hombre a hombre» entre un padre y su hijo.
Al muchacho ya no le basta conocer el papel del padre en la procreación. También necesita situar en la perspectiva de la finalidad de su cuerpo los acontecimientos que se producen; comprender que las primeras eyaculaciones son el signo de su nueva capacidad de ser padre y, por lo tanto, de su nueva responsabilidad respecto a ese cuerpo, gracias al cual es capaz de amar y dar vida. La finalidad del cuerpo ilumina las realidades psicológicas. Ese cuerpo está hecho para el don de la vida, pero también para la entrega de la propia persona en un amor total, único y duradero. Manipularlo, utilizarlo como un instrumento de placer, sería tratarlo como una cosa. Ahora bien, ¡el cuerpo humano no es una cosa ajena a la persona! El cuerpo, por ser cuerpo de la persona, tiene su misma dignidad, y por tanto tiene derecho al mismo respeto. El muchacho, como la joven, han de aprender poco a poco a vivir el respeto y la responsabilidad de su cuerpo.

En caso contrario, corre el riesgo de sentirse turbado ante esos acontecimientos, de inquietarse y de experimentar una vaga sensación de culpabilidad y, después, de encerrarse en sí mismo. Las conversaciones entre padre e hijo serán más fáciles si el padre ha sabido crear un clima de confianza entre ambos, «perdiendo el tiempo» con él. En realidad, ¡lo gana! Esas confidencias no deben ser una especie de confesión de las debilidades del padre: el hijo

¿Qué significa

no es su confesor ni su «psiquiatra». El padre le enseñará a ser responsable de su propio cuerpo a través de unos medios concretos y prudentes, como pedir consejo, elegir la calidad de sus lecturas o de sus salidas, no mirar cualquier fotografía sin discernimiento, ser leal consigo mismo y con su propia imaginación...

2. ¿Cómo conseguir hablar con el hijo?

El padre tendrá que hablar con el hijo tras haber preparado el terreno de esas conversaciones íntimas. ¿Cuándo ha de hablar? En el momento en que su mujer y él detecten las primeras transformaciones en el cuerpo del hijo o los primeros síntomas de una mala información.

A las dificultades inherentes a la edad del hijo, se añade un ambiente que legitima la masturbación, además de toda clase de prácticas sexuales, incluida y sobre todo la homosexualidad. Así, cuando todo el entorno llama hoy a la irresponsabilidad, será aún más necesario hablar con el hijo con objeto de ayudarle a vivir del modo más humano posible su responsabilidad sexual. Este diálogo ha llegado a ser INDISPENSABLE y ¡no solo para formar al hijo en la responsabilidad sexual! Con gran sentido del humor, nos comenta Ross Campbell:

«Cuando vuelvo a casa del trabajo, la mayoría de las veces solo siento ganas de comer, de sentarme en mi sillón favorito, leer el periódico y relajarme.

Permitidme deciros lo que me ayuda a superar esa inercia. Cuando mi hija o uno de mis hijos me necesita y mi cuerpo está adherido al sillón o al lecho como si fuera mi amante, pienso en uno de mis amigos, nuestro buen juez del Tribunal de Menores (...) y me digo: "Campbell, uno de cada seis niños comparece ante un tribunal juvenil. Si no quieres que sea uno de tus hijos, más vale que te muevas en vez de pensar en ti". Ante esta idea, generalmente salgo de mi apatía y sé lo que he de hacer como padre» (Comment vraiment aimer votre enfant? Ed. Orion, p. 62).

acerse mayor

La simple idea de que nuestro propio hijo atraviese por momentos difíciles o esté a punto de atravesarlos nos debería sacar de nuestra inercia.

> ¡MÁS VALE HABLAR 1 HORA DEMASIADO PRONTO
> QUE 5 MINUTOS DEMASIADO TARDE!

3. ¿Y si el niño está mal informado, si ha empezado a vivir una doble vida que le hace desgraciado?

Siempre podemos, sin duda, ayudar al chico a cambiar su comportamiento, puesto que ningún ser humano está determinado para actuar siempre del mismo modo. Pero será realmente difícil, lo mismo que es más difícil subir una pendiente, sobre todo, si es escarpada, que caminar por un camino abrupto en lo alto de una colina.

Apoyemos al hijo; estemos ahí; rodeémosle con ese amor incondicional que no le encierra en sus debilidades; que no le hace sentirse culpable; ayudémosle a encontrar los medios, humanos y espirituales al mismo tiempo, para vivir el combate de su adolescencia. En esta edad más que en cualquier otra, el hijo tiene necesidad de sentir lo que su padre espera en él.

4. Hablaremos de un modo progresivo con el hijo como con la hija, teniendo en cuenta su evolución, su experiencia personal del cuerpo y el ambiente en el que vive.

Se acerca el momento en que el cuerpo del hijo va a cambiar y a transformarse. ¡Ese cambio no espera la decisión de la voluntad del hijo, ¡y debe saberlo!

Descubrir la respo

- **Papá, no entiendo por qué la otra noche no me has dejado ver aquella película en la televisión. ¡Era muy buena! La ha visto casi toda la clase...**

  ¿Y la he visto yo? ¡No! Y luego te diré por qué. De momento, vamos a dar una vuelta. Me gustaría continuar nuestras conversaciones de hombre a hombre.

- **¡Vamos!**

  ¿Te das cuenta, Pierre, de la gran diferencia que hay entre un chico de tu edad y un padre? Unas diferencias que ves y otras que no ves. Yo, que me he convertido en padre, querría hablarte, explicarte cómo se transforma el cuerpo de un chico de tu edad para llegar a ser un día como el mío.

- **¡Muy bien, papá!**

  Hace mucho tiempo que sabes de qué modo estás hecho como varón, y lo que en tu cuerpo te distingue de las chicas. Ya sabes que hay en tu cuerpo un órgano, el pene, que permite eliminar los líquidos del cuerpo. También gracias a este órgano, el hombre es capaz de dar la vida en otros momentos, cuando emite el esperma. El esperma es siempre portador de vida, porque contiene células vivas, el germen de vida.

- **¿El esperma es lo que contiene los espermatozoides?**

  Sí, eso es. Además, habrás observado que, en determinados momentos, tu pene puede alcanzar una dimensión mayor, al tensarse y enderezarse. Es la llamada erección. Es la prueba de tu futura capacidad para dar la vida cuando te unas a la que será tu mujer.

- **¿Por qué?**

  Porque, sin esa posibilidad, el hombre no podría expresar con su cuerpo el amor que siente por su mujer al entregarse a ella. No podría depositar en ella, a través de ese hermoso gesto de amor, las semi-

bilidad de su cuerpo

llas de vida, una de las cuales, unida a la de la madre, dará lugar a un nuevo hijo. Esas semillas de vida son los espermatozoides.

Ya sabes que esas especie de bolsas bajo el pene, llamadas escroto, contienen unas glándulas muy importantes para el don de la vida: los testículos. A partir de la pubertad, esas glándulas segregan una hormona: la testosterona. Esta hormona es el mensaje más importante con el que cuenta tu cuerpo para preparar las células capaces de dar la vida. ¡Y también para que adquieras un aspecto varonil! Dentro de poco te cambiará la voz, se desarrollará tu musculatura y empezarás a tener barba.

Tu cerebro es el que produce las hormonas y el que desencadena también el desarrollo de los órganos genitales. Ahora bien, tu cerebro es, además, el instrumento de tus pensamientos y de tus afectos. Eso ya es una indicación para ti. Puedes hacerte responsable de tu sexualidad progresivamente.

Las transformaciones de tu cuerpo son naturales y normales. ¡Lo que sería anormal y completamente antinatural es que conservaras siempre un cuerpo de niño!

• ¿Qué sucede exactamente?

Eso tiene un nombre algo complicado: la espermatogénesis. Voy a hablarte del modo más sencillo posible de la formación de las células de vida en el hombre en el que vas camino de convertirte.

La hipófisis, una glándula situada en el cerebro, envía un mensaje a los testículos por medio de dos hormonas, la F.S.H. y la L.H. Esas hormonas indican a los testículos que deben producir unas células de vida. Esta nueva función del cuerpo del hombre continúa sin interrupción natural hasta la vejez. Como ves, los testículos desempeñan un papel concreto, permitiendo que las células que todavía no son aptas para dar la vida desarrollen esa capacidad. Es la espermatogénesis.

Este proceso culmina en la aparición de una pequeña célula de una forma muy especial: el espermatozoide, formado por un núcleo celu-

Descubrir la respo

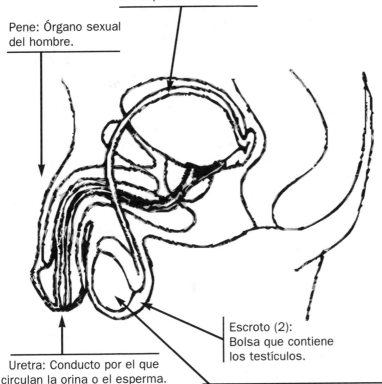

Canal deferente (2): Conducto que transporta los espermatozoides.

Pene: Órgano sexual del hombre.

Escroto (2): Bolsa que contiene los testículos.

Uretra: Conducto por el que circulan la orina o el esperma.

Testículo (2): Lugar de fabricación de los espermatozoides y de la hormona masculina.

Basado en la obra *Donner la vie,*
por Christine Coirier,
Ed. Renouveau Seviche, 1988, p. 42.

bilidad de su cuerpo

lar, una cabeza, prolongada por un filamento móvil llamado flagelo.
Gracias a su forma particular, esta célula puede desplazarse rápidamente y, después de que el padre la deposita, sube al cuerpo de la mujer por la vagina, el conducto reservado en ella para la vida. El espermatozoide va al encuentro del óvulo, la célula de vida de la mujer. Aquí hago un inciso para explicarte que en el hombre no existe un período de no-fecundidad, como existe en la mujer. El hombre es capaz de transmitir la vida en cualquier momento, siempre que su cuerpo está dispuesto a ello, es decir, si entra en erección. Eso te indica ya la gran responsabilidad de tu cuerpo.

La aparición de la capacidad de dar la vida va acompañada de una evolución de tu cuerpo. Algunos signos son íntimos y tú eres el primero en darte cuenta: las glándulas sexuales entran en actividad y se desarrollan, así como el sistema piloso de los adultos. Y aparecen otras señales.

De este modo, adquirirás un aspecto cada vez más masculino y te sentirás orgulloso, a pesar de que, durante algún tiempo, no sepas qué hacer con ese cuerpo que crece tan aprisa.

• Pero ¿cuáles son las otras señales?

Son otras señales más íntimas que te demostrarán que ya eres un hombre. Pero, si no las entiendes, corres el riesgo de experimentar cierta vergüenza, incluso a tus ojos. Escúchame bien.

Tu cuerpo comienza a producir células vivas, que son los espermatozoides, y los elimina por un canal, el canal deferente. Un poco por encima de los testículos, hay unas glándulas que segregan un líquido que fluye por ese canal. Ese líquido es muy útil: por una parte, permite la movilidad del espermatozoide y, por otra, le sirve de alimento.

Este líquido ejerce una presión sobre el pene, el órgano de la generación. En determinados momentos, principalmente por la noche, mientras descansa, el muchacho se sentirá sorprendido por un fenómeno: su pene entrará en erección, e incluso en medio del sueño, se producirá una emisión de líquido. Eso se llama una eyaculación.

Descubrir la respo

La palabra proviene del latín eyaculare, que quiere decir lanzar y lanzar con fuerza, «lanzar como una flecha». No debes inquietarte cuando te ocurra por primera vez, ¡incluso si te sorprende!

Debes saber que esta emisión de semen va acompañada por dos fenómenos: en primer lugar, ciertas imágenes más o menos eróticas que muestran el cuerpo femenino para estimular tu sensualidad pueden provocarte un estado de tensión despertando el deseo sexual. En segundo lugar, cuando brota el esperma –el germen de vida–, un sentimiento de bienestar íntimo acompaña a la eyaculación. Cuando esta actividad se produce durante el sueño, es involuntaria. Y también puede tener lugar mientras estás despierto y tu cuerpo escapa al dominio que deberías tener sobre él.

• Entonces, ¿dependemos completamente de nuestro cuerpo?

No, y te voy a tranquilizar inmediatamente. Por supuesto que hay que tener en cuenta al cuerpo. Lo cuidamos, lo alimentamos, practicamos algún deporte, etc. ¡Es importante para la salud y para estar en forma! Pero nuestro cuerpo no tiene por qué dominarnos, ni conducirnos... En ese caso, ¡dependeríamos de él!

A ti, que quieres vivir libre e independiente, te digo que es posible llegar al dominio de uno mismo, a un equilibrio de la persona que poco a poco aprende a gobernarse, a dirigirse; y que ese es el camino hacia la madurez de la edad adulta.

• Me parece que es difícil no ser ya un niño, pero no ser hombre todavía.

Es verdad que no es muy fácil. Me acuerdo muy bien... Pero no todo es difícil, ni mucho menos. ¡En la adolescencia, también se descubren muchas cosas estupendas!

• ¿Qué es la adolescencia?

Literalmente, el adolescente es «el que crece». El niño que entra en

bilidad de su cuerpo

la adolescencia ya no es plenamente niño, pero tampoco es un hombre. Comienza a tener la fuerza muscular del hombre, ¡y eso se aprecia muy bien! Es capaz de esfuerzos físicos importantes, aunque se canse enseguida. Sin embargo, eso no le impide que, al llegar a casa, haga rabiar a los hermanos pequeños, y llame la atención sobre sí del modo más torpe posible.

Comienza a sentir un verdadero afán de independencia. Como la jovencita de su edad, desea tener su vida privada, su libertad, su capacidad de decidir. Pero, ¡al mismo tiempo, es muy dependiente! Dependiente de su madre, que recoge sus montones de ropa, dependiente de su padre –por lo menos en lo relativo a la paga y al sustento–, dependiente de sus profesores y de sus resultados escolares... Es al mismo tiempo genial y limitado, soñador y un poco vago. Genial, porque está lleno de ideas para reformar el mundo y resolver los problemas de otros, pero se desanima fácilmente ante las dificultades reales que encuentra en clase. Le cuesta trabajo concentrarse, trabajar.

Ahora bien: el muchacho tiene sus dotes y lo sabe o lo presiente. Generalmente se siente lleno de deseos y de proyectos generosos, estupendos. Pero aún no es suficientemente responsable de sí mismo. No llega a desarrollar sus aptitudes. Todavía está en camino de aprender a hacerlo, que es lo normal.

- **¿Por qué?**
  Porque es «el que está creciendo». Su cuerpo le indica que se ha hecho hombre, pero su afectividad y su voluntad no le siguen todavía. Esta contradicción le hace desgraciado, al tiempo que, en algunos momentos, insoportable a los demás. Yo creo que tú empiezas a sentir esa contradicción, pues desde hace algún tiempo observo cambios de humor en ti. ¡No sabes hasta qué punto te comprendo! Yo he pasado por las mismas dificultades. ¿Y sabes en quién pienso en estos momentos?

Descubrir la respo

9 a 13 años

- **¡No!**

  En mi propio padre. ¿Sabes una cosa? Desde que yo también soy padre comprendo hasta qué punto su presencia –que a veces encontraba agobiante– era una presencia cariñosa. Yo le necesitaba ahí, para discutir con él. Hoy te diré que no te reprocho nada... aun cuando te diga lo que tengo que decirte.

  Y como creo en ti, cuando me parece necesario te repito lo que pienso sobre tal o cual cosa. ¡Lo comprenderás cuando seas padre! ¡Mientras tanto, por lo menos tienes con quién hablar!

- **¡Eso no hace falta que lo digas!**

  Ahora me gustaría hablarte de otro tema: las chicas. A pesar del aire indiferente y desdeñoso que adoptáis cuidadosamente todos los adolescentes, os resulta difícil dejar de mirar hacia ellas. ¿Y qué veis?

  Por una parte son bonitas, están llenas de encanto y parecen libres de las dificultades propias de los chicos. Son atractivas y un poco como de otro planeta. Delante de ellas mostráis una timidez casi enfermiza. No sabéis cómo comportaros ¡y huís de ellas! Hacéis el tonto, adoptáis aires de importancia y os refugiáis en la pandilla. ¡Ahí, por lo menos, estáis tranquilos!

  Pero, por otra parte, las encontráis deseables, sobre todo si, por inconsciencia o por coquetería, muestran una actitud o una apariencia provocativa. Se despierta lo que hay en vosotros de deseo, de deseo de posesión; os gustaría dominarlas físicamente de un modo brutal y egoísta. Es una contradicción difícil de vivir.

  Esta segunda contradicción indica de nuevo al joven el auténtico desequilibrio que existe entre la madurez de su cuerpo y la falta de madurez de su afectividad, de su inteligencia y de su voluntad. ¡Y esa es la causa de la crisis de la adolescencia!

- **¿Por qué crisis?**

  En efecto, ¿por qué esa crisis? Ahora lo entenderás.

bilidad de su cuerpo

Conversación de un padre con su hijo de 9 a 13 años

Esa crisis es el resultado de las tensiones que crean en tu interior dichas contradicciones. Tú solo no sabrías cómo resolverlas. Advertirías que tu voluntad está como debilitada. Por un lado, te sientes lleno de fuerza, sueñas con conquistar el mundo. Y por otro, desesperas de hacer algo por ti mismo y te sientes débil...

¿Por qué? A causa de tu naturaleza humana y de esa diferencia de madurez entre tu cuerpo, por un lado, y tu corazón y tu voluntad, por otro. Tu cuerpo ha alcanzado cierta plenitud: ahora es semejante al de un adulto. Pero esa plenitud de su desarrollo, esa madurez no procede de ti. Obedece al orden de la naturaleza.

Y, ¿a qué obedece la madurez de tu vida afectiva, la madurez de tu voluntad? No dependen de la naturaleza: dependen de ti. Desde el momento en que tu cuerpo te indica que ya eres un hombre te advierte dos cosas: te enseña que estás llamado a ser esposo y padre, y te dice que estás entrando en la etapa de preparación para la vida adulta, para tu futura vocación. ¡Porque tú debes conquistar la madurez de tu corazón y de tu voluntad!

- **Me estás diciendo que el cuerpo nos indica muchas cosas, y no me hablas del amor. Pero en el colegio los chicos hablan de «hacer el amor», sobre todo de pasar un buen rato, de experimentar placer. ¿Tú qué dices a eso?**

Ya te he hablado un poco del atractivo de las chicas. Volvamos sobre ello y hablaremos del placer.

Me gustaría aclararte lo que pienso del atractivo. A mi modo de ver, es completamente normal que sientas crecer en ti la atracción por las chicas. Esta atracción no solo es normal, sino noble: por dos razones al menos.

En primer lugar, tu cuerpo se prepara para dar la vida. ¡Y uno solo no puede dar la vida! De esa atracción y del deseo que la sigue nace un instinto, una fuerza que nos impulsa a dar la vida, incluso si no siempre somos conscientes de ello.

Descubrir la respo

Al mismo tiempo, ahora experimentas que eres sexuado. ¿Sabías que sexuado quiere decir «separado»? El deseo que comienzas a sentir manifiesta el impulso, la llamada de tu cuerpo a vivir la complementariedad. De ahí viene también la fuerza del deseo. Nos sentimos atraídos hacia cierta persona, «esta» otra persona, porque puede completarnos. La unión con ella es una promesa de felicidad. Por último, tu cuerpo lleva también en sí el descubrimiento del placer unido al acto del amor, al acto del don de la vida. Es un placer intenso porque acompaña a un acto bueno e importante; importante, si lo piensas bien, para las personas que se aman; e importante también para la conservación de la especie humana.

Como el cuerpo «recuerda» el placer, intentará experimentarlo de nuevo. De ahí procede la fuerza del deseo. Impulsa al muchacho a buscar el gozo para él solo por medio de su propio cuerpo, o por el dominio ejercido sobre una mujer utilizada para su placer personal.

En ambos casos, el joven siente surgir en él un auténtico egoísmo: el egoísmo de la afectividad y de la carne, que implican impureza, y el egoísmo de la voluntad, que implica soberbia y afán de dominio.

• Entonces, ¿buscar el placer es egoísta?

El egoísmo se define precisamente como la búsqueda exclusiva del placer y del interés personal. Pero, ¡atención! Huir del egoísmo no es rechazar el placer. Es encontrar el auténtico significado del cuerpo, gracias al cual los enamorados pueden entregarse el uno al otro. En la relación amorosa, la prueba de haber alcanzado la madurez de la afectividad y de la voluntad consiste, para el hombre, en buscar la felicidad de su mujer más que la propia. Es ser dueño de una afectividad lo suficientemente fuerte y estable como para servir de apoyo a la mujer y a los hijos y para adquirir responsabilidades en la sociedad. Con objeto de ir logrando poco a poco esta madurez, habrás de aprender a vivir la responsabilidad de tu cuerpo.

bilidad de su cuerpo

- **¿Y puedes decirme qué es la responsabilidad del cuerpo? He visto en el colegio un folleto que hablaba de la «responsabilidad sexual» y del modo de hacer el amor «sin riesgo». Pero no creo que hablemos de la misma cosa.**

  No es lo mismo en absoluto y te lo voy demostrar. Antes de todo, quiero llamar tu atención sobre un aspecto. Desde tu punto de vista, ¿qué quiere decir «amor sin riesgo»?

- **Es hacer el amor todo lo que quieras, pero sin tener hijos ni enfermedades.**

  Sí; en ese sentido, la responsabilidad sexual consistiría en evitar al hijo como a un peligro, un riesgo, y en evitar también determinadas enfermedades que pueden transmitirse durante la relación sexual cuando se cambia continuamente de «pareja». Por eso, se aconseja a los adolescentes que usen un «preservativo» durante el trato sexual, es decir, una especie de embudo de goma lo bastante fino como para que se ajuste al pene cuando está en erección. El preservativo impide que, en el momento de la eyaculación, el esperma del hombre entre en la vagina, el conducto reservado a la vida. Sin embargo, este medio artificial no es fiable al 100% ni tampoco es muy poético...

- **Además, ¡de todos modos, un bebé no es un peligro!**

  Tienes razón, pero desde dicho aspecto, ha llegado a serlo. Y vas a entender por qué. En tu opinión, ¿qué se busca cuando se habla de «hacer el amor todo lo que se pueda»?

- **El placer.**

  Eso es. Sobre todo se busca el placer de estar juntos y el placer del cuerpo. ¿Y si hay menos placer y más dificultades? ¡Se cambia de pareja! Como ves, de este modo, el placer del cuerpo pasa a ser un fin en sí mismo. Y la persona del otro pasa a un segundo plano,

Descubrir la respo

después del placer. En cierto modo, está utilizada como un medio de placer. ¿Tú crees que se puede tratar a una persona humana como si fuera un kleenex?

• No, evidentemente.

Y, sin embargo, se hace. Y las personas sufren, porque les es difícil considerarse como un objeto de «usar y tirar».

Segunda cosa que debes constatar: cuando dos personas solo buscan el placer no desean las consecuencias. Por lo tanto, no desean el hijo de ningún modo. Separan el amor de la vida. Pero tú sabes muy bien que el amor y la vida van unidos. ¡Y que, en todos los sentidos, el amor es para la vida!

Ya ves, hoy se dice: ¡los jóvenes son... egoístas! En cierto modo, no se confía en ellos. Y entonces se les plantea una falsa responsabilidad y se les engaña sobre el amor.

Sin embargo, cada vez es mayor el número de adolescentes que se dan cuenta de que les engañan, y lo dicen. Tras haber hecho el amor desde muy jóvenes, afirman sentirse decepcionados; aseguran que «realmente no valía la pena». Dicen que preferirían «hacer el amor auténtico» o «amar de verdad».

Con frecuencia conservan una herida en el fondo de su corazón... Y cuando encuentran el gran amor de su vida, lamentan no haberse guardado para él. Como ves, no podemos hacer todo lo que queramos con el cuerpo; no podemos olvidar que somos personas humanas. Si lo hacemos, atengámonos a las consecuencias...

Como tengo confianza en ti, quiero hablarte de la verdadera responsabilidad sexual. Conocer la responsabilidad de tu cuerpo es prepararte para vivir tu vida de adulto, ¡y también para amar de verdad!

• En el folleto que leí, decía que la masturbación es normal e incluso necesaria. ¿Tú qué opinas?

Te lo voy a decir, y me alegro de que me lo preguntes tan directa-

bilidad de su cuerpo

mente. Eso me va a permitir hablarte de la verdadera responsabilidad sexual. Pero déjame concretar un poco el tema.

- **¡De acuerdo!**

En primer lugar, hablemos del placer físico.

El adolescente ya conoce el placer físico, lo ha experimentado nor-
malmente con ocasión de sus primeras eyaculaciones. Pero luego
puede buscarlo de forma más o menos voluntaria. En los momentos
de un gran cansancio, de tensión, el cuerpo no le obedece y, con un
gesto, puede provocar en él el placer que le descansa y le relaja.

Sin embargo, sabe confusamente que hubiera podido evitarlo y después se siente infeliz y culpable... Si los gestos se repiten, termina
por habituarse a provocarlos voluntariamente. Por medio de fantasías, de miradas indiscretas o curiosas (películas, revistas...), por su
actitud imprudente con las jóvenes –quizá provocativas–, dispone su
imaginación y su cuerpo, conscientemente o no, para experimentar
el deseo. ¡E inmediatamente surgen las manifestaciones físicas! ¡Al
excitar su imaginación se ha acostumbrado a provocar en su cuerpo
las tensiones y los alivios!

- **¿Hay alguna diferencia?**

En un estricto plano «mecánico», muy pocas. En ambos casos, el
cuerpo reacciona del mismo modo: en el primero, el adolescente no
tiene casi ninguna responsabilidad en lo ocurrido: solamente ha eliminado un exceso de esperma e incluso, si se ha sentido turbado
en la imaginación, ¡no ha sido culpa suya!

El segundo caso es diferente: suele ocurrir en el momento en que
se siente más desdichado. En el fondo, no desea esos actos, pero
aparece la debilidad, surgen unas profundas tensiones, y su soledad es tan real, que los lleva a cabo. ¿Hay que dramatizar? ¡No!
¿Hay que quitarle importancia? ¡Tampoco!

Sobre todo, para no sentirse solo consigo mismo, hay que hablar de
ello y buscar las razones (ansiedad, excesiva tensión, estudios a un

Descubrir la respo

ritmo abrumador, falta de deporte...) que le impulsan a buscar de este modo el placer y el relax.

Óyeme bien: si te sucede, tu cuerpo no es responsable del estado de tu corazón.

• ¿Qué quieres decir?

El corazón te reprocharía que te hubieras dejado arrastrar por un cierto egoísmo al utilizar tu cuerpo para gozar. ¿Por qué? Porque tu corazón desea amar verdaderamente, desea algo grande. Lo que anhela es una auténtica relación amorosa, la entrega sin reservas a otra persona, y no puede sentirse colmado por el mero placer del cuerpo. Y lo percibirías hasta en la experiencia del disgusto de ti, del vacío y de la amargura que te invadiría después.

Ya lo ves, la realidad exige al adolescente que acepte la íntima contradicción entre lo que desearía y lo que hace; que asuma la experiencia de su debilidad humana; y le señala un camino.

• ¿Cuál es el camino?

¡Es un camino hacia la libertad! El que quiere vivir libre, no puede depender de sus instintos. ¡Depender sería esclavizarse! Una persona humana no puede ser esclava, ni de una costumbre ni de otra persona: no está de acuerdo con su dignidad. Necesita aprender a guiarse a sí misma, aprender a dominar su cuerpo.

Hay una segunda razón para desear ese camino de la libertad, este progresivo dominio de uno mismo, y no puedes adivinarla.

• ¿Cuál es?

El hecho de que, para un hombre, es un motivo de alegría ver feliz a su mujer cuando la tiene entre sus brazos. Pero, para poder hacerla feliz, debe entregarse a ella, buscar la felicidad de ella. ¡Eso no tiene lugar automáticamente ni es tampoco una simple cuestión técnica! ¿Cómo va a hacer feliz a su mujer, si ha tomado la cos-

bilidad de su cuerpo

*tumbre de buscar su propio placer, si no ha adquirido progresiva-
mente el dominio de su cuerpo y de su afectividad, si no ha purifi-
cado su voluntad?*

- **Sí; me vas a decir que un egoísta no puede hacer feliz a su mujer. ¡Es lógico! ¿Y si no se casa?**

  *La adquisición del dominio de uno mismo ayuda mucho a los
  que no se casan para vivir su vocación especial, es decir, su entrega a la obra a la que han sido llamados o a las personas que tienen confiadas. ¡Para darse a los otros... hay que poseerse a uno
  mismo!*

- **Entonces, ¿la adolescencia sirve para prepararse a la entrega?**

  Sí; lo has entendido.

- **Entonces, ¿qué hay que hacer para aprender a darse, para poseerse y para dominar el propio cuer- po?**

  *¡Eso es todo un programa! Mientras los niños son pequeños, el
  programa es, sobre todo, responsabilidad de los padres, que están
  ahí para ayudarlos a crecer. Tú mismo, sin darte cuenta, has aprendido a dominarte a través de numerosos detalles de la vida cotidiana. Has empezado a comprender que eres responsable de tus
  actos.*

  *Ahora estamos aquí para ayudarte, pero serás tú el que, poco a
  poco, irá tomando decisiones, porque has crecido sin abandonar los
  puntos de apoyo que necesitabas: tus padres o quizá otras personas.*

Descubrir la respo

A TI, QUE CREES EN DIOS

No olvides una última cosa: una frase de san Juan muy apropiada para ti:

«Si tu corazón te acusa, Dios es más grande que tu corazón».

Eso que puede avergonzarte debe llevarte a Dios como a un Padre lleno de ternura a través del sacramento de la Reconciliación y a no alejarte de Él. Allí encontrarás el perdón de tus faltas, la curación y la paz del alma y la fuerza para seguir adelante. Bajo la mirada de este Padre amoroso podrás llevar a cabo, poco a poco, tu unidad interior y alcanzar tu madurez de hombre.

«La mayor parte de vosotros emprenderá el camino de la vida en el matrimonio (...). Para prepararos para el matrimonio es esencial vuestra vocación a la castidad. Yo sé que los jóvenes rechazan la hipocresía. Queréis ser honestos con vosotros mismos y con los demás. Cuando Dios nos creó nos dio un modo de "hablar" entre nosotros. No solo nos expresamos por medio de palabras, sino también por medio de nuestros cuerpos. Los gestos son como "palabras" que revelan lo que somos. Los actos sexuales son como unas "palabras" que revelan nuestro corazón (...)».

El "lenguaje" sexual honesto exige un compromiso de fidelidad que dura toda la vida. Entregar vuestro cuerpo a otra persona significa daros por entero a esa persona.

Pero si no estáis casados, pensáis que podréis cambiar de criterio en el futuro. En ese caso, la entrega total estaría ausente. Sin el lazo del matrimonio, las relaciones sexuales son una mentira y, para un cristiano, matrimonio significa matrimonio sacramental.

No os dejéis engañar por las palabras vacías de los que ridiculizan la castidad o vuestra capacidad de dominaros. La fuerza de vuestro futuro amor conyugal depende de la fortaleza de vuestro esfuerzo actual para aprender el verdadero amor (...)».

JUAN PABLO II, Discurso a los jóvenes de Kampala (Uganda), 1993.

bilidad de su cuerpo

Parte 4

La educación afectiva y sexual y la cultura de la vida

Cuestiones prácticas

Capítulo 1

La educación afectiva y sexual. ¿Una educación para la vida?

«¿Es bella la vida?»

La educación sexual trata de lo que es la vida, del don de la vida o de la transmisión de la vida nacida del amor. Al pretender demostrar su belleza, presenta a la vida como un bien. Y presentar la vida como un bien es ser portador de una «cultura de vida». Sin embargo, hay que profundizar en el sentido de las palabras, pues detrás de ellas se esconden unas opciones importantes. A priori, todo el mundo está por la vida.

¿Qué madre no ha visto iluminarse los rostros delante de su bebé, sonriente y gordito, cuando entra en la farmacia o en cualquier otro lugar? El niño agrada, y su alegre inocencia suscita la simpatía y enternece los corazones, hasta el punto de que la publicidad hace uso de él a través de películas de gran éxito que ponen en escena a unos bebés deliciosos, símbolos de la vida, la salud y la alegría.

> ¿Qué madre no ha visto iluminarse los rostros delante de su bebé, sonriente y gordito, cuando entra en la farmacia o en cualquier otro lugar?

Sin embargo, aunque todo el mundo está por la vida, aunque incluso la ley Veil de 1975 sobre el aborto insiste en afirmar como un principio el respeto a la vida, la vida no está considerada hoy como un bien absoluto, sino relativo. La vida de los más débiles, es decir, la vida que empieza y la que termina, se ha convertido en relativa para muchos criterios. Criterios económicos, criterios en conformidad con las normas en vigor, pero también criterios de comodidad, de tranquilidad, de espacio, de proyectos y éxitos individuales. ¿Es bella la vida? Si, ¡pero veamos cuál!

■ Una gran contradicción

Historia real. Caroline, 32 años, hace la compra con su niña trisómica, Marine, que gorjea alegremente y sonríe a todo el que la mira. Llega a la oficina de correos con la pequeña y ocupa su lugar en la cola; allí, oye a dos señoras de edad madura comentar justamente delante de ella, «si no es una desgracia que vivan unos niños así. ¡Es una vergüenza dejarle vivir semejante vida!».

Otra historia: en la obra *Mi hermanito especial,* escrito para explicar a niños de 8 a 10 años cómo aceptar al hermanito deficiente, una amiga comentó un día a la hermana mayor más o menos lo siguiente: «¿Sabes una cosa? Mis padres pensaron en abortar, pero, por fin, me tuvieron». ¿Cómo podrán los niños que lean estas u otras páginas descubrir el valor incondicional de la vida, de cualquier vida, pero también de su propia vida?

Hoy nos encontramos ante una contradicción sorprendente: por un lado, la afirmación del derecho a la vida y a la libertad, su insistente proclamación por las instancias nacionales (las Constituciones) e internacionales (la Declaración de los Derechos del Hombre de la ONU); por otro, la realidad de las amenazas que pesan sobre la vida de los seres humanos más débiles y de los que no tienen voz.

La interrupción voluntaria del embarazo, la investigación sobre la simplificación de una especie de aborto sin dolor, la fabricación y congelación de numerosísimos embriones, el empleo de esos embriones como material de investigación, el diagnóstico prenatal, especialmente por medio de la amniocentesis, una práctica peligrosa para el embrión que obedece al propósito de eliminar a los sujetos no conformes...

A esta lista se añaden las diversas formas de manipulación de la fecundidad y de la vida, desde la trivialización del aborto, cada vez más un modo de contracepción (el Norlevo, la píldora «del día después», el dispositivo «antianidatorio»), hasta las campañas de esterilización forzada en los países en vías de desarrollo, sin olvidar el tema de la eutanasia.

A pesar de los discursos y de las apariencias, vivimos en un contexto que parece más cercano a la «cultura de muerte» que a la «cultura de vida», y que invade hoy a la sociedad (proyectos de ley, medios de comunicación, libros para niños, conversaciones). La vida se acepta bajo ciertas condiciones. Si no se cumplen estas condiciones, la muerte se convierte en una solución «normal» y como ineluctable, incluso ahora, cuando se empiezan a conocer –a través de unos testimonios cada vez más numerosos– las heridas que dejan en el corazón de quienes han elegido y puesto en práctica las soluciones de muerte.

> A pesar de los discursos y de las apariencias, vivimos en un contexto que parece más cercano a la «cultura de muerte» que a la «cultura de vida», y que invade hoy a la sociedad.

Optar por la muerte: ¿una elección razonable?

Nina: «Estaba embarazada de tres meses cuando mi compañero se asustó y no quiso saber más de mí... Se ha casado... Yo deseaba a ese bebé con toda mi alma. Sigo pensando que tener un hijo es lo que más ansío en el mundo. Pero estaba sola, sin trabajo, sin vivienda. Mis padres, los médicos, todo el mundo me dijo que no era razonable, que era demasiado joven. Si hubiera tenido un trabajo fijo me habría quedado con él. Opté por una interrupción voluntaria del embarazo por aspiración... Sé que hubiera sido capaz de tener ese hijo y de educarlo. Creo que a las chicas jóvenes se nos empuja a abortar. Mis padres me han ayudado siempre, pero en esta ocasión me dijeron que no se veían con un niño y conmigo en su casa. Hubiera tenido que desenvolverme sola... Sin embargo, me siento mal, me veo horrible por lo que he hecho y sufro. Si tuviera un hijo, sería la mujer más feliz de la tierra y ese hijo sería el más feliz o la más feliz de la tierra»[1].

Hoy son muy fuertes las presiones sociales y familiares –como en el caso de los padres de la joven embarazada– que incitan al aborto como a la solución.

También la presión médica. Cuando el médico trata de consolar a la mujer o a la joven, a menudo le hace distinguir dos cosas: la propia decisión, que no podría lamentar dado su carácter razonable, y el tema del dolor, inevitable también, a causa del choque «psicológico» que se deriva de esa razonable decisión. Pero ¿no es olvidar con excesiva rapidez que una sola y la misma persona es la que vive el traumatismo de la muerte de su hijo?

La voluntad libre propia de la naturaleza humana no es una simple autonomía, sino una capacidad de elegir, de desear el bien. ¿Pueden tener su origen las dolencias psicológicas actuales en la confusión entre el bien y el mal generada por el materialismo práctico, el utilitarismo y el hedonismo presentes en la cultura de muerte?

Y es que el hombre está hecho para la vida, no para la muerte. La vida es un bien y la muerte, un mal. Desear la muerte es, pues, ir profundamente en contra de la naturaleza del hombre. Y el que la desea –porque se lo han enseñado así– experimenta enseguida el dolor ante ella.

«¿Cómo hemos podido llegar a esta situación?»[2], se pregunta Juan Pablo II en *El Evangelio de la vida*, carta sobre el valor y la inviolabilidad de la vida humana dirigida a los cristianos como hombres de buena voluntad. He aquí el análisis planteado en este documento, el más impresio-

1. Revista *20 años*, Marzo 2000.
2. Juan Pablo II, *El Evangelio de la vida*: nº 11.

nante que hemos encontrado hasta ahora sobre el sentido actual de la vida y la muerte. A partir de ahí se desarrolla la teoría contemporánea sobre las nociones de «cultura de vida» y de «cultura de muerte».

▪ Una crisis de la cultura

«En segundo lugar, existe una profunda crisis de la cultura que da lugar al escepticismo sobre los fundamentos
mismos del saber y de la ética, y que hace siempre más
difícil la percepción clara del sentido del hombre, de sus
derechos y de sus deberes. A ello se añaden las más
diversas dificultades existenciales y de relación, acen-
tuadas por la realidad de una sociedad compleja en
la que las personas, las parejas y las familias quedan con frecuencia aisladas frente a sus problemas. Existen, igualmente, situaciones de pobreza,
de angustia o de exacerbación, en las cuales el
esfuerzo acuciante por subsistir, el sufrimiento al
límite de lo soportable, las violencias padecidas,
especialmente las que atañen a la mujer, hacen exi-
gentes, a veces hasta el heroísmo, las opciones a
favor de la defensa y la promoción de la vida.

«Al menos en parte, el valor de la vida ha conocido hoy una especie de "eclipse", aunque la conciencia no deje de presentarla como sagrada e intangible».

Todo ello explica, al menos en parte, que el valor de la
vida haya conocido hoy una especie de «eclipse», aunque
la conciencia no deje de presentarla como sagrada e intangible; lo constata el hecho mismo de que se trate de cubrir
algunas agresiones contra la vida que nace o que llega a
sus últimos momentos por medio de expresiones recogi-
das en el vocabulario de la salud, que desvían la mirada
de lo que está en juego: el derecho a la existencia de una
persona humana concreta.

Inès Pélissié du Rausas

(...) Nos encontramos ante una realidad más vasta, que se puede considerar como una auténtica ESTRUCTURA DE PECADO, caracterizada por la preponderancia de una cultura contraria a la solidaridad, que se presenta en numerosos casos como una «cultura de muerte», activamente estimulada por fuertes corrientes culturales, económicas y políticas, portadoras de cierta concepción utilitarista de la sociedad.

Observando las cosas desde este aspecto, se puede, en cierto modo, hablar de una GUERRA DE LOS PODEROSOS CONTRA LOS DÉBILES: la vida que necesitaría mayor apoyo, amor y cuidado se considera inútil, un peso insoportable y, por lo tanto, es rechazada de múltiples modos»[3].

Si queremos transmitir a nuestros hijos un auténtico amor a la vida, es importante llegar a definir lo que es una verdadera cultura de vida. ¡Para ir formando también su juicio poco a poco! Porque, si la opción es de orden cultural, el hecho de hablar de una cultura de vida o de una cultura de muerte afecta a dos opciones fundamentales absolutamente incompatibles entre ellas: elegir la vida y no la muerte.

3. Op. cit., n° 11 y 12.
4. Op. cit., n° 5.

Una prioridad: elegir la cultura de vida

¿Qué es la cultura de vida? Una sencilla realidad que se puede expresar en una frase:

«¡Respeta, defiende, ama y sirve a la vida, a toda vida humana!»[4].

Nuestros amigos, nuestras familias, nuestros hijos y nosotros mismos nos encontramos hoy

«ante un enfrentamiento crudo y dramático entre el bien y el mal, entre la muerte y la vida, entre la "cultura de muerte" y la

"cultura de vida" (...). Todos estamos implicados activamente y no podemos eludir nuestra responsabilidad de hacer una elección incondicional a favor de la vida»[5].

La cultura de vida se caracteriza por una resuelta opción a favor de la vida. No puede ser un «sí, pero». Ese sencillo argumento nos será útil para la educación de nuestros hijos, para apreciar la calidad de un libro, de un espectáculo, de una fiesta escolar, para juzgar un programa de biología, de una eventual salida o, también, de un manual de educación sexual...

■ **Transmitir el amor por la vida**

¡En la familia se aprende a vivir con los demás! Por la delicadeza y cariño con el que se trata de rodear a los diferentes miembros de la familia se da testimonio de la vida.

El clima en el que intentamos hacer vivir a nuestra familia la sitúa ya en la cultura de vida, siempre que sea un clima de auténtico pudor, en el que el hijo aprende, simplemente viviendo, el respeto por la persona: el respeto debido al cuerpo en las situaciones cotidianas de la vida, el respeto debido a la persona de los demás.

¡En la familia se aprende a vivir con los demás! Por la delicadeza y cariño con el que se trata de rodear a los diferentes miembros de la familia –el bebé, tan dependiente, el niño enfermo, la hermana mayor agobiada por sus exámenes, la más pequeña, que acaba de cumplir 5 años y para la que se organiza una fiesta de cumpleaños memorable, la madre embarazada o cansada, el padre agotado por su jornada de trabajo, los abuelos siempre contentos de ver a sus nietos, la bisabuela que tiene tanta necesidad de verse rodeada por el cariño de los suyos, aunque no pida nada– en todas las situaciones, al mismo tiempo ricas y ordinarias de la vida de familia, se puede

Inès Pélissié du Rausas

dar testimonio de la solicitud por la vida de los demás, y les demuestra que, para nosotros, no tienen precio. Sin embargo, para «respetar, defender, amar y servir a la vida» hay que ir más lejos.

■ La primera educación y la cultura de vida

Para hacer descubrir al niño el valor de la vida, tanto de su vida como de toda vida, se le puede enseñar que la vida no se fabrica, que no se compra: se recibe y se transmite como el más hermoso de los regalos. La vida es un regalo.

La educación sexual pasa a ser una educación para la vida cuando se incluye al recién nacido en la cadena de las generaciones. Así se le enseña que la vida es un don que procede del amor. «Como papá y mamá se quieren mucho, tienen un bebé; quizá un día tú te casarás y también tú llegarás a ser un papá y una mamá». Dar y recibir la vida, vale la pena.

5. *EV*, nº 28.

Celebrar las edades de la vida

El niño es muy sensible a las fiestas familiares y especialmente a los cumpleaños, ¡sobre todo al suyo! En las familias se celebran con bastante frecuencia las edades de la vida. Es una ocasión privilegiada para sentirse amado y rodeado, para descubrir el valor de la propia vida.

Así lo entendió la pequeña Mathilde que, en la tarde de sus 5 años alegremente celebrados, dejó escapar este grito del corazón: «¡Realmente no soy de ningún modo el patito feo abandonado!» (con el que se había identificado tras el nacimiento de un hermanito).

¿Por qué no celebrar también la edad de la razón, o los 10 años del niño, o la primera regla de la hija? ¡Hay tantas ocasiones de amar la vida, de descubrir que ¡vale la pena vivir y crecer!

■ La educación en el don de uno mismo: «querer querer»

Querer querer, dejar pasar a los demás por delante de uno, no es innato. Algunos niños son naturalmente generosos, otros son más egoístas y buscan espontáneamente su interés, continuamente dispuestos a manipular un poco a los demás. Pero todos tienen la capacidad de maravillarse ante lo que es bello y bueno, y por lo tanto ante la vida, siempre que no se les haya ahogado esa capacidad.

Todos los niños tienen la capacidad de maravillarse ante lo que es bello y bueno, y por lo tanto ante la vida, siempre que no se les haya ahogado esa capacidad.

Para enseñarles a amar, a volverse hacia los otros, ¡hagámosles considerar a los otros como un regalo! Enseñémosles la gratitud por el «inestimable don»[6] de la vida humana. ¿Cómo? Por medio de la educación del corazón y de la mirada hacia el otro. *«Solo se ve bien con el corazón. Lo esencial es invisible a la vista»*[7].

Como el principito de Saint-Exupéry, el niño aprenderá a ver lo que se oculta detrás de las apariencias. Y que si no es oro todo lo que reluce, puede haber un tesoro oculto donde menos se espera. ¿Cómo es esa mirada que no se detiene en las apariencias? Es la mirada CONTEMPLATIVA.

«(...) Es urgente, ante todo, dirigir una mirada contemplativa hacia nosotros y hacia los demás. Esa mirada nace de la fe en el Dios de la vida, que ha creado a todo hombre haciéndolo como un prodigio (cf. Sal 139/138, 14). Es la mirada del que ve la vida en su profundidad, captando en ella sus dimensiones de gratuidad, belleza, llamada a la libertad y a la responsabilidad. Es la

Inès Pélissié du Rausas

mirada del que no pretende hacerse dueño de la realidad, sino que la recibe como un don, descubriendo en todas las cosas el reflejo del Creador, y en cada persona su imagen viva (cf. *Gn* 1, 27; *Sal* 8, 6). **Esa mirada no se permite perder la confianza ante el que está enfermo, sufriendo, marginado o en el umbral de la muerte; pero se deja interpelar por todas esas situaciones para ir en busca de un sentido, y en esas ocasiones está dispuesto a percibir una invitación al encuentro, al diálogo, a la solidaridad, en el rostro de cualquier persona»**[8].

Así, la mirada contemplativa permite descubrir al niño que los demás se merecen que nos volvamos hacia ellos.

La auténtica libertad

«Por la palabra y por el ejemplo, en las relaciones y en las opciones cotidianas (...), los padres inician a sus hijos en la auténtica libertad, que se ejerce en el don total de sí, y cultivan en ellos el respeto al prójimo, el sentido de la justicia, la acogida cordial, el diálogo, el servicio generoso, la solidaridad y todos los otros valores que ayudan a vivir la vida como un don»[9].

El hijo aprende así a servir más que a servirse. Al pasar poco a poco de «el otro para mí» a «yo para el otro», descubre que hay más alegría en dar que en recibir y que vale la pena vivir y entregarse a los demás.

En una familia cristiana, la acción educativa servirá, además, «a la fe de los hijos y les ayudará a responder a la vocación que reciban de Dios». La vocación, es decir, la llamada a través de la cual los hijos descubrirán el sentido de su vida, que es mucho más que el éxito material, tan preocupante en la actualidad para los padres.

Por lo tanto, los padres han de insistir en su propósito de hacer amar la vida a sus hijos.

6. Op. cit., n° 83.
7. Antoine de Saint-Exupéry, *Le petit prince*, Gallimard, junior, 1987, p. 72.
8. Op. cit., n° 83.
9. Op. cit., n° 92.

A continuación, planteamos especialmente el tema de la prevención de las agresiones sexuales. ¿Cómo lo haremos en un ambiente de cultura de vida cuando les vamos a hablar de situaciones que pueden conducir a la muerte?

Al pasar poco a poco de «el otro para mí» a «yo para el otro», descubre que hay más alegría en dar que en recibir y que vale la pena vivir y entregarse a los demás.

Capítulo 2

La prevención de las agresiones sexuales. ¿Cómo abordar el tema?

Hace algún tiempo que Rémi, de 4 años, escolarizado en un importante colegio privado, ha cambiado de actitud. Él, tan alegre y confiado habitualmente, se ha vuelto triste y temeroso. Cuando le hablan de ir al colegio se rebela, llora, se niega a ponerse el abrigo... Pero termina por obedecer y sale con la cabeza baja y sin decir una palabra...

Al cabo de dos meses, los padres lo entienden. Un niño de la clase ha revelado que el nuevo profesor castiga frecuentemente a los niños dejándolos solos y desnudos en la oscuridad... Otro terminará por revelar algo más... La exigencia del secreto, plagada de amenazas, ha hecho callar a los niños: hasta que estalla el escándalo.

La atención de los padres se centra en los casos de pedofilia y en la necesidad de educar a los hijos de manera prudente. Sí; pero ¿cómo hacerlo? ¿No será peligroso hablarles de tales hechos?

Ayudados por una persona competente, los padres logran liberar al niño de su pesado secreto. Se han tomado el tiempo necesario para hablar con él, con paciencia y delicadeza, sin forzarle a olvidar el suceso. Al condenar enérgicamente el hecho, han excusado también a su irresponsable autor, haciendo comprender poco a poco al niño que la conducta en cuestión no era la de un verdadero adulto. A través de su comportamiento y con otros ejemplos, el padre de Rémi le ha enseñado lo que debe ser un hombre. Con paciencia, demostrándole un gran respeto y mucha ternura, esos padres han ayudado a su hijo a olvidar, en la medida de lo posible, lo sucedido en su cuerpo.

Son cada vez más numerosos los casos de pedofilia o de incesto que salen a la luz. La inestabilidad afectiva y sexual de un creciente número de personas, la ruptura de las familias y la pérdida de valores explican, indudablemente, la inmadurez de los adultos culpables de tales hechos.

Inés Pélissié du Rausas

La atención de los padres se centra hoy en los casos de pedofilia y en la necesidad de educar a sus hijos en comportamientos prudentes. Sí; pero ¿cómo hacerlo? ¿No será peligroso hablarles de tales hechos?

Sin embargo, guardar silencio es culpable; hoy, un niño de cada diez será abordado por un pedófilo...

¿Qué decir?

Si el niño sabe que los adultos no son perfectos, podrá comprender que alguno de ellos le falte al respeto, pretendiendo mirar o tocar su cuerpo de un modo que le molesta, queriendo jugar, por ejemplo, a juegos amorosos con él... Cuando los niños desean decir no en su interior, han de encontrar el modo de decir no.

En el momento en que algo le parece anormal, una mirada, un comportamiento, una petición de guardar el secreto, debe hablar inmediatamente con sus padres, con su abuela... Librar de culpa al niño evitará que guarden secretos demasiado pesados de soportar.

Como el de la pequeña de 6 años que, abordada por un exhibicionista cerca de los columpios de su residencia, dijo a una amiga, tras huir: «Sobre todo no hay que contarlo, porque eso no está bien».

Hoy es importante explicar al niño, sin falso pudor, las situaciones y circunstancias concretas en las que debe mostrarse prudente y vigilante, en un estado interior de alerta, por decirlo de algún modo. (Cursillos de deporte, actividades asociativas diversas, cualquiera que sea el medio, garajes de bicicletas, el ascensor, caminar solo por la calle, en el jardín, en su zona, en el supermercado...) ¡Él solo no puede imaginárselo todo!

No obstante, habrá que aclarárselo con calma, para no angustiar inútilmente la imaginación, ¡tan fértil!, del niño, pues, si la excitamos, corremos el riesgo de que se obsesione y comience a fantasear.

Dos obstáculos que se han de salvar

¿Debemos prevenir las agresiones sexuales al mismo tiempo que impartimos la educación sexual? Parece difícil.

En efecto, ¿cómo partir de la fealdad de determinados comportamientos adultos para abordar a continuación la belleza de la vida y del amor? ¡Sería suficiente para desconcertar a cualquiera! Parece preferible separar cuidadosamente los dos tipos de conversaciones, y no mezclar la educación sexual con la necesaria formación del niño en la prudencia.

En una familia cristiana, el conocimiento de la historia de la salvación, y, por lo tanto, de la existencia del mal y del pecado, ayuda extraordinariamente a hacer comprender al niño lo esencial sin entrar en sórdidos e inútiles detalles o en juicios arbitrarios sobre las personas.

Hablando así, se forma al niño, sin dramatizar, en la vigilancia y en la prudencia. Al mismo tiempo, se trata la existencia del mal en uno de los escasos terrenos en los que existe un cierto consenso en contra: cuando afecta al niño víctima de abusos sexuales. Un cierto consenso solamente, pues una revista semanal ha creído oportuno publicar un reportaje favorable al incesto, final de un tabú... ¡No metamos la cabeza bajo el ala! El mal existe y, para defenderse de él, el niño ha de estar informado.

Por ejemplo, Agnès encontró enseguida las palabras para hablar con sus dos gemelas, recién escolarizadas:

Parece preferible separar cuidadosamente los dos tipos de conversaciones, y no mezclar la educación sexual con la necesaria formación del niño en la prudencia.

Inès Pélissié du Rausas

—«Niñas, ya sabéis que existe el mal. Sabéis que los niños pequeños pueden sentir la tentación de hacer alguna cosa mala. Pues eso también les puede ocurrir a las personas mayores.

Pues bien, a veces algunas personas mayores, que nos parecen amables, no lo son en absoluto. Por eso os he dicho que no subáis al coche de un desconocido, que no aceptéis jamás un caramelo de un desconocido...

Esas personas mayores que parecen amables pueden hacer cosas malas a los niños pequeños, por ejemplo, no respetar sus cuerpos.

Sabéis que es importante respetar el cuerpo, ya os lo dije el otro día a la hora del baño. Con el cuerpo, que es hermoso, no se hace cualquier cosa. Se toca con respeto y se cuida de él. El cuerpo nos permite amar, demostrar a los otros que los amamos con todo nuestro corazón. Eso hace la mamá cuando mima a la niña sobre sus rodillas, el papá que toma al hijo en sus brazos o el niño que se alegra de ver a su abuela y la besa con fuerza.

Sin embargo, ¿qué puede ocurrir con algunas personas mayores o con algunos chicos del colegio o del instituto que "no se portan bien"?

Cuando un niño aprovecha el recreo para levantar las faldas a una niña o para decirle en voz baja cosas que no se atrevería a repetir en voz alta, no se está portando bien y la niña no está contenta.

Pues bien, puede ocurrir que algunas personas mayores hagan ese género de cosas. Si alguien os dice cosas desagradables sobre el cuerpo, os pide que le dejéis tocarlo, si quiere jugar a los enamorados con vosotros, si os pide cosas raras y si, además, os indica que no digáis nada a papá ni a mamá, hay que decir no. Hay que tratar de marcharse sin que se dé cuenta y hablar con mamá o con alguien al que se quiere, en cuanto se pueda». Aquí conviene citar al niño el nombre de las personas conocidas y cercanas.

Para la formación del niño en la prudencia es preciso salvar un segundo obstáculo. Siendo realistas, podemos sentir la tentación de emplear un vocabulario que devalúe la sexualidad, el cuerpo y el amor, y que pertenece más a la cultura de muerte que a la cultura de vida.

Veamos un ejemplo: con objeto de hacer consciente al niño de que no puede aceptar cualquier cosa de un adulto o de un chico mayor, tenemos la tendencia de decirle: «tu cuerpo es tuyo y nadie puede obligarte a nada».

¿Es un buen argumento? Mi cuerpo no es mío como una propiedad, pues soy yo mismo. En cierto modo soy su guardián, en el sentido de que debo cuidarme a mí mismo o de que soy responsable de mí mismo, pero ¡no el propietario! Mi cuerpo no es algo que yo haya comprado o que alguien haya comprado para mí. Mi cuerpo es un don, porque lo he recibido al mismo tiempo que la vida. Decir al niño «tu cuerpo es tuyo» significaría engañarle sobre él mismo y dejarle pensar, de manera implícita o explícita, que si otros no pueden utilizar su cuerpo, él podría.

> Mi cuerpo no es mío como una propiedad, pues soy yo mismo. En cierto modo soy su guardián, en el sentido de que debo cuidarme a mí mismo.

El hecho de banalizar el cuerpo y el acto sexual da lugar a la cosificación del cuerpo. Utilizado como una simple cosa, ni siquiera está considerado como un don ni como partícipe de la dignidad de la persona, una –cuerpo y alma– y única, capaz de donar a su vez: donación de uno mismo en el amor y donación de la vida.

Utilizar el cuerpo es utilizar a la persona, con todos los riesgos conocidos. Ahora bien, la cultura de vida rechaza tajantemente la utilización del cuerpo y de la persona. El utilitarismo es, más bien, una característica de la cultura de muerte. Por este motivo, hemos de cuidar el vocabulario empleado para prevenir a los hijos de los riesgos que corren.

Capítulo 3

Por una vida más humana

En el contexto cultural predominante hoy día, el cuerpo y la sexualidad adquieren un significado especial. Conviene que nos detengamos unos momentos en un «segundo aspecto».

¿Una sexualidad despersonalizada?

Uno de los «valores» dominantes hoy es el bienestar personal, considerado como una de las causas fundamentales del «desarrollo» individual, del hecho de «realizarse» y de lograr una «buena calidad de vida». «Los valores del TENER sustituyen a los del SER».

Si continuamos nuestro análisis dentro del mismo contexto,

La castidad en el amor es el modo de hacer pasar el bien del otro por delante de mi propio interés. Es la actitud que permite reconocer el valor absoluto de la persona del otro.

«el CUERPO ya no se percibe como una realidad específicamente personal, signo y lugar de la relación con los otros, con Dios y con el mundo. Queda reducido a la pura materialidad (...). En consecuencia, también la SEXUALIDAD está despersonalizada y explotada; en lugar de ser signo, lugar y lenguaje del amor, es decir, del don de uno mismo y de la acogida del otro en toda la riqueza de su persona, se hace, cada vez más, ocasión e instrumento de afirmación del yo y de una satisfacción egoísta de los deseos y de los instintos. Así queda alterado y deformado el contenido originario de la sexualidad humana; ambos significados –unión y procreación– inherentes a la naturaleza misma del acto conyugal son separados artificialmente (...). La procreación se convierte en el "enemigo" del ejercicio de la sexualidad.

En la perspectiva materialista descrita más arriba, LAS RELACIONES INTERPERSONALES SE ENCUENTRAN GRAVEMENTE EMPOBRECIDAS»[1].

Nos encontramos ante una alternativa. ¿Queremos para nuestros hijos una sexualidad despersonalizada, ocasión

Inès Pélissié du Rausas

e instrumento de la satisfacción egoísta de sus deseos e instintos o bien una sexualidad verdaderamente humana? Si queremos para ellos una sexualidad plenamente humana, tendremos que prepararlos para ello.

En efecto, el instinto no regula en el hombre los impulsos sexuales. ¿Cómo conseguirlo de un modo humano, si no es por medio de la educación y, más concretamente, de la educación en la castidad?

Al entrar en la adolescencia, no solo ha de aprender a aceptar su pertenencia al sexo masculino y femenino y a conocer su cuerpo, sino también a dominarlo.

La castidad, una energía espiritual

¿Qué es la castidad? La palabra viene del latín castus, puro. La castidad en el amor es el modo de hacer pasar el bien del otro por delante de mi propio interés. Es la actitud que permite reconocer el valor absoluto de la persona del otro, no negando el deseo, sino considerándolo como una fuerza llamada a estar al servicio del amor. La castidad reconoce que el cuerpo es cuerpo de la persona, y permite concretamente usar el cuerpo, el mío, el del otro, con respeto. En este sentido, la castidad es una actitud muy positiva de la persona, es una prueba de su libertad.

1. *El Evangelio de la vida*, n° 23.

Puesto que, a través de los hechos y las situaciones concretas, la persona desea vivir y manifestar el respeto por uno mismo y por el otro, la castidad realza siempre –al nivel de la persona– los valores sexuales del cuerpo. Cualquier comportamiento que diera lugar a un sometimiento –a través del cuerpo de la persona amada– a los deseos de posesión y de placer del que «ama» sería un comportamiento egoísta y faltaría a la castidad, lo mismo que cualquier comportamiento por el que una persona, adolescente o adulta, llegara a ser esclava de los instintos de su propio cuerpo.

«Nadie puede dar lo que no tiene; si la persona no es dueña de ella misma –gracias a la práctica de las virtudes y concretamente de la castidad– carece de ese dominio que le hace capaz de entregarse. La castidad es la energía espiritual que libera al amor del egoísmo y de la agresividad. En la misma medida en que la castidad se debilita en él, el amor del hombre se va haciendo cada vez más egoísta, es decir, se vuelve hacia la satisfacción del deseo de placer y no de la entrega de uno mismo»[2].

Estamos llamados a ser pacientes con nosotros mismos así como con nuestros hijos, pues sabemos que «una golondrina no hace la primavera, ni tampoco un solo día».

La castidad aparece así como una virtud que nos «humaniza» o, si lo preferimos, que nos hace más humanos, mientras que la conducta opuesta muestra unos comportamientos infrahumanos cuyos ejemplos vemos multiplicarse hoy día. ¡Atención a no confundir la verdadera castidad con la soberbia del perfecto! El señorío de uno mismo no es un fin en sí. No tiene valor más que al servicio de un bien más grande: la persona.

«Que sea por amor y no por afán de heroísmo tu deseo de permanecer casto o de llegar a serlo; que sea por el interés personal y no por llevar a cabo una proeza moral; que sea por la humildad de un simple ofrecimiento de ti mismo y no por la pretenciosa crispación de tu voluntad. Si quieres ser puro con objeto de preservar una hermosa imagen de ti mismo –si lo consigues durante algún tiempo–, te expones a la soberbia o al desánimo, pues probablemente fracasarás. Es infinitamente más verdadero y más justo el hecho de tratar de ser puro por amor»[3].

No hay instinto que nos haga castos. Tenemos que llegar a serlo y ayudar a nuestros hijos a que lo sean por

Inès Pélissié du Rausas

medio del aprendizaje progresivo del dominio propio, del espíritu de servicio, pero también de la lucha por adquirir, desde la primera infancia, las principales virtudes humanas. Precisemos que la realidad expresada con esta palabra es todo... menos ridícula. La palabra procede de «virtus», la «fuerza varonil» en latín. En cuanto a la palabra equivalente en griego, significa nada menos que la excelencia.

«¿Cómo descubrir la belleza y necesidad de la castidad si no se ha inculcado desde la infancia la práctica de la templanza (por ejemplo, para frenar la glotonería) o si no se ha estimulado al niño a practicar las virtudes de la fortaleza y la templanza? ¿Cómo resistir a los impulsos sexuales cuando no se ha aprendido a dominar un deseo o a sacrificarse por el bien de los que nos rodean?»[4].

Estamos llamados a ser pacientes con nosotros mismos así como con nuestros hijos, pues sabemos que «una golondrina no hace la primavera, ni tampoco un solo día», como decía Aristóteles. Dicho de otro modo, también a causa de que lleva tiempo educar a los hijos, lo mejor es empezar desde la primera infancia.

Llegado el momento, algunas costumbres adquiridas desde esta edad les ayudarán a vivir la castidad con menor esfuerzo. Por ejemplo, adquirir el hábito de aceptar las razonables contrariedades motivadas, según las palabras de Paul Lemoine. No lloriquear después de una caída, sobre todo si ha sido consolado. Comer a las horas de las comidas, y no fuera de ellas... Soportar los imprevistos y saber molestarse por los demás, tratar de perseverar en el esfuerzo...

Hemos de decir también que nuestros hijos son capaces de superarse más de lo que pensamos, y de comprenderlo. Como aquella pequeña Émile, de 7 años y medio, una

2. Realidad y significado de la sexualidad humana, nº 16.

3. André Léonard, *Jesús et ton corps*, Mame, 1996, p. 107.

4. Philippe Oswald, *Debout les pères*, 1998, Le Serment, p. 169.

apasionada de la historia, que, después de leer la vida de Juana de Arco, dijo a su madre:

«Mamá, he comprendido; mi combate no es como el de Juana de Arco que tenía que echar a los ingleses de Francia: ¡es el de no protestar en la mesa!».

Y es que el camino de la superación personal, que nos abre a una mayor plenitud de vida y nos conduce también a la felicidad, no es un camino contra natura, ni inhumano, incluso si en ocasiones resulta ser estrecho y difícil.

«He venido para que tengan vida y la tengan en abundancia» (*Jn* 10, 10).

El camino de la superación personal, que nos abre a una mayor plenitud de vida y nos conduce también a la felicidad, no es un camino contra natura, ni inhumano.

Muchos padres podrían dar testimonio de la maravillosa acción de la gracia de Dios en la vida de sus hijos y en la vida de la familia. La gracia de Dios permite emprender los caminos angostos con mayor facilidad.

Capítulo 4

¿Y la vida espiritual de nuestros hijos?

Afinar en el conocimiento del bien y del mal; descubrir los sentimientos del otro; olvidarse de uno mismo alegremente; pedir perdón; adquirir progresivamente las principales virtudes humanas; todo ello se facilita enormemente cuando el niño vive en la escuela de Jesús, verdadero Dios y verdadero Hombre –Hombre perfecto–; cuando se sabe amado por Él y desea amarle a su vez.

Así lo confirma la historia de la pequeña Madeleine, de 7 años, a la que le costaba obedecer y que un día dijo a su madre:

«¿Sabes, mamá?, ayer por la noche, cuando me mandaste apagar yo sabía que tenía que hacerlo pues, si no, estaría cansada al día siguiente. Pero ¡me apetecía hablar con Clémence! Entonces pedí ayuda a Jesús, y cerré la puerta para no mirar en su cuarto».

Descubrir los sentimientos del otro; olvidarse de uno mismo alegremente; pedir perdón; adquirir las principales virtudes; todo ello se facilita mucho cuando el niño vive en la escuela de Jesús.

Descubrir el amor de Dios

En las familias cristianas, el niño, sentado en las rodillas de sus padres, en la oración de la noche, en un grupo de profundización en la fe –cuando es posible–, y en la misa del domingo, descubre enseguida el amor que Jesús siente por él.

Poco a poco aprende el trato confiado con Dios al mismo tiempo que el significado cristiano de la historia de la salvación: el relato de la Creación del mundo, de los ángeles y del hombre, la historia de Adán y Eva, la tentación, el papel desempeñado por los ángeles malos, la caída, la promesa de salvación, el sí de María en la Anunciación, el nacimiento del Salvador en la gruta, su vida y su muerte ofrecidas por nosotros, la existencia de los ángeles custodios...

Inès Pélissié du Rausas

Gracias al influyente ejemplo de la vida de los santos, sobre todo de los santos jóvenes a los que puede imitar, el conocimiento de la historia de la salvación es muy valioso para el joven.

Le permitirá descubrir en su propia vida muchas de las realidades que se desprenden de ella, especialmente el camino que conduce a la felicidad; el sentido del combate que debe entablar por amor a Jesús y no simplemente por ser «bien educado» (que enseguida le resultaría aburrido) y el deseo de unificar progresivamente su persona desde el interior y madurar poco a poco bajo la mirada de Dios, su Padre, con la ayuda de su ángel custodio, de los santos y de su Madre del cielo.

De este modo, en esta edad en la que es místico y plantea numerosas preguntas sobre el sentido de la vida y de la muerte, el niño descubre que no está solo y ¡que cuenta con muchos amigos!

Recibir los sacramentos...

«Le presentaron unos niños para que los tocase, pero los discípulos les reprendían. Al advertirlo Jesús, se enfadó y les dijo: «Dejad que los niños se acerquen a mí, no se lo impidáis, porque de estos es el reino de Dios. Os aseguro que quien no reciba el reino de Dios como un niño, no entrará en él» (Mc 10, 14-16).

Hacia los 7-8 años, o antes si el niño es precoz, los padres habrán comenzado a acercarlo a los sacramentos, especialmente a los sacramentos de la reconciliación y de la eucaristía, que son, también para él, no una especie de recompensa reservada a las grandes ocasiones de la vida, sino una necesidad, un alimento destinado a reparar sus fuerzas, el canal de la gracia de Dios.

Parece importante familiarizar al niño con los sacramentos antes de la adolescencia e, incluso, antes de la pubertad; por una parte, por el beneficio que producen y, por otra, para acostumbrarle, para inducirle a buscar en ellos su fuerza y a apoyarse en Dios. Cuando llegue la adolescencia, el muchacho podrá continuar su carrera en una edad en la que sería difícil iniciarla. Entonces habrá llegado para él el momento de recibir el sacramento de la Confirmación.

Y unos consejos adecuados en la dirección espiritual

Los padres saben muy bien lo inútil que es agobiarlos con un chorro ininterrumpido de recomendaciones generales, de órdenes de todo tipo... ¡que caen en el vacío!

Si es importante familiarizar al niño con los sacramentos, lo es también proponerle otra cuestión, que no es el sacramento de la reconciliación, pero que la mayoría de las veces tendrá lugar con motivo de ese sacramento. Se trata de una conversación con un sacerdote conocido del que recibe unos valiosos consejos para su vida. Ciertamente, también puede recibir la ayuda de su padre y de su madre en ese terreno, especialmente cuando se prepara para la confesión.

Sin embargo, cuanto más crece el niño, más derecho tiene al respeto a la intimidad de su vida espiritual. ¿Por qué no hacer respecto a la vida espiritual lo mismo que se intenta hacer con la vida, en general? Los padres saben muy bien lo inútil que es agobiarlos con un chorro ininterrumpido de recomendaciones generales, de órdenes de todo tipo... ¡que caen en el vacío!, pues no reacciona si se le exigen demasiadas cosas a la vez. Saben también que es inútil tratar de lograr un resultado, si no se molestan en verificarlo y por el que no se felicita al niño que ¡no verá razón alguna para complicarse la vida!

En cierto modo, sucede lo mismo en la vida espiritual. Para madurar, para aprovechar plenamente la fuerza que proporcionan los sacramentos, el niño no necesita recibir ráfagas de consejos de orden general: «sé amable con los demás, no seas goloso, estudia bien...». ¡Todo eso le parecerá imposible y aburrido!

Necesita una orientación, una dirección que le indique el porqué, el sentido de alguna meta que se le proponga; y no porque deba, ni siquiera porque esté bien, sino por amor a Jesús... Necesita también conocer el cómo: no diez esfuerzos diarios, sino solamente uno concreto todos los meses, por Jesús.

Por último, los cariñosos elogios del sacerdote ante el mínimo progreso, le ayudarán mucho, sobre todo si descubre en él la mirada bondadosa del que es «otro Cristo». Esa sería, seguramente, la mirada del padre Eduardo Poppe, el sacerdote italiano recientemente beatificado, que consagró su vida al servicio de los niños y de los jóvenes. Basándose en su experiencia, expuso de forma luminosa y siempre actual, a pesar del vocabulario quizá un poco anticuado, en qué consiste la dirección espiritual de los niños.

«Dirigir a un niño: es (...) decirle, de un modo adecuado a su situación actual, cómo debe actuar, ÉL, para corregirse de determinado defecto que desfigura su alma, para adquirir determinado modo de pensar, determinada regla de conducta. Dirigir a un niño: es prepararle para que adquiera en su mente y aplique en su conducta las enseñanzas y los ejemplos de Jesucristo que ha aprendido en el catecismo o en los sermones. Dirigir a un niño: es acostumbrarle a concretar en su comportamiento, según las exigencias de su estado presente, la imitación de Nuestro Señor Jesucristo.

Desde el punto de vista de los sacramentos, la dirección no es más que la adaptación al temperamento y condiciones de cada alma de las gracias obtenidas: a través dc la dirección, el niño aprende a utilizar en su conducta personal y en sus relaciones con los demás las gracias recibidas en la Comunión y en la Confesión. Ahora bien, esas gracias son la vida de Jesús en germen; (...); la dirección va a preparar en cada alma de niño la cooperación personal y apropiada a la gracia»[1].

Gracias al consejo espiritual, los niños –como por supuesto las personas mayores... si no son demasiado «mayores»– maduran y se unifican poco a poco. La vida de oración, la relación con Dios, evoluciona lentamente, según sus posibilidades; aprende a vivir la humildad y la sinceridad. Eso es capital para su vida de fe, que también está en juego. En sus *Mémoires d'une jeune fille rangée,* Simone de Beauvoir cuenta que perdió la fe a fuerza de «comer manzanas prohibidas», mientras que seguía confesando únicamente «defectos nobles»:

> **«En Meyrignac, una noche como tantas otras me asomé a la ventana... Mi oración adquirió un ligero auge y luego cayó... Me había pasado el día comiendo manzanas prohibidas (...); antes de dormirme, me contaría historias raras que me pondrían en estados raros. "Son los pecados", me dije. Era imposible seguir haciendo trampas por más tiempo: la desobediencia sistemática y continuada; la mentira; los pensamientos impuros no eran conductas inocentes... «Ya no creo en Dios», me dije sin sorprenderme demasiado»[2].**

La vida de oración, la relación con Dios, evoluciona lentamente, según sus posibilidades; aprende a vivir la humildad y la sinceridad.

Inès Pélissié du Rausas

El niño no tiene por qué confesar «defectos nobles», sino mostrarse tal y como es, saberse frágil ante la mirada de Dios, amado en su fragilidad. Aprenderá a ser sincero delante de Dios y delante del sacerdote, que no se sorprende de nada porque conoce el corazón humano.

«En la tarde de su pecado, Adán piensa que es imposible que Dios le ame todavía y huye del dulce encuentro del atardecer. Realmente s mos descendientes de Adán. Una cierta conciencia culpable nos hace creer imposible el amor de Dios, y huimos de Él. Por desprecio hacia nosotros mismos, cada vez ponemos mayor distancia, mientras el Señor no cesa de acercarse a nosotros. Lo primero que nos pide es la confianza. Dios nos conoce mejor que nosotros mismos. Nos ha creado en un pensamiento de amor. ¿Cómo no va a amar su obra? Conoce nuestra herencia, nuestra educación, nuestra condición de hombres y mujeres dañados originalmente (...). Cuando empezamos a descubrir el amor con que nos ama, es nuestro yo dominador el que se convierte en nuestro castigo (...). Y entonces somos la oveja por la que Él abandona el rebaño (...). Jesús viene el primero a nuestro encuentro. Si aceptamos ese encuentro, su amor despertará nuestro amor»[3].

¡Es misión nuestra, si tenemos fe, la de ayudar a nuestros hijos a acudir a ese encuentro!

1. E. Poppe, *La direction spirituelle des enfants*, Tequi, p. 23.
2. Simone de Beauvoir, *Mémoires d'une jeune fille rangée*, Gallimard, 1958.
3. Marie Helène Mathieu, *Ombres et Lumière*, n° 118, junio 1997, p. 5.

Capítulo 5

La educación afectiva y sexual del niño deficiente mental. Testimonios

¿**C**ómo educar afectiva y sexualmente a niños dañados en su inteligencia? También en este terreno se enfren-
tan hoy la cultura de vida y la cultura de muerte.

Las páginas siguientes deben lo esencial de su contenido a la revista *Ombres et Lumière* –la revista cristiana de
las personas deficientes–, a la larga experiencia de sus
redactores y a la autenticidad de los testimonios aporta-
dos, que agradecemos desde aquí.

Preguntas ante la «protección sexual» impuesta

Existen pocas actividades organizadas y un solo entretenimiento: la televisión, que incita a considerar la relación sexual y los contactos genitales como los únicos modos de felicidad.

«Soy madre de una soltera de 22 años, deficiente
mental media, mediopensionista en un Centro de
asistencia especial. Acabo de sufrir una dolorosa
experiencia. Mi lucha, resumida, es la siguiente:

Primera entrevista con la dirección: "Señora, una
joven no debe ingresar en estos centros sin una
protección sexual. Puede elegir entre la píldora, la
ligadura de trompas o el dispositivo intrauterino. En
Francia no existe ningún centro consciente que no
imponga esta disposición"... Yo telefoneo a los responsables de la asociación departamental gestora para conocer
lo dispuesto sobre este problema en nuestros centros.
Recibo las siguientes respuestas: "¿Qué diferencia hay
entre una píldora y una aspirina?". Creí desmayarme...
"Su hija tiene que pasar por eso". Creí explotar.

De hecho, he sabido que algunos muchachos habían
agredido sexualmente a algunas chicas; también es cierto
que entraban libremente en las habitaciones o se paseaban desnudos por los pasillos. Hubo un aborto...

Inès Pélissié du Rausas

Algunos padres tienen miedo de que los profesionales encargados les devuelvan a la hija... Quince familias se sienten aliviadas sabiendo que no hay nada que temer, pero otras quince gritamos ¡socorro!; sobre todo, no entramos en el sistema, porque iríamos hacia otro "no importa" sobre el respeto a la persona»[1].

Otra madre se pregunta si esterilizar a su hija no significa traicionarla:

«La esterilización va en contra de todo lo que hemos intentado inculcar en Sabine para que acceda a su máxima autonomía y para hacerla cada vez más responsable de sus actos. Tenemos también una gran transparencia, una profunda relación. Siempre hemos empleado con ella un lenguaje sincero»[2].

La dificultad que plantea la «protección sexual» por medio de la contracepción –es decir, una contracepción calificada de «irreversible», la esterilización– nace de que la mayoría de esos centros son mixtos, y de que carecen de control. Existen muy pocas actividades organizadas y un único entretenimiento omnipresente: la televisión, que incita a considerar la relación sexual y los contactos genitales como los únicos modos de felicidad. Así lo confirman gran número de padres, pero también de educadores, como el que, a continuación, se pregunta sobre su formación:

«En un curso de formación de educador especializado, pedí el contenido de las intervenciones sobre educación afectiva y sexual de las personas disminuidas. Me respondieron que no estaba previsto en el programa y que, con los métodos actuales, apenas surgían problemas.

De hecho, casi todas las mujeres del centro estaban preparadas para la contracepción y dos de ellas, esterilizadas. Las relaciones entre hombres y mujeres eran muy libres. Había pocas diversiones organizadas; la mayor ocupación, fuera de los talle-

1. *Ombres et lumière*, n° 107, revista trimestral editada por Office Chrétien de las personas disminuidas.
2. *Ibídem.*

res, era la televisión, con toda la llamada al libre curso de los instintos sexuales y a la violencia. Yo me sentí superado. ¿No debería existir en el programa oficial de formación de las escuelas de educadores un estudio profundo sobre la educación afectiva y sexual de las personas deficientes (cualquiera que sea su deficiencia)?»[3].

Así, el joven disminuido se encuentra hoy empujado, como cualquier adolescente, a vivir una sexualidad impulsiva, a satisfacer sus instintos, más que a construir una relación de persona a persona. Se quita importancia a la masturbación, así como a las relaciones sexuales sin futuro.

Actualmente, cuando, por una parte, se promueve al máximo la autonomía y la responsabilidad de las personas disminuidas –especialmente a través del trabajo–, por otra, se manifiesta un desprecio total por la integridad de su persona: desprecio del cuerpo e indiferencia en la vida cotidiana: (no se les enseña a vivir el pudor y el respeto a su propio cuerpo, no se les hace avanzar hacia una madurez afectiva, hacia una entrega que puede ser la suya); desprecio a su capacidad de fecundidad y de lo que significa; desprecio del riesgo que corren de ser víctimas de abusos sexuales; (desde el momento en que hay un contraceptivo, un abuso sexual carecería de importancia...); desprecio, en fin, de sus aspiraciones más profundas, pues se les engaña sobre el «amor» al que tienen derecho. Ese desprecio de la persona procede de la cultura de muerte.

> El joven disminuido se encuentra hoy empujado a, como otros adolescentes, vivir una sexualidad impulsiva y a satisfacer sus instintos.

¿Hay otra vía?

¿Cómo respetar y ayudar al joven deficiente? Empezando por escucharle.

Inês Pélissié du Rausas

«He conocido a uno, es mi mejor amigo», suele decir Claire a su madre. «Quiero estar con gente de mi edad», dice Laurence, 18 años, a su madre que añade: «Es lo normal. Yo creo que el mayor sufrimiento de Laurence es el de no poder llevar el modo de vida, la libertad y las relaciones de los de su edad. Y detrás de este patente dolor, late otro más profundo y más oculto, mezclado con una enorme angustia: «¿Me casaré algún día? ¿Tendré hijos algún día?»[4].

Es impresionante constatar que el joven disminuido mental no pide el derecho a mantener relaciones sexuales frecuentes, sin futuro, con distintas parejas. Pide un «mejor amigo» o un amor.

La edad «del cambio»

El paso a la vida de adulto preocupa más o menos a los padres. Tienen miedo de hablar al adolescente de las transformaciones de su cuerpo en el momento de la pubertad, de sus tanteos hacia el amor. El Doctor Réthoré, médico y amigo de personas deficientes mentales, se dirige a ellos con un lenguaje directo y sincero.

«Las metamorfosis de la adolescencia... ¡Cuántos padres desearían que no se presentaran a su hijo o a su hija! Pues bien, se presentan, como para todo el mundo y del mismo modo... El joven vivirá todos sus interrogantes, todas las angustias, todas las incertidumbres de la crisis de la adolescencia con más dificultades que los otros, porque le costará más trabajo expresar lo que siente. Por otra parte, los temores, las angustias que provoca en el entorno familiar, social e institucional, agravan su fragilidad.

Estos adolescentes necesitan una compañía aún más amable, sin olvidar que el respeto y la estima que tienen de sí mismos pasa por la consideración que percibe en los demás respecto a

3. Op. cit., p. 10.
4. Ibídem, p. 8.

nosotros. No humillar jamás, ridiculizándolos; respetar su innato pudor; no culpabilizarlos; ayudar al adolescente a tomar conciencia de sus nuevas posibilidades, pero también de sus limitaciones. En ese momento, el laxismo es, a menudo, una manifestación de abandono por parte de los padres y de los educadores. No desean tomar partido, y entonces intentan encontrar soluciones que únicamente retrasan el momento de asumir los verdaderos problemas»[5].

▪ Educar en la verdad

Tanto si cuenta con gran personalidad, como si es pusilánime, será necesario enseñarle a hacer todo lo que pueda.

«En ambos casos hemos de acompañar su dolencia con la verdad: «Es cierto que de momento no puedes hacer esto... pero puedes hacer eso otro. No puedes conducir un coche ni una moto, pero puedes montar en bici...».

No dejarle hacer lo que sea, de cualquier modo; respetar su gusto por el riesgo, pero tras haber delimitado con él un margen de seguridad razonable, y ser exigente en el respeto al acuerdo tomado en común.

Ayudarle a expresar sus angustias, su sufrimiento, sus deseos, respetando su íntimo secreto (no hablar nunca de él a terceros en su presencia, sin su permiso). Permitirle reunirse solo con aquel o aquella en quien confía, con el que puede compartir.

Ayudar a su autoestima: no se puede amar a los demás si uno se detesta a sí mismo. De ningún modo se trata de ocultar, de disfrazar la deficiencia.

Ayudar a su autoestima: no se puede amar a los demás si uno se detesta a sí mismo. De ningún modo se trata de ocultar, de disfrazar la deficiencia, de hacer trampa. La deficiencia existe, la lleva, la soporta y reivindica el derecho y los medios de vivir con ella... ¡Tenemos la obligación de no decepcionarle! Que sienta en su interior, como cualquier otro miembro de la familia, que tiene un lugar específico, el suyo, que es irreemplazable. Para ayudarle a ello, confiarle desde la infancia una tarea acorde con su edad y sus gustos. No sustituirle cuando se niega u olvida su encargo. Hacerle saber que, si no lo cumple, perjudica a alguien y rompe la armonía... Y al contrario, no dejar de decirle lo felices que hace a los demás, gracias a su participación en la vida de la casa.

Pero, sobre todo, debe sentirse amado en el corazón de sus padres y de todos los miembros de la familia, no por compasión o por piedad, sino sencillamente porque es esa persona única e irreemplazable.

Idéntica certeza ha de encontrar en su relación con Dios, que exige todo un acompañamiento y un profundo respeto también por su fuero interno, y la aceptación, por anticipado, de ver cuestionada nuestra «buena conciencia».

■ La angustia es mala consejera

Negar la sexualidad es hacerla explosiva. Hay que aprender a domesticarla, a socializarla. Desde la primera edad, hay que inculcar en el niño las reglas de la educación, las «buenas maneras» (no se besa a todo el mundo, no se desnuda uno no importa dónde y delante de no importa quién...).

La solución no consiste en el encierro en el seno de un nido cerrado, del claustro familiar (...). Se pueden transformar, integrar los impulsos naturales de esos jóvenes. No digo que sea fácil ni que se haga sin dolor, pero digo que es posible porque esa energía es educable. A lo largo de los años cambia de forma, de objeto. Puede estar orientada a actividades estimulantes (deportes, teatro, equita-

Inès Pélissié du Rausas

5. Dr. Réthoré, op. cit.

ción, escalada, música, servicios a los demás), unas actividades en las que los adolescentes disfrutan compartiéndolas con otros. Allí pueden entablar verdaderas amistades. La energía vital, la energía del amor ahora está dirigida hacia los demás, no por las relaciones de los cuerpos, sino por los gestos de delicadeza, de bondad, de solidaridad...

■ **Acompañar, escuchar, consolar**

Ante las burlas, las reacciones brutales, el aislamiento, el adolescente cae en una profunda crisis. Su sufrimiento es real; es el sufrimiento de un adulto y no el del niño que olvida inmediatamente.

Todo es perfectamente real: el padecimiento de los padres, su legítima preocupación... A nosotros, educadores, médicos, amigos, abuelos quizá, compete el hecho de acompañar ese sufrimiento, escuchando, consolando... y ¡volviendo a empezar! (...).

Dejar que el tiempo haga su obra acompañando discretamente; y el joven comprenderá paulatinamente lo que puede hacer y lo que no, desde el momento en que hayamos sabido respetar el secreto que confiere dignidad a su personalidad, además de su derecho a ser reconocido como persona completa, capaz de amar y de ocupar un lugar único en la familia humana»[6].

Por lo tanto, el niño –luego adolescente– disminuido mental tiene derecho a la misma educación en el amor que los otros. Pero será una educación adaptada a cada uno e impartida con más ternura aún, porque ese niño está dañado en su inteligencia y sufre por ello. Le ayudaremos a encontrar el camino de su madurez afectiva creando en

El niño –luego adolescente– disminuido mental tiene derecho a la misma educación en el amor que los otros. Pero será una educación adaptada a cada uno e impartida con más ternura aún.

torno a él un clima de amistad y de profundo respeto que le permitirá descubrir que es alguien y que puede establecer auténticas relaciones de amistad.

Inès Pélissié du Rausas

6. *Ombres et lumière*, n° 107, p. 32.

¿Y si pensamos un poco en nosotros?

El amor de los padres y la cultura de vida

Y en nosotros, que sinceramente queremos hacer descubrir a nuestros hijos que, gracias al lenguaje de los cuerpos, la sexualidad permite expresar el amor que existe entre las personas; que es el lugar de la donación de uno mismo y de la acogida del otro; y que de esa entrega procede el don de la vida, ¿cómo es nuestra comunión conyugal en el seno de la familia? ¿Vivimos delante de nuestros hijos esa comunión de personas para la que estamos hechos? ¿Tratamos activamente de fortalecer la comunión empleando todos los medios humanos y espirituales que pueden existir, y buscando soluciones?

¿Cómo es nuestra comunión conyugal en el seno de la familia? ¿Vivimos delante de nuestros hijos esa comunión de personas para la que estamos hechos?

¿O vivimos resignados, con una especie de derrotismo moroso ante lo que no funciona? Ese derrotismo o pesimismo corre el riesgo de contagiarse, pues los hijos lo sienten. ¿Sienten que nos amamos y que, a pesar de las dificultades, amamos la vida?

¿Está despersonalizada nuestra vida sexual o carece de importancia? ¿Se ha convertido el niño para nosotros en el «riesgo» o en el peligro que hay que evitar y eso, incluso, si utilizamos la regulación natural de la natalidad como un medio sano y más «ecológico» de espaciar los nacimientos?

¿Sigue siendo la vida sexual un lugar de encuentro amoroso o se ha deteriorado por culpa de una progresiva desviación llegando a ser únicamente el medio de satisfacer el deseo de placer? ¿La educación sexual de nuestros hijos nos sitúa, un día u otro, ante estas cuestiones íntimas y delicadas? ¿Por qué ocultarlo?

De nuestra respuesta personal a estas preguntas depende, en parte, la educación en el amor y en la vida que daremos, o no daremos, a nuestros hijos.

Inès Pélissié du Rausas

En efecto, si aceptamos trivializar nuestra relación con-yugal, nuestro rechazo de la vida será una contradicción difícil de asumir en el momento de mostrar a nuestros hijos el valor incondicional de la vida, de cualquier vida. Porque nos situaremos ante una contradicción que nos será imposible resolver sin cambiar. Nuestros razona-mientos estarán en desacuerdo con nuestra vida.

¿Será esta la razón de que los padres guarden silencio o dejen que sus hijos entren en un callejón sin salida?

Una consideración más: si aceptamos devaluar nuestra relación conyugal, la empobrecemos. Ya no es realmente el encuentro amoroso de dos personas que se aman por lo que son, por todo lo que son, y que viven una entrega mutua sin reservas. Entre los esposos se ha introducido cierta mentira, porque de alguna manera está traicionada la verdad del acto sexual.

Dicho acto no es ya el lenguaje de los cuerpos que expresan un amor profundo y SIN RESTRICCIONES; ya no es una entrega sin reservas, abierta, incluso en potencia, a ese otro don que es la vida. A pesar del aumento con-creto del número de actos, la banalización del acto con-yugal conduce a un empobrecimiento de la calidad de la relación de persona a persona.

Un filósofo, Max Scheler, ha demostrado que, en otra época, la mujer, obligada al «débito conyugal» sin ternura ni cariño, veía transformarse su amor en resentimiento contra el culpable. Actualmente, ¿no siente la mujer un resentimiento hacia el que la coacciona de otra forma, porque no acepta todas las dimensiones de su feminidad, porque no la ama por ella misma, porque quizá le obliga a rechazar su deseo del hijo?

¿No lo sentirá así la persona que oiga decir: «Te deseo, pero no deseo tu fecundidad. No tengo que ver con tus aspiraciones»? Un amor condicionado para la vida, ¿no se traduce, de hecho, en un amor condicionado hacia el otro? También sufre la relación y eso se refleja en el ambiente familiar. Aumenta el riesgo de crear tensiones, el clima de silencios que pesan en el ambiente; y crece el peligro de impedir o frenar el desarrollo del sentido del otro, del dominio de uno mismo y de la delicadeza que deseamos comunicar a los hijos y a los adolescentes.

«Los hijos tienen un talento especial, casi sobrenatural, para leer en el alma de sus padres y en el secreto de sus corazones».

«(...) Los hijos tienen un talento especial, casi sobrenatural, para leer en el alma de sus padres y en el secreto de sus corazones. Podemos pensar que lo que vivimos en la intimidad de nuestra pareja no sucede delante de sus ojos, pero nuestros hijos leen en nosotros como en un libro abierto, no por los detalles carnales –que son de poca importancia–, sino por lo que es el principio. ¿Padres que hacen pasar su satisfacción personal en primer lugar? ¿Eso es lo que los hijos recordarán de la vida conyugal? (...). Esos MISMOS padres, ¿ponen en primer lugar el significado místico de su matrimonio, el don que Dios hace de uno a otro, la caridad? Los hijos beberán también de esa fuente»[1].

El combate entre el bien y el mal, entre la vida y la muerte, no solo está presente en el corazón de nuestras familias, sino también en nosotros mismos.

¿Cómo vivir el dominio de uno mismo en el matrimonio?

Aceptar ese «combate», ¿será inhumano, idealista, utópico? El testimonio de este hombre, descrito por Alphonse

Inés Pélissié du Rausas

d'Heilly tras una sesión sobre el matrimonio en las Antillas, parece indicar lo contrario:

«Veo una pareja de lo que allí llaman el marino-pescador. El chico tiene una barca y vive en una cabaña en la playa. Ya tenía ocho hijos. Celebramos una sesión con ellos y con sus vecinos. Él entendía bastante poco... Pues bien, con ayuda de un equipo de amigos, la pareja empezó a seguir la curva térmica. Hace dos meses, el matrimonio que les visitaba todas las semanas les anunció: "No os inquietéis, pero la semana próxima no vendremos porque vamos a hacer un viaje; por lo tanto, no os abandonamos"»[2].

El muchacho respondió algo que da mucho que pensar: «No os preocupéis; ahora me estoy haciendo un hombre».

Este hombre expresaba sencillamente, pero con orgullo, lo que había descubierto: hasta qué punto es humano el dominio de uno mismo.

¿Imposible o difícil?

Educar a nuestros hijos nos impulsa a educarnos al mismo tiempo a nosotros mismos. ¿Por qué no empezar por reconocer nuestra debilidad, nuestras limitaciones humanas? Eso puede permitir buscar, esperanzadamente, la fortaleza allí donde se encuentra.

La ayuda de un consejero matrimonial puede ser muy valiosa. En otro registro, proponemos lo siguiente a unos padres creyentes.

Lo mejor, para nosotros como para nuestros hijos, es luchar con las armas de la luz y no con armas perecederas.

«Esta es la fuerza esencial y fundamental: el amor arraigado en el corazón por el Espíritu Santo.

1. Bernard y Catherine Scherrer, *Les mystères joyeux de la vie*, Ed. Les trois archanges, p. 5.
2. Alphonse d'Heilly, *Aimer en actes et en vérité*, SAINT-PAUL/CLERC, 1996, p. 180.

(...) Los esposos... deben extraer la gracia y el amor en la fuente siempre viva de la Eucaristía: deben, con humilde perseverancia, superar sus propias carencias y sus propios pecados, recurriendo al sacramento de la penitencia.

Estos son los medios –INFALIBLES E INDISPENSABLES– necesarios para formar la espiritualidad cristiana de la vida conyugal y familiar. Gracias a ellos, esta fuerza de amor esencial y espiritualmente creadora gana los corazones humanos y también los cuerpos humanos en su masculinidad y feminidad subjetivas. Este amor permite, en efecto, edificar toda la coexistencia de los esposos SEGÚN esta VERDAD DEL SIGNO gracias al cual el matrimonio se construye en su dignidad sacramental»[3].

Los frutos de un amor auténtico

¿La familia llega a ser de repente la «familia ideal»? ¿Desaparecerán, como por arte de magia, las dificultades de la comunicación y de la educación? ¡Por supuesto que no! Pero los padres encontrarán los modos de dar la cara.

Habrá más alegría y paz en el corazón de los miembros de la familia, mayor transparencia entre ellos. Tratando de vivir lealmente la castidad, los padres podrán formar en ella a sus hijos. ¡Intentando expulsar el egoísmo de ellos mismos, podrán pedir a sus hijos que sean responsables!

El ejemplo de los padres será más creíble, porque habrá adquirido la fuerza de un testimonio. El testimonio... ¿de su perfección? Mejor dicho, de su humanidad. Porque la lucha forma parte de la condición humana, tanto para los padres como para los hijos.

El deseo que tienen los padres de vivir concretamente la castidad:

> ¿La familia llega a ser de repente la «familia ideal»? ¿Desaparecerán, como por arte de magia, las dificultades de la comunicación y de la educación? ¡Por supuesto que no!

«Aporta a la vida familiar frutos de serenidad y de paz y facilita la solución de los problemas: favorece la atención hacia el otro cónyuge, ayuda a los esposos a eliminar el egoísmo, enemigo del verdadero amor, y profundiza su sentido de la responsabilidad. Gracias a ella, los esposos adquieren una capacidad de influencia más profunda y eficaz para la educación de los hijos: la infancia y la juventud crecen en la justa estima de los valores humanos y en el desarrollo armonioso de sus facultades espirituales y sensibles»[4].

Toda familia humana está llamada a llegar a ser una comunidad de vida y de amor, y a cumplir su misión de «guardar, revelar y comunicar el amor»[5].

Inès Pélissié du Rausas

3. Juan Pablo II, 3 de octubre de 1984. El amor humano en el designio divino. Cerf, p. 75.
4. Pablo VI, *Humanae vitae*, n° 21.
5. Juan Pablo II, *El Evangelio de la vida*, n° 92.

educando en valores

Ayuda a los padres en la difícil tarea de educar y contribuye a mejorar la vida familiar.

Serie A: COMO EDUCAR

Serie B: EDUCAR POR EDADES

Serie E: MEDIOS EDUCATIVOS

TÍTULOS DE ESTA COLECCIÓN
PUBLICADOS EN INGLÉS

Colección educucom

Las guías te ofrecen
claves y consejos prácticos
que responden a las
inquietudes que genera
la sociedad actual.

¿Emocionalmente inteligentes?
Una nueva dimensión de la personalidad humana
2ª edición
Amparo Catret

¡Por favor, háblame del amor!
La educación afectiva y sexual de los niños de 3 a 12 años
2ª edición
Inès Pélissié du Rausas

Una familia en el ciberespacio
Cómo aprovechar Internet en la educación familiar
Fernando García-Fernández y Xavi Bringué Sala

Aprender a estudiar... no es imposible
Técnicas de estudio para hijos en edad escolar
Joaquín Almela

Tus preguntas *y las respuestas* sobre Amor y Sexo
Mary Beth Bonacci

Para más información dirigirse a:
EDICIONES PALABRA, S.A. - Castellana, 210 - 28046 Madrid
Telfs.: 91 350 77 20 - 91 350 77 39 - Fax: 91 359 02 30
www.edicionespalabra.es - comercial@edicionespalabra.es